NOTES

SUR

LE THÉATRE CONTEMPORAIN

La Rochelle. --- Typ. A. SIRET.

EMILE FAGUET

NOTES

SUR LE

THÉATRE

CONTEMPORAIN

— 1888 —

PARIS
LIBRAIRIE H. LECÈNE ET H. OUDIN
17, RUE BONAPARTE, 17

1889

NOTES
SUR
LE THÉATRE CONTEMPORAIN

I

THÉATRE LIBRE. — *La Puissance des ténèbres,* drame en cinq actes, du comte Tolstoï. traduction Pavlovski et Méténier.

13 Février 1888.

Et d'abord je déclare, avec une loyauté qui est un strict devoir, que ce qui va suivre n'est que ce que Bossuet appelait avec horreur une « opinion particulière ». *La Puissance des ténèbres* a été très goûtée, plus que goûtée ; elle a soulevé l'admiration. J'étais peut-être le seul à n'en pas comprendre ou sentir les beautés, et je ne rencontrais que gens qui me disaient : « Est-ce beau ! » et ce n'était pas une interrogation : cela n'admettait pas de réponse négative. Je vais peut-être dire un peu de mal de cette œuvre dramatique ; mais qu'il soit bien entendu que je n'en conteste nullement le succès et que je crois très sincèrement, quand je la désapprouve, être dans mon tort.

J'ai même songé, par grand respect du suffrage universel, à donner ici l'opinion que je n'ai pas, et qui est celle de tout le monde. En m'appliquant, j'aurais pu peut-être citer Eschyle et rappeler Shakespeare, et même parler avec agrément de cette âme d'oiseau de mer qui est l'âme russe. La chose n'eût pas été au-dessus de mes moyens. Mais il y aurait peut-être là une petite défaillance de conscience. D'autre part à exprimer mon jugement personnel, quand il est contraire au commun sentiment, il y a bien une pointe d'orgueil. Comme en ce monde on n'a presque jamais que le choix entre les vices, je me laisse aller à celui qui m'est le plus agréable, et c'est mon opinion, décidément, que je donne. C'est peut-être celle que vous me demandez.

Mon opinion est qu'en retranchant une vingtaine de mots qui ne sont peut-être pas du vocabulaire des collègues, on devrait donner la *Puissance des ténèbres* à l'Odéon, devant un public de lycéens, avec conférences de M. Petit de Julleville, pour leur faire connaître l'état du théâtre français au quatorzième siècle de notre ère. En effet, la *Puissance des ténèbres* n'est pas un drame moderne, ce n'est pas un drame romantique, ce n'est pas une comédie larmoyante, ce n'est pas une tragédie, ce n'est pas une tragi-comédie 1580 ; ce n'est pas un drame shakespearien ; il faut remonter plus haut ; c'est un *mystère*, ou plutôt un *miracle*, comme nous en lisons beaucoup dans le recueil des *Miracles de Notre-Dame*.

Un « miracle » était d'ordinaire une pièce où l'auteur accumulait une quantité extraordinaire de crimes monstrueux et effroyables, puis, brusquement, faisait intervenir une conversion inexpliquée et qui avait elle-même quelque chose de monstrueux. Entre ces deux tableaux opposés, rien du tout, pour plus de clarté. C'était l'affaire d'un tournemain. Vous présentez la paume : elle est sanglante ; vous présentez le dos de la dextre : c'est une feuille de lis. Voilà l'art dramatique au quatorzième siècle.

Les personnages de ces poèmes primitifs n'étaient pas des êtres humains à proprement parler ; c'étaient des disques de chemin de fer. Une ficelle tirée par le diable les tournait : face rouge ; une autre ficelle, généralement tirée par la bonne dame Marie, les retournait : face blanche. Eux étaient simples et grands, d'une inconscience admirable dans le mal et dans le bien, féroces dans le crime, pris d'une ardeur sans mélange et sans retenue, qui avait quelque chose de féroce, dans la vertu. Nos aïeux aimaient ce genre de dramaturgie et en étaient infiniment édifiés. Ce n'étaient point des psychologues ; ils n'étaient pas assez corrompus pour cela.

Il en va tout de même dans la *Puissance des ténèbres*. Quatre ou cinq criminels qui vivent dans les monstruosités morales comme les poissons dans une eau pure, entassent meurtre sur meurtre, infamie sur infamie... puis, tout à coup, il y en a un qui devient un saint, et les autres le regardent avec un étonnement extrême; ou plutôt non, avec tranquillité. Lui, quelque chose a tiré sa ficelle, il n'y a rien à dire; c'est tout naturel ; eux n'ont senti aucune impulsion ; c'est tout naturel aussi, ils restent calmes; chacun a ses petites affaires. C'est le règne absolu de la fatalité.

Pour un moderne le drame serait dans le passage d'un état à un autre, et dans le comment et le pourquoi de ce passage; pour le théâtre que nous avons sous les yeux, il n'y a ni transition, ni de comment, ni de pourquoi. Les faits sont parce qu'ils sont, voilà tout.

Mais alors où sera-t-il le drame? Eh bien ! dans les faits, précisément. Pour vous, moderne et occidental, un fait est le point d'arrivée ou le point de départ d'une évolution de passions dont c'est l'office du dramatiste de décrire minutieusement les différentes phases; pour le théâtre du xive siècle le fait n'est point intéressant comme représentatif d'une longue suite de sentiments qui y a abouti. Il est intéressant par lui-même. Pourquoi je tue mon père, cela n'a aucun intérêt ; la mort de mon père, sa toux, ses vomissements, ses crachements de sang, voilà ce qui est le fond du spectacle et le tout du drame. Il n'est que de s'entendre sur les définitions.

Voici par exemple la famille Piotr. C'est une famille sur qui la fatalité s'est abattue. Le bonhomme Piotr est malade, sa femme et sa fille sont toutes deux maîtresses du beau valet de ferme Nikita. Ce Nikita est une puissance de la nature ; une femme, quelle qu'elle soit, ne peut pas l'approcher sans lui appartenir. Il a séduit Marina, une fille du village, et l'a abandonnée. Il a séduit la femme et la fille de Piotr. Il est tranquille et satisfait au milieu de ses conquêtes. Il rudoie Marina qui veut le ramener ; il rudoie Anicia la femme de son maître, il rudoie Akoulina la fille de de son maître. Rien ne le gêne dans sa prébende, si ce n'est, un peu, son père, qui lui fait de la morale évangéliste, et un peu Piotr lui-même, dont la vue lui est désagréable.

Pour celui-là on y pourvoiera. La mère de Nikita apporte à Anicia tout ce qu'il faut pour faire dormir un homme éternellement ; et voilà un premier acte qui fait prévoir un joli crime pour le second.

Au second le crime s'accomplit. Le vieux Piotr, agonise pendant tout un acte, on lui vole son argent on se lamente sur son corps, le village s'assemble. Anicia et Nikita apparaissent à tout le monde comme d'heureux fiancés ; et nous, nous sentons que voilà deux actes qui ne sont qu'une exposition. Qu'adviendra-t-il de cette situation dont un meurtre est le point de départ, voilà la question.

Il en résulte, au troisième acte, un ménage à trois. Nikita est devenu le mari d'Anicia ; il est resté l'amant d'Akoulina ; il bat sa femme, il pare sa maîtresse, il envoie promener son père qui lui fait toujours de la morale (mais qui, généralement, va se coucher sur le poêle quand on se bat dans la maison, ou qui profite de ces circonstances pour causer économie politique avec un garçon de ferme) et il se grise abominablement. C'est à partir de ce moment que les griseries commencent. Où s'arrêteront-elles? Elles ne s'arrêteront pas.

Mon Dieu! c'est encore le meilleur, cet acte. Il ne s'y fait rien, le drame ne marche pas; mais c'est un tableau, un tableau assez pittoresque. Mœurs de paysans subitement enrichis. Qu'en deviendra-t-il? Nouvelle piste, troisième exposition. C'est le palais de l'Industrie, cette pièce-là.

Troisième acte. Tiens! un nouveau drame, tout nouveau! Qu'est-ce qu'ils font? Un nouveau crime, ce semble; car ils écartent les témoins curieux, et semblent conspirer ensemble. Voici l'affaire: la petite Akoulina était enceinte des œuvres de Nikita. Nous n'en savions rien du tout, et notre intérêt n'avait nullement été dirigé de ce côté-là; mais dans ce genre de théâtre, il ne faut pas compter sur l'art des préparations. Donc Akoulina va accoucher, on nous l'apprend; et on nous apprend aussi qu'elle est fiancée avec un garçon du village, et qu'il faut, pour la marier, faire disparaître l'enfant...... Et v'lan! v'lan! un acte tout à l'heure où il n'y avait rien du tout et où on avait tout le temps de nous faire pressentir cette nouvelle tragédie, et c'est maintenant qu'on nous ingurgite tout cela, en mettant les morceaux doubles. Enfin, voyons.

Ce qu'on voit, ou à peu près, c'est Nikita enterrant l'enfant dans la cave... Et d'abord pourquoi Nikita?

Ce bellâtre mou et veule, qui a tout laissé faire et n'a rien fait jusqu'à présent, qui est habitué à laisser travailler pour lui, comment se fait-il qu'il ne dise pas, comme il a toujours dit : « Arrangez-vous ! Ça m'est bien égal ! » Rien ne lui serait plus facile. Soyez sûr que sa mère et sa femme, les deux affreuses mégères, suffiraient très bien à l'horrible besogne. Non, c'est la fatalité qui veut que ce soit lui, et il n'y a rien à faire contre la fatalité. On lui met la pioche à la main. C'est absurde de la part des femmes, qui le savent faible et peuvent craindre qu'il ne se trahisse plus tard, ce qu'elles n'auraient pas à craindre d'elles-mêmes. Non ! il faut que ce soit lui. Pourquoi ? Peut-être pour qu'Anicia dise un mot à effet, bien trouvé, il est vrai, mais qui est tiré de loin et qui est le seul qui ne devait pas être dit : « Qu'il soit assassin ! Il saura ce que c'est ! »

Tant il y a qu'il prend la pioche, et ici, je ne sais, mais il m'a semblé qu'il y avait un parti-pris d'atrocité qui n'est plus d'un naïf, qui n'est plus d'un quatorzième siècle. Il m'a semblé que l'auteur voulait surenchérir sur l'horreur, la redoubler, la décupler, et qu'il lui paraissait qu'il n'y en avait jamais assez. Nikita (on l'entend de la scène travaillant dans sa cave), Nikita enterre l'enfant, l'écrase, s'assied dessus, « l'aplatit comme une galette » ; il revient, il raconte : « Il piaulait ! il piaulait ! » Et dix fois il répète : « Il piaulait ! il piaulait ! » et quand il l'a répété dix fois, il reprend : « Ses petits os craquaient ! » et dix fois : « Ils craquaient ses petits os ! » Oui, il m'a semblé que l'auteur y mettait du défi et de la gageure, voulait absolument nous révolter et nous brutaliser pour prouver sa force. On me dit : « Non ! c'est sincère ! » Possible ; c'est alors une dipsomanie d'atrocité. Il y a de ces cas. J'aimerais mieux la gageure.

Enfin voici sans doute le drame comme nous l'entendons qui va commencer après quatre expositions. Après tant de crimes, quels sentiments vont avoir ces gens-là ? Que vont-ils devenir ? Il arrive tout simplement que les griseries recommencent. Voici la noce d'Akoulina. Le père du fiancé est ivre, le garçon de ferme est ivre, Anicia est ivre. Jusqu'ici on ne nous avait montré que des hommes ivres ; on y ajoute maintenant les femmes. C'est la progression dramatique.

Sérieusement, je l'ai cru. J'ai cru un moment que le poète, cet homme d'une imagination sombre et violente, voulait nous donner la conclusion, assez naturelle, de ce drame de bêtes féroces : tous venant, titubant, riant d'un rire affreux, s'injuriant, se bousculant, s'embrassant au hasard, tomber sur ce tas de foin, là à droite du théâtre, et s'affaler les uns sur les autres dans le paradis des brutes. Du sang, de l'eau-de-vie, et le sommeil commun sur un fumier, voilà les hommes, et le rideau serait tombé sur cette vision du monde à la *Candide*. Il y aurait eu là une certaine grandeur sinistre et, en tout cas, c'était le dénouement le plus à prévoir.

Mais non ! c'est ailleurs que l'auteur veut nous conduire, et le voilà qui indique enfin un revirement. Nikita, parmi tous ces ivrognes, seul ne peut réussir à s'enivrer. Le remords commence. Il « s'ennuie » ; il refuse d'aller, là haut, donner la bénédiction aux époux. — Tiens ! nous rentrons dans la formule du drame tel que nous l'entendons. Il va y avoir une analyse de sentiments, une évolution de caractère. Il est un peu tard, mais enfin, il faut voir. Et notre imagination prend une autre piste. Si Nikita est capable de remords, il finira par se livrer. Pour cela il faut qu'une circonstance, un mobile extérieur vienne peser sur lui et fasse passer son sentiment nouveau de la puissance à l'acte. Et précisément ! nous y voilà ! Son père, ce saint, ce mystique, qui n'a fait que des discours obscurs, et qui n'a servi à rien depuis le commencement, c'est à cela qu'on le réservait ; il va venir, tout deviner, montrer du doigt la cave, dire « Dieu ! » comme il sait si bien le dire, et... Ah ! bien oui ! mais c'est du drame vulgaire, cela. Vous vous imaginez que, dans le drame nouvelle formule, un homme a été assommant pendant cinq actes pour se le faire pardonner au sixième, en servant à quelque chose ! Mais ce serait de l'art académique, laissez-moi donc tranquille ! vous êtes un pompier.

Non ! non ! le père ne viendra pas. Nikita, touché d'un commencement de remords, ne rencontrera que son garçon de ferme abominablement ivre, qui lui tiendra des propos incohérents et lui fera entendre des hoquets inintelligibles. Sur quoi, vous sentez bien que Nikita est converti, et ne peut plus faire autrement que de se livrer à la justice. Voilà le grand art.

Il le fait comme je le dis. Il assemble toute la société, convoque la gendarmerie, et demande pardon à tout le monde (excepté au cadavre de l'enfant, qui est pourtant là, à gauche) au nom du Christ rédempteur. Et c'est une scène belle en soi, si l'on veut, mais comme je ne sais pas ce que c'est au théâtre qu'une scène belle en soi, et qui n'est pas préparée par ce qui la précède, ou émouvante par ce qu'on prévoit qui doit la suivre, je demande pardon, au nom du Christ, d'être obligé de me récuser.

Voilà ce drame, le plus beau, si j'en crois l'applaudissement du public, le plus informe et le plus près de la non-existence que je connaisse, si je m'en crois moi-même. Il y a une tragédie célèbre qui contient un beau vers, comme chacun sait. Dans la *Puissance des Ténèbres*, j'ai trouvé un beau mot : « Qu'il soit assassin ! Il saura ce que c'est ! » et, en toute conscience, je n'ai trouvé absolument que cela qui valût. Pour moi, l'auteur de ce grand poème épique, très mêlé certes, mais où l'on trouve des scènes faites de génie, qui s'appelle la *Guerre et la Paix*, est complètement tombé, en écrivant *Puissance des Ténèbres*, au niveau intellectuel d'un Eugène Süe, sans avoir la dextérité dans l'art de manier l'intérêt de curiosité, qu'un Eugène Süe savait montrer.

Quant aux traducteurs, ils me pardonneront de ne

pouvoir juger du mérite de leur travail. On me dit que leur traduction est d'une fidélité merveilleuse et absolument littérale, et ceux qui me le disent sont gens qui savent très bien le français et le russe. Je rapporte leur opinion comme étant de celles où l'on peut se fier.

On a fait un reproche à ces consciencieux et très méritants traducteurs. On leur a reproché d'avoir employé, pour rendre les crudités du texte, non pas des mots rustiques, mais des mots de l'argot des faubourgs parisiens. Je leur en ferai plutôt un mérite. Il s'agissait pour eux de bien faire remarquer à chacun, pour qu'il n'en ignorât, que la représentation de la *Puissance des Ténèbres* était une manifestation naturaliste. Or le naturalisme ne se reconnaît aisément qu'à l'emploi des locutions cyniques. C'en est la marque. Le langage rustique n'est pas naturaliste, il est naturel. Remarquez même qu'il prend tout naturellement une couleur épique. « T'es droite comme une gaule de bois vert », voilà une locution rustique, et homérique. A employer la locution campagnarde, vous risquez que l'École ne comprenne pas suffisamment que c'est du naturalisme. A dire : « Voilà mon crampon ! » ou : « Pourquoi eng..... tu mon père ? » ou encore : « Ta femme, une g.... à forçats ! » on est sûr de son affaire; on avertit les partisans d'applaudir, et l'on réchauffe leur enthousiasme.

Aussi je vous réponds que ç'a été là comme l'élément excitateur, comme l'aiguillon du succès. Quand ces locutions arrivaient, c'étaient des débordements de fanatisme. On manifestait. Quelques femmes ont timidement protesté d'abord. Elles n'ont fait que donner à la manifestation un élan invincible et un caractère de grandeur imposante. C'est bien fait.

Voilà donc qui est entendu, la *Puissance des Ténèbres* est une œuvre consacrée qui, sans doute, va encourager toutes les nobles audaces et faire naître une multitude de drames sans intérêt dramatique, mais, en revanche, sans sérieuse étude des mœurs. Cependant, il ne faudrait peut-être pas que les jeunes gens s'y fiassent trop. L'origine exotique est peut-être pour quelque chose dans l'engouement de vendredi dernier. Dans notre bon pays de France, le succès va à qui vient d'ailleurs, plus facilement qu'à ce qui naît de notre sol. Je crois qu'un jeune homme qui nous apporterait un drame de la même valeur que la *Puissance des Ténèbres*, et qui s'appellerait Falempin, n'aurait de chances sérieuses qu'en se faisant nommer Falempof.

Les artistes du Théâtre libre sont des vaillants, comme on sait, et des héros de l'art dramatique. Ils l'ont « dans le sang » pour parler la langue des drames qu'ils jouent. Le talent n'est pas toujours à la mesure de la conviction ; mais il est bien vrai que cette passion pour l'art où ils se sont attachés donne à leur jeu un je ne sais quoi d'ardent et de concentré qui fait qu'ils ne ressemblent pas à tout le monde. Au milieu d'eux M. Antoine se distingue comme un véritable artiste qui a peut-être des parties naissantes de grand artiste.

Il *compose* avec un soin du détail, un art de subordonner toute inflexion et tout geste au trait principal, qui est la condition première de son art et qui est la marque distinctive de son talent. Ce béat de la sainte Russie, ce pauvre être borné, pur, sacré, cet abbé Constantin des steppes, on sent dans son regard fixe, dans son geste court et direct, sobre et entêté (un peu trop expansif encore, m'ont dit des Russes ; mais il faut pourtant n'être pas tout à fait figé dans une attitude hiératique pour être compris sur une scène française), on sent dans toute sa personne que cette âme divine, mariée à une intelligence d'enfant, s'est toute arrêtée dans une formule définitive, inflexible comme une règle monastique et que la vie passe sur elle sans la ployer ni presque la toucher, ne faisant que la polir et la lustrer davantage comme l'eau sur la dalle d'un temple.

A côté de lui, M. Mévisto, bien mauvais, à mon avis, dans la première partie de son rôle, qu'il joue en Bel-Ami de barrière et non en paysan gavé par les femmes et alourdi par la paresse caressée et choyée, a montré des qualités mélodramatiques fort estimables dans l'horrible quatrième acte, et a secoué le public d'une émotion toute physique, mais assez puissante. Les autres, sauf M°º Barny, doucereusement atroce dans le rôle de la mère de Nikita, ne sont que des écoliers qui s'appliquent bien. Et puis, et puis... voulez-vous toute ma pensée? Les personnages de la *Puissance des Ténèbres* ne sont pas assez des hommes pour que les artistes puissent montrer des qualités de vrais comédiens, et je crois bien que ce drame élémentaire devrait être joué, — comme *Faust*, avant qu'il ne fût écrit par Gœthe, — par des marionnettes.

II

Comédie-Française : Reprise de *Chamillac*. — Théâtre
de Cluny : *le Docteur Jojo*, comédie-vaudeville en trois
actes, de M. Albert Carré.

19 mars 1888.

Chamillac a été écouté au Théâtre-Français avec
plus de plaisir qu'il ne l'avait été en sa nouveauté.
Vous vous rappelez assez quelle avait été l'impression
générale le soir de la première. On avait été agacé,
de cet agacement particulier que l'on éprouve aux
petits jeux de devinette, qui consistent à vous faire
chercher pendant un petit quart-d'heure le mot d'une
énigme un peu enfantine. On se dit : « Je cherche,
je cherche, et ils sont tous à se moquer de moi, et à
me dire que c'est très simple. Quand je songe que je
me tourmente pour une niaiserie ! Je suis sûr que je
dois avoir l'air d'une bête ! Et ça ne m'est pas égal
d'avoir l'air bête, puisque je ne suis pas tout seul ! »
De même à ce *Chamillac*. L'auteur jouait avec
nous au petit jeu du sphinx. Il nous montrait un
monsieur qui était arrêté dans toutes ses démarches
et toutes ses plus légitimes aspirations par quelque

chose, quelque chose de bien grave ; et ce quelque chose nous l'ignorions. D'acte en acte on nous promettait de nous le dire ; d'acte en acte le mot suprême fuyait devant nous d'une fuite éternelle. C'était l'application la plus sévère de la fameuse règle de Boileau :

> L'esprit ne fut jamais si vivement frappé
> Que lorsqu'en un sujet d'intrigue enveloppé
> D'un secret tout à coup la vérité connue
> Change tout, donne à tout une face imprévue.

La face imprévue de *Chamillac*, nous l'attendions avec une impatience qui finissait par devenir fatigante, et quand elle se révélait, elle ne produisait plus son effet, pour l'avoir escompté trop longtemps. Le poète pouvait dire des spectateurs :

> Et quand leur joie arrive ils en ont trop souffert.

C'est qu'il y a beaucoup à dire sur ce point, comme sur toutes choses du reste, et d'abord, que trop est trop, et cela suffirait. Il y a une limite. Jusqu'où faut-il nous laisser dans l'incertitude pour que le plaisir de la découverte ne se soit pas épuisé avant de naître ? C'est une affaire que les règles n'enseignent point. En général je conseillerai fort d'user très modérément, et peut-être de n'user point du tout de ce procédé. Je vois que tous les drames conçus dans ce dessein produisent une sorte d'énervement bien gratuit et que rien ne compense. Songez à *Raymonde,* au *Père,* etc.

Ensuite songer à ceci, pour nous en tenir à l'effet de première représentation. Le jour de la première, il y a toujours une partie du public qui le connaît, le fameux secret, et une autre partie qui ne le connaît point. Dès lors, moi, l'ignorant, je suis tout à fait dans la situation du patient au petit jeu de société. J'ai le sentiment que mon voisin sait le fond des choses, et malicieusement, me les cache, et se moque joliment de moi. Dans les entr'actes je rencontre des gens qui me disent : « Eh bien ! le devinez-vous, le secret plein d'horreur ? — Non ! — Eh ! Eh ! — Vous le savez, vous ? — Heu ! Heu ! » Je suis profondément vexé. D'autres me disent : « Vous ne savez pas ? — Non ! — *Vous n'avez donc pas lu le roman ?* » Quelquefois, il n'y a pas de roman du tout, comme précisément dans *Chamillac*, mais nous avons tellement l'habitude, au théâtre, de pièces où l'on ne peut comprendre un traître mot sans « avoir lu le roman, » que nous nous disons : « C'est vrai, il y a peut-être un roman ; et dans ce cas je suis perdu, je ne saurai pas le secret même après la dernière chute de rideau. Vitu seul m'ouvrira les yeux. En attendant mon ami de tout à l'heure m'a fait danser. » Des haines de galériens naissent ce soir là dans les couloirs pacifiques.

Et enfin, pour parler en esthéticiens définitivement supérieurs, il faudrait s'entendre sur « le secret tout à coup connu ». Connu de qui ? Voilà la question. Est-ce le public qui doit être tardivement mis dans la confidence d'un mystère infernal, ou est-ce un mystère infernal parfaitement connu du public, mais inconnu d'une partie des personnages, qui doit tout à coup, quand il se révèle à ceux des personnages qui ne le connaissaient point, faire un coup de théâtre? J'ai beaucoup de tendances à croire que c'est de cette dernière façon qu'il faut comprendre la fameuse règle. Lessing dit là-dessus de fort belles choses. Je ne songe qu'à vous inviter à les lire ; mais je ne vous dissimule pas qu'il est de mon avis. C'est une façon modeste de dire que je suis du sien.

Voilà les raisons peut-être pourquoi *Chamillac* avait un peu chatouillé désagréablement quand il se produisit sur le théâtre, et pourquoi, aussi, il n'est plus agaçant à cette heure. Le secret, maintenant, tout le monde le connaît, ou ce qui revient absolument au même au point de vue de l'amour-propre, chacun est persuadé que son voisin croit qu'il le connaît, et tout le monde est en pleine sécurité et en pleine quiétude ; et rien n'empêche plus d'admirer la grâce, la finesse, quelquefois la profondeur de certains détails, surtout le jeu des artistes, qui est une chose pleinement digne d'admiration. Il n'y a pas, en effet, de couple comparable à M. Worms et à Mlle Bartet. C'est la perfection même. C'est même plus, car les mots s'usent, hélas, au terrible emploi qu'on en fait, et perfection, maintenant, ne désigne plus qu'une admirable et précieuse et infaillible absence de défauts dont d'autres, plutôt que Worms et Bartet, au même théâtre, donnent l'idée. C'est originalité exquise qu'il faut dire en parlant de Bartet et de Worms ; c'est la science la plus sûre d'elle-même, avec un je sais quoi d'inné, de personnel, de profondément senti. Voilà les chefs de file sur qui la jeune troupe, un peu malmenée (en un seul mot) quelquefois par nous même, et qui ne doit voir là qu'une preuve du vif intérêt que nous portons à la grande maison, doit avoir les yeux constamment fixés.

Je parie que c'est la faute de Cluny, oui, du théâtre, de cet aimable et vaillant théâtre dont je ne pense que du bien, mais qui a naturellement son influence sur les pièces qui lui sont destinées. Il a eu son influence sur le *Docteur Jojo* et le *Docteur Jojo* sur son auteur. Voici, j'imagine, comment les choses se sont passées :

M. Albert Carré a une idée de comédie. Il songe au *Gendre de M. Poirier*, à cette manie qu'ont certains beaux parents de vouloir que leur gendre travaille pour qu'il soit sage, et pour que la jeune femme soit « la préoccupation et non l'occupation de son mari » ; et il se dit que, n'y ayant rien au monde qui ne soit vrai et faux, selon la manière et le tour qu'on lui donne, le *Gendre de M. Poirier* retourné pourrait être une très jolie comédie. On veut faire travailler le gendre, qui se bornait à être un excellent mari et un bon gendre ; il s'y résigne ; mais il prend tous les défauts de sa profession, et tous les ridicules qu'elle comporte, et toutes les gênes qu'elle entraîne pour tout le monde, et il n'en rapporte à la maison que l'ennui qu'elle lui donne ; et il devient insupportable ; et, à la fin, on le supplie en chœur de donner sa démission ; et il se fait prier, et il faut le forcer, etc., et il y a là la plus jolie comédie du monde.

Et M. Albert Carré la commence en effet, et la prend bien par où il faut la prendre. M. Joséphin Bichard était médecin, aimable médecin, médecin moderne. Il avait la spécialité des maladies des dames, des névralgies attrayantes et des attendrissantes migraines ; et, mon Dieu, il n'était pas sans... enfin il était médecin pour dames. Mais il s'est rangé ; il est devenu sérieux ; il s'est consacré à l'oisiveté. Il s'est marié richement, et il aime sa femme, sans admettre, en quoi il a bien raison, qu'un honnête homme puisse avoir une autre ambition plus glorieuse. Ce n'est pas l'avis de son beau-père M. Courtelin, ni de sa belle-mère, ni même de sa femme. Ceux-ci veulent que le docteur Bichard soit un homme affairé et illustre. Le papa Courtelin signale l'illustre docteur Bichard aux journaux, colle sur la porte une plaque de beau cuivre étincelant : « Consultations de midi à six heures trois quarts », répand les cartes du docteur jusque chez les marchands de marrons. Furieux d'abord, le docteur finit par s'écrier : « Ah ! vous le voulez tous ! Eh bien ! vous allez voir. Non ! mais vous allez voir ! Que les consultations commencent ! »

Et voici une ancienne cliente du docteur qui arrive.

« Sortez tous ! — Mais cette dame a un air ! — Suis-je médecin ? ou ne le suis-je pas ? Sortez ! » On le laisse avec l'intéressante malade : « C'est toi, mon petit docteur Jojo ! — C'est moi ! — Pas changé ! — Pourquoi changerais-je. — Toujours aussi drôle ? — Bien plus ! — Te rappelles-tu comme tu dansais le pas du Kanguroo ? — Si je me rappelle ! Comme ça, tiens ! » Les voilà qui esquissent ce que l'Académie des inscriptions appelle le Cordace moderne, et au bruit qu'ils font, tout le monde rentre : « Comment je ne peux pas donner une consultation tranquillement ! — Mais cette danse ? — Eh bien, c'est la maladie de madame ; elle a la danse de Saint-Guy. — Et vous la traitez... — Par l'homéopathie. Je rhythme sa nervosité. Ça la soulage. Au lieu de m'ennuyer vous devriez m'aider. Dansez aussi ; vous allez voir. » Toute la famille reconduit en dansant la belle malade jusque sur le carré, mais commence à se dire que la médecine, c'est parfois gênant dans une maison. Sur quoi le docteur annonce qu'il a quinze visites de nuit à faire, et qu'il ne reviendra que le lendemain.

Eh bien ! la voilà la comédie, elle n'a qu'à se développer toute seule maintenant. Le docteur ne rentrera jamais ; quand il rentrera par hasard ce sera en ramenant sur des brancards des hommes atteints de *delirium ;* il sera consulté par des gens qui voudront se faire enfermer réciproquement à Sainte-Anne ; la maison sera pleine de fous, d'éclopés et de mélancoliques ; et sa femme sera jalouse de toutes ses clientes, et la belle-mère fera de la charpie, et le beau-père devra maintenir en respect les fous furieux ; et la plaie que nous connaissons tous, *l'invasion de la profession dans le privé* exercera tous ses ravages, jusqu'à ce que toute la famille, fourbue et désolée, se jette aux pieds du docteur pour le supplier de revenir à l'oisiveté...

Oui, mais voilà ; la pièce est destinée à Cluny ; Cluny veut dire vaudeville, vaudeville veut dire *quiproquo*, et chaque fois que l'auteur reprenait sa pièce sur son bureau de travail, il trouvait avec étonnement qu'elle avait changé d'elle-même, obéissant à un obscur instinct, s'adaptant d'elle-même à sa destination, et que le quiproquo, qui n'y avait rien à faire, y poussait spontanément, comme il vous pousserait des nageoires, soit dit sans injure, si on vous maintenait seulement trente mille ans dans un milieu marécageux. Déjà dans le premier acte, le docteur Bichard avait dit à un petit jeune homme amoureux de sa belle-sœur : « Va donc, sous mon nom, chez Mme Cocherel qui me fait demander. » Pourquoi Bichard dit-il cela ? se demandait l'auteur. La pièce répondait : « Pour qu'il y ait un quiproquo au second acte. — Et pourquoi un quiproquo ? — Parce que je suis pour Cluny. »

Et aux mains de l'auteur inquiet, la pièce se déformait ainsi, malgré tous ses efforts et ses desseins louables. Au second acte la pièce se transportait chez madame Cocherel, épouse séduisante d'un commissaire de police. Et madame Cocherel recevait le petit jeune homme, beau-frère de Bichard, et l'enfermait dans un placard, puis madame Bichard et l'enfermait dans le même placard. Pourquoi? Parce qu'il est de l'essence du vaudeville que deux personnes qui ne doivent pas être dans le même placard s'y trouvent face à face. Et M. Courtelin arrivait avec sa femme à la poursuite de Bichard. Et la première chose que faisait M. Courtelin était de dire à sa femme : « Entre dans ce garde-manger! — Pourquoi, mon ami? — On ne sait pas ; pour qu'il y ait lieu d'y mettre utilement quelqu'un tout à l'heure, qui s'y rencontrera avec toi, ce qui sera très drôle. Fais cela pour la pièce. » Et elle le faisait. Et dans l'obscurité du placard de gauche des claques s'échangeaient entre gens surpris de s'y coudoyer ; et dans les ombres du garde-manger de droite, bientôt des horions se produisaient entre gens furieux de ne pas savoir pourquoi ils étaient ensemble. Et sur la scène, M. Courtelin et Mme Cocherel étaient surpris par le mari, qui croyait à un flagrant délit d'adultère ; et tout cela était péniblement bouffon et comique avec d'énormes efforts, quand il semble qu'il était si facile d'aller tout droit devant soi, sans tant de chausses-trappes et de combinaisons violentes.

Que voulez-vous? Ce n'est pas l'auteur qui avait ce plan et ce dessein; il l'a assez prouvé par son premier acte. C'est la pièce qui n'a pas voulu entendre raison. Elle voulait être un vaudeville; elle l'a été, contre toute intention et toute attente. Il y a de ces fatalités. Je les regrette.

C'est au dénouement qu'on voit mieux que partout ailleurs qu'une pièce a dévié de son vrai chemin. L'auteur, malgré sa pièce, veut y rattraper sa donnée pour y rattacher sa conclusion, et il saute aux yeux qu'elle ne s'y rattache plus du tout. Le docteur Bichard finit par dire à ses beaux-parents : « Vous vouliez que je fusse médecin ; je le suis redevenu ; je ne l'ai jamais été autrement. » Le mot serait joli, si, Bichard avait été médecin en effet pendant le second acte ; mais il ne l'a pas été un instant. Il a été renfermé dans un petit local avec sa belle-mère. Ce n'est pas là de l'exercice de la médecine. C'est tout au plus, si l'on veut, une petite étude hydrophobique. Je ne saurais dire à quel point je regrette qu'une si jolie idée de comédie, et qui, c'est ce qui m'enrage, avait reçu un bon commencement d'exécution, se soit égarée aussi complètement.

Car M. Albert Carré a de l'esprit, il pose bien une scène, il trouve même de petits traits de mœurs assez plaisants, et son Courtelin du premier acte était bien esquissé. Il avait une bien jolie partie à gagner. Du reste, il ne l'a point perdue ; car ses quiproquos ont amusé, nonobstant, un public très indulgent et très facile à l'hilarité de confiance, et, de plus, il y a eu des interprètes qui l'ont bien servi. M. Véret a une bonne face béate qui fait merveille dans les rôles de bourgeois naïfs ; madame Aciana est une bonne comédienne qui a le jeu juste et l'expérience de la scène; madame Billy est une très bonne *demi-duègne*, excellente dans ces rôles de femmes de cinquante ans, moitié bonhomie, moitié brusquerie ; et le Raymond de Cluny, M. Numas, malgré une voix bêlante quelquefois désagréable, a de l'entrain et un gros comique assez joyeux. Et, surtout, cette petite troupe de Cluny, composée d'acteurs bien habitués à jouer ensemble, a de la cohésion et se sent les coudes. Tout compte fait, on passe chez le *Docteur Jojo* une soirée agréable.

III

Théâtre Libre. — *La Pelote*, drame en trois actes, de MM. Paul Bonnetain et Lucien Descaves.

26 mars 1888.

J'ai écouté le drame réaliste de MM. Bonnetain et Descaves avec tristesse, avec angoisse, quelquefois avec fatigue, mais avec le plus vif intérêt. A la bonne heure, et ne vous y trompez pas ! Cette fois voilà une œuvre, une œuvre contestable sans doute et sur laquelle il y a beaucoup à dire ; à preuve que je vais probablement en dire très long ; mais enfin une œuvre. Ce n'est plus là une de ces plaisanteries funèbres et fumisteries de croque-morts comme nos jeunes auteurs nous en présentent de temps en temps, par ci par là, et pas si loin, dans la même représentation du même théâtre peut-être. Ce n'est pas une de ces outrances faciles qui consistent à dire de très gros mots en public et qui ne sont rien autre que des incongruités littéraires et artistiques. A défaut d'autre signe, cela se voyait à l'attitude du « clan ». Ce n'était pas le « clan » qui applaudissait. Il ne savait à quoi accrocher son applaudissement de défi et son bravo de bravade. Il attendait un mot sonore, un mot à rime riche de *Vert-Vert*, ou un mot sans rime, pour savoir que « c'était du naturalisme », et pour nous imposer cette belle audace à grands coups de battoirs. Le mot ne venait pas. Le clan s'étonnait, se demandait si c'était vraiment du naturalisme, et restait perplexe.

Non, l'œuvre est sobre, sévère, d'une grave tristesse, qui convient quand on touche franchement aux misères humaines. Ce n'est pas du naturalisme, c'est tout simplement de la réalité.

Les auteurs ont voulu nous peindre les dégradations successives d'un être mou et neutre, sans vertu, sans vigueur, sans scélératesse aussi, mais non sans vices, peu à peu amené à la lâcheté et à l'idiotisme, et mourant dans une épouvante et une horreur pour avoir mesuré brusquement, dans un éclair, tout le chemin qu'il a si vite parcouru dans l'ignominie. Figurez-vous quelque chose qui tient le milieu entre le *Ménage de Garçon* et le *Baron Hulot* (*Cousine Bette*) transporté crûment au théâtre. La tentative au moins est infiniment honorable, quand elle est faite, comme celle-ci, avec conscience, scrupule, sans concession à une fausse délicatesse, mais sans la moindre indécence voulue.

M. Lormeau est un riche bourgeois, timide, faible, paresseusement libertin et qui aime à sentir circuler autour de lui une jupe qu'il n'ait pas besoin de respecter. Sa gouvernante s'est peu à peu transformée en servante-maîtresse. Il s'est habitué à cela; il a insensiblement rompu toute relation, et s'est endormi dans une sorte de torpeur et de passivité satisfaite. Il a bien une nièce (veuve de son neveu) et une petite nièce très gentille, qu'il aime beaucoup. Mais elle est fière cette jeune femme, et discrète. Elle le gêne, et ne prend pas d'empire sur lui. Peu à peu elle en est venue à ne passer chez lui qu'à la fin du mois, pour toucher sa petite pension, et l'embrasser vite, mal à l'aise sous le regard de la servante qui est toujours là. Cependant M. Lormeau a cinquante ans et sa servante en a quarante. L'éloquence des chiffres vous avertit qu'il va peut-être échapper à la domination ancillaire par l'effet des vices mêmes qui la lui ont fait subir jusqu'ici. Elle n'est plus belle, Mme Elodie, et M. Lormeau se met à découcher sournoisement. C'est juste à ce moment que la pièce commence, et c'est d'un grand sens dramatique de l'avoir fait commencer à ce moment là, à un point de crise. La fine commère sent le danger, et s'avise d'un coup de maître. En sa place elle « suppose » un gibier plus jeune, comme dit le fabuliste. Elle fait venir sa petite nièce, Marthe Friquet, et l'installe dans la maison « pour l'aider ». Le vieillard prend feu à la vue de cette jeunesse et de cette fraîcheur. Seconde chute, plus profonde que la première, et d'où il sera plus difficile de se relever. Dès lors Lormeau est en proie. Toute la famille (vous la connaissez la famille de la maîtresse, l'invasion de la maison par toute cette meute rongeante et famélique qu'amène avec elle,

insensiblement, la femme qui a pris pied chez vous ;
c'est une des plaies de notre bourgeoisie, la plus
hideuse ; et pourquoi ne pas la peindre ?) toute la
famille d'Elodie, mère acariâtre, cousin fainéant et
pleurard, frère carotteur, s'incruste dans le fromage
Lormeau. Les termites travaillent. Lormeau a des
velléités de résistance. Un patelinage de Marthe le
ramène à son devoir.

Voilà qu'un jour il se secoue enfin violemment. Sa
nièce et sa petite nièce sont là. Toute la tribu Frique
mène un vacarme d'enfer. Il chasse tout le monde et
retient sa nièce à dîner. Elle est maladroite, la nièce.
Elle n'aurait qu'à rester. Elle reprendrait Lormeau
par les petits soins, la maison bien tenue, la chaleur
honnête de la famille. Mais elle n'est pas assez inté-
ressée pour être dévouée, et elle est trop indépendante
pour s'astreindre à cette cure. Elle promet de revenir
souvent, tous les jours ; et elle laisse Lormeau seul
Elle est perdue, et lui aussi. Lormeau seul, comprenez-vous tout ce qu'il y a là-dedans de lâchetés qui se
réveillent ? Les auteurs l'ont bien compris. Ah ! l'heureuse scène ! Rien ! pas un mot ! Mais Lormeau se
promène lentement, ouvre une porte, puis une autre
mesure le vide, chancelle comme un homme assommé
vient s'asseoir auprès du feu, tisonne, lugubrement
secoue un frisson. Il a froid. Il se relève. Il trouve
trainant sur un meuble, le fichu de Marthe, le porte
à ses lèvres, à ses narines plutôt. Il éclate en larmes

Vous entendez bien qu'elle n'était pas loin, la tribu

Elle a guetté le départ de la nièce. Elle rentre. Elle frappe à la porte : « Qui est là ? — C'est nous... Marthe ! — Ah ! » La porte s'ouvre, et la toile tombe. Voyez-vous, cela, c'est de premier ordre.

Le troisième acte est aussi vrai, aussi net, d'un dessin aussi sûr, mais il est un peu long. Inutile de vous dire que ce troisième acte c'est l'*agonie*. Je crois qu'il fallait la faire assez courte. Désormais Lormeau n'est qu'une guenille, un chiffon humain. Nous le savons, nous n'en doutons pas. Deux ou trois traits énergiques, pour nous le rappeler, nous en bien convaincre, suffisaient. Décrire minutieusement, avec je ne sais quelle traînerie de montre, comme dirait Montaigne, Lormeau saigné jusqu'au cœur, forcé de tout abandonner, de se laisser dévorer vivant, se débattant sous le couteau et sous la dent, ce n'est pas faux, ce n'est pas mauvais, ce n'est pas sans talent, c'est un peu excessif et fatigant. Vous savez la différence qu'il y a entre le rhumatisme et la goutte ? Vous mettez le doigt dans un manche à gigot, et vous serrez la vis jusqu'à ce que la douleur soit insupportable. C'est le rhumatisme. Vous donnez trois tours de vis de plus ; c'est la goutte. Dans ce troisième acte, MM. Bonnetain et Descaves ont donné trois tours de vis de trop.

Cela vient d'une certaine tendance à l'excès qui reste toujours, depuis Balzac, dans la littérature réaliste. Elle a toujours un penchant, pour user du joli mot de Weiss, à devenir « la littérature brutale. » Cela vient aussi, je crois, d'un certain mépris que ces messieurs ont du public. Je m'explique. Ils ne nous croient pas très intelligents. Ils croient, par exemple ici, qu'après la troisième chute de Lormeau, après la porte rouverte à Marthe, nous n'avons pas compris que c'était la fin, l'agonie morale qui commençait; ils ont cru qu'il fallait nous étaler tout du long cette déliquescence. Non, c'était inutile. Une scène vigoureuse et ramassée, c'était tout ce qu'il fallait. Rappelez-vous la fin de *Maître Guérin*, — car, sachez bien, mes jeunes maîtres, que cet Augier si suranné, est l'aïeul et le créateur du théâtre réaliste, tout simplement, — rappelez-vous Guérin, abandonné de sa famille, venant s'asseoir à sa table solitaire en face de sa servante. C'était une scène de trois lignes.

Elle suffisait. Toute la vieillesse honteuse et misérable de Guérin nous apparaissait dans ce raccourci. J'aurais voulu quelque chose d'analogue dans ce troisième acte. Quoi qu'il en soit, Lormeau est piétiné jusqu'à l'aplatissement. Puis sentant la mort venir, entendant qu'on en parle autour de lui comme d'un évènement prochain, il a un sursaut; une nausée de honte et de remords lui monte à la gorge; il cherche à réparer un peu. Quelques misérables billets de banque qui lui restent, il cherche à les faire parvenir, comme frauduleusement, à sa nièce, en les cachant dans un meuble qui doit revenir, par je ne sais quelle convention, à la pauvre femme. Il sent qu'il n'a plus que quelques instants, que la congestion pulmonaire le gagne... il tombe foudroyé pendant ces préparatifs.

La tribu rentre et se partage les billets bleus qu'elle arrache de dessous son cadavre. Cette fin d'acte est bien puissante encore et d'un effet poignant.

On voit que c'est là une œuvre très vigoureuse et où l'éclat sombre de la vérité remplace avantageusement le jeu adroit des combinaisons dramatiques. C'est du vrai réalisme, du réalisme non sans violence, mais sans grossièreté et sans sottise, ce qui est rare. Un moraliste y trouverait même une grande et sauvage leçon, une de ces leçons toutes pleines « d'affreuses vérités, » comme les satiriques les aiment et sont en droit de les donner.

Les défauts de ce drame sont les défauts mêmes du genre, et tels qu'il est impossible de les éviter. Le réalisme, dans l'acception un peu restreinte, à mon sens, mais enfin dans l'acception courante du mot, est la peinture des êtres vulgaires, des êtres que mène *un seul* instinct, *une seule* force rude et fatale, en un mot des êtres *qui ne sont pas compliqués*, et comme il y a quatre-vingt-dix-huit hommes et peut-être quatre-vingt-dix-neuf femmes sur cent qui ne sont pas compliqués, cet art a parfaitement le droit d'être. Seulement, il se refuse, par sa définition même, toutes les ressources d'une psychologie fine, pénétrante, déliée, et, par suite, variée et intéressante. Il dit, cet art, à l'ordinaire : « Je n'ai pas besoin de psychologie. » C'est une lourde erreur ; il use d'une psychologie très clairvoyante et très sûre, quand il est bon ; seulement c'est une psychologie volontairement bornée et courte, une psychologie simpliste, juste mesurée à la nature des êtres qu'elle décrit. Par exemple, savez-vous ce que c'est Lormeau? C'est un homme timide et un peu sensuel qui a horreur de la solitude. L'impossibilité d'être seul, c'est le fond de sa complexion. Ce n'est ni plus ni moins qu'un vice, très malin, très pernicieux, qui conduit à tous les abîmes, quand il ne mène pas tout bonnement à se marier.

Il vous met à la merci à peu près du premier venu. Des commerces honteux et des liaisons inexplicables n'ont pas d'autre cause. Le pauvre étudiant qui, après trois mois de quartier latin, se... ils ont un mot pour cela, disons s'aglutine, Dieu sait avec quel étrange et grotesque spectre féminin, c'est tout uniquement l'horreur de la chambre vide en rentrant le soir qui a conduit là si vite le pauvre ex-interne habitué aux dortoirs populeux, et qui n'a jamais dormi dans le silence. Le pauvre veuf qui, si vite aussi, laisse la gouvernante se glisser à la chambre de madame : le frisson de se sentir seul, pas autre chose. Le mari trompé qui chasse sa femme, puis la regrette, lui pardonne, la laisse revenir et quelquefois la rappelle : terreur de la solitude, rien autre. Le monsieur seul, qui sans raison, sans profit, sans petit bénéfice sensuel, laisse sa maison se remplir d'une famille étrangère, qui vit à ses dépens, le ronge, le dépèce, et encore le malmène et le fait marcher haut la main... On s'étonne, on est ahuri. Quel philtre lui ont-ils fait boire? Nul. S'ils s'en allaient, il serait seul, voilà ce qu'il sent, ce qu'ils sentent, et voilà toute l'explication de cet empire.

Et voilà la psychologie de Lormeau. Elle est intéressante, elle est curieuse, elle est vraie, d'une vérité telle qu'elle fait passer dans le dos le petit frisson tout particulier que donnent les vérités cruelles. Rappelez-vous ce vieil officier qui, au milieu d'un sermon de Bourdaloue, s'écriait d'une voix de Stentor : « Mordieu ! Il a raison ! » Seulement, c'est un psychologie très simple. C'est la description nette et sûre d'un pauvre être qui n'a pas deux mobiles dans son caractère, qui n'en a qu'un. Dès lors, savez-vous ce qui va arriver ? C'est que, dans un drame roulant sur un être de cette espèce, il n'y aura place ni pour des péripéties, ni pour une intrigue, ni pour un dialogue, ce qui ne laisse pas de dénuer quelque peu une œuvre dramatique. Ou bien il y aura des péripéties un peu forcées, une intrigue surajoutée et un dialogue factice, ce qui sera pire.

En effet, qu'est-ce qui fait une péripétie ? C'est la rencontre de deux sentiments contraires qui se heurtent et luttent l'un contre l'autre. Lequel triomphera ? Voilà la péripétie. Lormeau, ou tout autre personnage selon la même formule, n'étant mû que par un seul ressort, comme ma montre, ira droit devant lui sans arrêt et sans bifurcation, en un mot sans la moindre péripétie. Comme il en faut bien, sous peine d'être trop ennuyeux, vous en mettez, et qui ne sont pas maladroites ; mais qui sont bien un peu forcées, entre nous. Vous y mettez « le coup de pouce. » Dans votre beau second acte, Lormeau chasse les termites. On vous l'accorde par complaisance, parce qu'on sait que de cette convulsion de Lormeau vous tirerez une seconde ou troisième chute plus profonde que les autres. Mais si l'on voulait chicaner pourtant ? Lormeau cause avec sa nièce, et les termites chantent les *Pompiers de Nanterre* en s'accompagnant au piano. Et Lormeau se monte et les flanque à la porte. Pour si peu ! Hum ! C'est un caprice, et en bonne psychologie, et en bon réalisme, il n'y a pas de caprice. Dominé comme il l'est, ce qui serait naturel c'est que Lormeau dit à sa nièce : « Allons, ma petite, à une autre fois ! Tu empêches Marthe de chanter sa romance qu'elle dit si bien ! »

De même au troisième acte, qu'est-ce qui ouvre les yeux à Lormeau, lui fait mesurer l'étendue de son infamie ? Une conversation sur l'espérance de sa mort prochaine, qu'il surprend. Voilà qui est tout factice. Car voilà bien longtemps qu'il sait que les termites n'attendent que sa mort ; voilà longtemps qu'on lui a fait rédiger, signer et parafer son testament. Tout à l'heure encore il disait à Elodie : « Mais attendez donc un peu ! Quelque patience ! Je n'en ai pas pour longtemps. Je ne peux pas vous dire le jour. Si je le dépassais, vous me reprocheriez de vous avoir trompés. » Cette scène à effet est donc tout artificielle, et c'est pour cela qu'elle porte beaucoup moins que vous ne croyez. Non ! pas de péripéties possibles avec des caractères si simples, avec des caractères qui ne sont que des instincts. On sait que le loup va tout droit, et que le lièvre revient toujours par un grand circuit. Les Lormeau font de même ; leur randonnée est connue d'avance. Point d'incertitude, point d'intérêt de curiosité.

Et par suite point d'intrigue. Vous n'y tenez pas. Ah! moi non plus! Cependant remarquez. L'intrigue, pour un vaudeviliste ou pour un mélodramaturge, est une combinaison de faits qui vaut par elle-même, par l'art ingénieux avec lequel elle est conçue, et cela constitue un art parfois très amusant, mais que je vous accorde qui est inférieur. Pour un grand dramatiste, croyez-vous qu'elle soit cela? Pas le moins du monde. Elle n'est qu'un moyen de présenter un caractère successivement sous ses différentes faces, de le faire tourner sous ses yeux. Elle est un pivot. S'il y a une intrigue dans *Phèdre*, si Thésée est successivement cru mort, puis ressuscité, puis de retour ; et si Hippolyte est amoureux d'Aricie ; c'est pour que Phèdre puisse nous être montrée amoureuse sans crime, amoureuse coupable, amoureuse jalouse, amoureuse folle, finalement vitrioleuse, et au dernier terme repentante. Ce sont les différents aspects de son caractère qu'il s'agit de faire comme glisser, j'entends logiquement avec un ordre rationnel, sous notre regard. Mais quand il n'y a point de différents aspects de caractère! Quand il n'y a point plusieurs sentiments, mais une seule force aveugle et fatale! Quand le personnage n'a aucune espèce de complication ! Ou il n'y aura aucune intrigue, ou l'intrigue sera tout artificielle et comme étrangère au sujet. Vous êtes trop consciencieux pour en plaquer une de cette sorte après coup. Reste qu'il n'y en aura pas. Voilà, au moins, une grande ressource qui va vous manquer.

Et je dis encore que, dans un art ainsi conçu, il ne peut guère y avoir de dialogue. Pourquoi parle-t-on ? Pour exprimer ou pour déguiser sa pensée. Mais des personnages qui ne sont pas compliqués n'ont aucune pensée ni à exprimer ni à déguiser. Pour exprimer ou pour déguiser ses sentiments ? Mais des êtres si simples n'ont qu'à exprimer une fois pour toutes le gros sentiment rude et fort qui meut toute leur machine. Si les bêtes parlent peu, c'est qu'elles n'ont pas de nuances ni de *nuances,* du moins intérieures. Si les personnages de Racine, de Corneille, de Skakespeare sont si bavards, c'est qu'ils s'expliquent tout le temps, et s'il leur faut tant de paroles pour s'expliquer, c'est qu'ils sont extrêmement complexes, je dis chez Shakespeare comme chez Racine ou chez Marivaux ; car tous ces théâtres sont des œuvres de psychologie très compliquée, et il n'y a, de l'un à l'autre, que la rhéthorique qui soit différente. Dans le théâtre comme vous le concevez, le dialogue devient presque inutile, ce qui revient à dire qu'il est étrangement difficile d'en fabriquer un quand même. Mettez le baron Hulot sur la scène, et imaginez ce qu'il aura à dire. Mot. Puisqu'il n'a jamais qu'une idée, et que, tout d'abord, je sais trop bien laquelle, il n'a nullement besoin d'ouvrir la bouche. Aussi, remarquez-vous que, dans votre drame, le personnage principal parle très peu ? Et remarquez-vous que les grandes scènes de votre drame, et les plus belles, sont des scènes muettes ? C'est une conséquence très naturelle. Point d'intrigue, point de péripétie, point de dialogue, voilà, je ne dis pas la condition nécessaire du théâtre réaliste pur, mais du moins le terme naturel où il tend. Et je ne dis pas pour cela que ce théâtre soit à proscrire *a priori* et condamné d'avance. Je dis qu'il contient en sa définition même et en son essence des difficultés effroyables d'où il faut du génie pour se tirer.

Comment peut-on suppléer, dans cette entreprise, à toutes les ressources qu'on voit qui manquent presque nécessairement ? Par l'invention de détails vrais et caractéristiques, par les petits incidents frappants qui font qu'on s'écrie : « Ah ! comme c'est cela ! » Ils sont très malaisés à trouver. Il y en a beaucoup, et d'excellents dans le drame de MM. Bonnetain et Descaves. L'arrivée de la famille des rongeurs dans la maison de Lormeau ; le pauvre dîner de Lormeau avec sa nièce, nappe trouée, verres sales, lampe disloquée ; le tableau du troisième acte, la vieille mère d'Elodie au coin du feu, le vieux Lormeau relégué à vingt pas du foyer, sa couverture qu'on lui ôte pour la mettre sur les genoux de la vieille ; tout cela est net, juste, frappant, d'un art très soigneux et très attentif. Voyez ce rien si vrai, si profond, si suggestif, qui en fait penser si long sans une phrase, presque sans un mot. Lormeau a chassé les rongeurs ; il songe à se faire une vie nouvelle : « Je sortirai, j'irai au théâtre. Et puis j'ai encore des amis, de vieux amis... j'ai encore... » Il cherche un nom, se tait, s'arrête, baisse la tête et vide lentement son verre d'un geste las et désolé. Voilà de quoi vit cet art, qui se refuse tant de ressources. En peut-il vivre longtemps? J'en doute fort. C'est multiplier les difficultés comme à plaisir. C'est faire une sorte de gageure. Mais la tenir loyalement, comme ont fait MM. Bonnetain et Descaves, c'est très honorable et digne de tout éloge.

J'aurais bien quelque chicane à leur faire encore sur leurs mots d'esprit. Ils n'ont pas d'esprit ; et sentant combien leur sujet était triste, et qu'après tout ils étaient devant le public, qu'il ne faut jamais trop ennuyer, ils ont essayé de glisser quelques facéties de chroniqueurs dans leur œuvre sévère et dure. Elles sont déplorables en elles-mêmes, et détonnent d'une manière insupportable sur ce fond noir. Il n'y a que cela qui m'ait tout à fait désobligé et agacé dans leur affaire. Mais du reste je suis trop bien disposé pour leur consciencieuse tentative, si distinguée par ailleurs, pour insister sur ce point.

IV

Odéon. — *L'Aveu*, drame en un acte, de Mme Sarah Bernhardt.

2 avril 1888.

Voilà précisément un article comme j'aime à en faire. Je n'ai rien à dire. Les théâtres n'ont rien donné, après avoir promis de donner une foule de merveilles, et nous avoir empêchés, par cette menace, de partir pour la campagne. Les théâtres ont de ces malices. Ce sont les grandes coquettes de la littérature, ils savent qu'ils nous retiennent plus sûrement quand ils se promettent que quand ils se donnent.

Tant y a qu'ils n'ont rien mis sous nos yeux, ou du moins ce qu'on appelle rien ; « car *rien*, comme vous le savez bien, veut dire rien, ou peu de chose. » Et voilà une de mes joies, la première. Je n'ai rien à dire. Je suis libre dans le sens honnête et modéré d'ailleurs, sans lequel ce mot est inquiétant et scandaleux. Ainsi je ne suis pas libre d'aller me promener, non ; je ne suis pas libre de me livrer à mes mauvais penchants, non certes ; je ne suis pas libre de ne pas écrire six cents lignes, oh ! non ; ma liberté a des bornes comme toute la liberté qui n'est pas un pur dérèglement; mais je suis libre d'écrire absolument ce que je voudrai. Le théâtre ne m'impose pas ma matière; il ne me donne pas d'ordre; il ne me prescrit point de raconter un vaudeville ou de comprendre un mélodrame, ou d'approfondir une opérette; il ne me prescrit point une tâche; la seule chose qu'il veuille de moi c'est que je m'occupe de lui. Je l'ai comparé à une jolie femme; j'étais dans le vrai. Vous savez que j'y suis toujours.

Je suis donc libre, et j'ai dit que c'était ma première joie. Sur quoi vous vous doutez que j'en ai une autre. Oh! que vous avez raison! Ma seconde joie, la voici. Non-seulement je suis libre d'écrire aujourd'hui exactement ce que je voudrai; mais j'ai la certitude qu'on ne lira pas un traître mot de ce que j'écrirai. L'attention est ailleurs qu'au feuilleton dramatique quand tout est plus dramatique que le feuilleton. Le public suit avec intérêt un autre drame que ceux que nous avons accoutumé de disséquer sous ses regards. Il se soucie des tréteaux comme de cela. Il est ailleurs. La voix éraillée du moindre camelot l'intéresse plus que la voix d'or de Mlle Lavigne. De ces lignes que je trace avec conscience, il ne parcourra pas une seule, même d'un œil distrait. Et cela ce n'est pas même une joie pour le chroniqueur, c'est un délice. Sa modestie s'en accommode et sa fantaisie s'en réjouit. Il lui semble, et c'est bien la pure vérité, qu'il écrit pour lui seul, pour sa propre satisfaction d'artiste. C'est de l'art désintéressé, c'est-à-dire du grand art. Tel un auteur qui écrit un drame pour ne pas être joué, Racine écrivant *Athalie*.

Au fait, y a-t-il rien de prétentieux comme d'écrire avec l'idée qu'on sera lu, de peindre avec le dessein d'exposer son tableau, de faire de la musique avec le dessein de la faire entendre? Il y a là un amour-propre exorbitant, une crise singulière et condamnable de vanité. Mais écrire avec cette conviction, qui est une quiétude, que notre littérature demeurera un secret entre notre plume et nous, qu'elle sera un simple phénomène de conscience, ce qui revient à dire qu'elle n'aura rien de phénoménal, quelle douceur! Il me semble non point que je m'adresse à cent mille lecteurs, mais que j'écris mes *mémoires*. Je suis à mon aise, je suis entre nous, et encore, non, je suis entre moi. C'est délicieux.

Et que parlé-je de *mémoires*. Oh! que ce n'est pas cela! que c'est mieux! L'auteur de *mémoires* ne songe pas au public immédiat et présent, cela est vrai; mais il songe toujours un peu au public de l'avenir. Il voit les générations futures découvrant son petit papier, et le dépliant avec curiosité. Il jouit par avance de cette curiosité et de cet empressement posthumes. C'est un ténor à longue échéance, un cabotin d'outre-tombe. Cela est si vrai que l'homme réservé par excellence, l'homme si discret que son nom même est devenu le synonyme de silence prudent, oui, Conrart lui-même, Conrart a écrit des *mémoires* considérables. Ce n'est pas là encore la fidèle image de ce que je suis en ce moment.

Non, ce que je fais en cette heure douce, ce n'est pas même des mémoires; car si on ne le lit pas demain, ce qui est certain, encore moins, si c'est possible, le lira-t-on après mon trépas. Ce que je fais ici c'est une manière de soliloque, de monologue intime, une rêverie sur la pelouse. Ah! oui, c'est exquis! Car remarquez que je ne suis pas oisif, avec cela, je ne donne ni l'exemple, ni le scandale d'une paresse qui est interdite par tous les moralistes au roseau pensant. Rappelez-vous *Gavaut et Minard*, ce qui ne peut vous faire aucun mal : « Hein? Minard? Suis-je né pour la lutte? Suis-je né pour l'action? — Tu es né pour l'action, c'est vrai, mais tu ne fais rien. — Je ne fais rien, mais j'agis. » — Tel moi. (Pour un homme qui a à écrire six cents lignes sans avoir rien à dire, ceci est une tournure un peu concise). Tel moi. Je n'écris rien ; mais j'écris. Je noircis quelque chose. Je trace des caractères. Après tout La Bruyère ne faisait pas autre chose.

C'est un exercice salutaire. De ce qu'une chose n'est rien en soi, il ne faut nullement conclure qu'elle n'ait pas une immense valeur. J'ai toujours profondément admiré la philosophie de Frosine dans l'*Avare*, démontrant à Harpagon que Marianne a une dot de trente mille livres, non point par la fortune qu'elle possède, mais par tous les défauts qu'elle n'a pas. Il n'y a rien au fond de plus juste. Les vrais mérites sont les mérites négatifs. Ce sont au moins les seuls dont on soit sûr. On peut perdre sa fortune, on ne perd jamais sa pauvreté. La beauté passe ; mais la laideur reste. Le talent a ses éclipses, mais vous n'êtes pas sans avoir remarqué que la nullité n'en a pas. Frappé de cette vérité, qui est peut-être la seule vérité, tant elle éclate d'évidence, les sages indiens, qui sont nos maîtres, ont placé le souverain bien dans le néant absolu.

Rien n'est plus juste. A cette heure de *nirvana* littéraire et dramatique où je suis, je le sens profondément. Je suis coi, je suis doux, je suis neutre, je suis nul, et je jouis délicatement de mon néant. J'énumère, comme Frosine qui devrait s'appeler Sophie, tous les avantages négatifs de ma position, toutes les sottises que je ne pourrais faire en ce moment et que je ne fais point, uniquement parce que je suis occupé à ne rien faire ; et je ne me cache pas que le nombre en est incalculable. Sans aller plus loin, il est probable que si je n'étais pas assis à cette table, en conversation avec mon tapis vert (la rêverie sur la pelouse, vous dis-je), je ferais de la politique. Voyez-vous où me conduirait la mère de tous les vices. Je tremble à y penser.

Au lieu de cela, je vois des lignes noires s'allonger sur le papier blanc d'un air honnête. Elles ont douce mine, ces lignes. Elles respirent la sérénité. On sent qu'elles savent qu'elles ne seront pas lues, qu'elles sont confidentielles, qu'elles sont inoffensives, qu'elles vivent pour rien, comme les lichens, ou par elles-mêmes, mais sans gêner personne, dans un doux et discret égoïsme.

Oh! bonnes lignes, enfants rêveuses, fumées dans l'air, lézards au soleil, lignes qui n'offenserez personne, qui n'égratignerez point un auteur, qui ne désespérerez point une comédienne en faisant l'éloge de sa meilleure amie, qui ne désobligerez point un directeur en constatant le succès du théâtre d'en face, qui ne rendrez pas furieux un mari en persuadant à sa femme de lui demander de la mener au théâtre, lignes qui ne porterez le trouble ni dans les coulisses, ni dans les cénacles, ni dans les familles, ni dans ma conscience, lignes infécondes comme les vierges sacrées, qui ne serez point fertiles en récriminations, en potins, ni en remerciements, qui ne m'attirerez point de lettres vengeresses à inquiéter mon sommeil, ou louangeuses à surexciter ma vanité, lignes innocentes, lignes naïves, lignes virginales, lignes pures comme un pur rien, soyez bénies comme toutes les choses primitives, ingénues et simples, comme les bêtes au bon Dieu, les petits enfants et les idiots.

Et remarquez que tout en n'ayant rien à dire et ne disant rien, je dois ici avoir encore l'air de dire quelque chose. Je ne fais rien ; mais je m'occupe. Pieuse fraude contre l'ennui, du moins contre le mien. Dans les familles sérieuses, quand la jeune fille ne fait rien, sous le prétexte qu'elle n'a rien à faire, la mère lui dit : « Prends ta tapisserie. » Je fais de la tapisserie.

Je feins le travail. Les personnes séparées de moi par une certaine distance peuvent et doivent croire que je me livre au labeur. Par exemple, aujourd'hui, mon canevas c'est l'*Aveu* de Mme Sarah Bernhardt, qui, en effet, est un canevas de pièce. Il n'y manque que la laine; c'est pour cela qu'il y manque la couleur. Un évènement tout sec, sans que l'étude des caractères nous en donne la signification, la portée, par suite l'émotion, voilà la pièce. Si je savais quel est le caractère du général, je pourrais comprendre pourquoi, après avoir pris de si haut l'outrage fait à son honneur conjugal, il est si facilement désarmé de toutes ses fureurs et de toutes ses soifs de vengeance, qui, certes, n'étaient pas de petites soifs. Mais si je n'en sais rien, rien du tout. Le fait, rien que le fait. « Monsieur, disait un doctrinaire (car il n'y a que les doctrinaires qui disent monsieur, les autres disent : cher monsieur), monsieur, il n'y a rien de bête comme un fait. » Ce n'est pas tout à fait juste. Un fait n'est pas bête précisément. Plutôt, il est nul. Il n'a de signification que par les idées ou les sentiments qu'il représente, ou par les idées et les sentiments qu'il fait naître. Il n'a d'intérêt qu'en ce qu'il sort de quelque chose, ou en ce qu'il produit quelque chose d'intellectuel. Ici rien de pareil. Je vois qu'un fait, l'existence d'un enfant dont il n'est pas le père, met un revolver aux mains du général, qu'un autre fait, la mort de l'enfant, fait tomber le revolver des mains du général. Par quelle série de sentiments a passé ce guerrier, voilà ce que je ne sais point, ce que je ne saurai jamais. C'est bien dur.

Une seule question s'est trouvée soulevée ou agitée à nouveau, par ce petit drame, ou plutôt à son propos ; car le général n'ayant pas donné ses raisons, nous ne pouvons pas savoir comment il comprend la question lui-même. Une femme plus ou moins violentée, car il ne me paraît pas qu'elle ait été, comme la Cunégonde de *Candide*, « violée autant qu'on peut l'être ici bas » une femme plus malheureuse que coupable ; mais elles sont toutes ainsi, et cela ne la distingue pas infiniment de ses compagnes d'infortune ; enfin une femme qui a eu un malheur qui était un fils, devant le berceau de ce fils mourant avoue à son mari la cruelle vérité. Ce mari exige la mort du principal coupable tant que l'enfant vit. Dès que l'enfant est mort, il se relâche d'une si impitoyable rigueur. Qu'est-ce à dire ? Que l'adultère plus ou moins consenti n'est grave que s'il met un enfant adultérin dans la maison du mari ? Comme morale ce serait large, et comme vérité d'observation, il me semble que c'est furieusement faux.

Hélas ! nous sommes des hommes ; c'est même notre principal malheur, et ce qui nous navre dans l'adultère, c'est l'injure qu'on nous fait ; ce n'est même pas tant l'injure que le sentiment affreux qu'un autre que nous connaît le mystère de la femme qui est à nous. Ce sentiment-là, rien n'y fait ; rien n'y peut faire. Il nous bouleverse et nous ramène brusquement, d'un seul coup, à l'humanité primitive. Nous autres, beaux messieurs philosophes (quand je dis *nous* c'est une façon de parler), nous disions aux maris, une fois la loi du divorce votée : « Maintenant, vous entendez bien ; c'est fini de rire. Le droit au couteau, vous ne l'avez plus, du moment que vous avez le droit au divorce. Dès que vous pouvez vous séparer complètement de la femme qui vous trahit, vous n'avez plus d'excuse si vous vous attribuez sur elle le droit de peine de mort. » C'était si logique que ce devait être une niaiserie dans le domaine des faits. Il en est ainsi de toutes les vérités rationnelles. Les maris, depuis la loi du divorce, ont tué ni plus ni moins que devant. Ils ont tué, et remarquez, ce qui est bien plus significatif, que les jurys, de leur côté, *qui font la loi,* la vraie loi, par la jurisprudence pénale qu'ils établissent, ont acquitté aussi, ni plus ni moins qu'avant, les tueurs gratuits, les tueurs pour le plaisir. Cela veut dire que les hommes, qui du reste sont des sauvages, admettent encore, admettront toujours que la femme est la propriété de l'homme et que le mariage n'est pas un contrat révocable comme tous les contrats, mais une prise de possession perpétuelle. Le public ne comprend donc pas que le général raisonne ainsi : 1° Ma femme n'est pas coupable, ayant été violentée ; 2° l'adultère n'a pas eu de conséquence onéreuse puisque l'enfant est mort ; 3° donc il n'y a plus rien. » Il se dit, le public, qu'un général qui raisonne ainsi est trop un raisonnement pour être un homme, et qu'il n'y a qu'un législateur impassible, célibataire et grand officier du sérail qui raisonne de la sorte.

Et pourtant le général a raison ; il a raison, *in abstracto*. Toutes les fois que la question se pose (on la posait encore ces jours-ci) de la différence entre l'adultère féminin et l'adultère viril, on voit intervenir cette grande raison de l'adultère féminin grave par les conséquences, et de l'adultère viril inoffensif, et qui n'est rien de plus qu'une injure. D'où il suivrait que, quand l'adultère féminin n'a pas de conséquence matérielle, ou quand ces conséquences ont disparu, l'adultère féminin est juste l'égal de l'adultère viril, et quand il a été involontaire, n'est rien. Voilà une déduction irréprochable. Eh ! oui ! mais que nous sentons bien que cette déduction, aucun de nous, au fait et au prendre, ne la fera jamais, et, par conséquent, comme ce général de l'*Aveu* nous étonne ! Ce général est une idée pure, ce général est une abstraction, ce général est une généralité. A moins que... ah ! sans doute !... A moins que, par toute une peinture infiniment forte, convaincante, contraignante, de son caractère, vous m'ayez donné cette idée que cet homme est bâti de telle façon, qu'au milieu des plus grandes désolations et des plus véhémentes colères, ce raisonnement calme, cette déduction froide, il est très capable de les faire. Et nous voilà revenu à notre première observation que l'*Aveu* n'est qu'un canevas, et qu'il y manque tout ce qui éclaire, tout ce qui brûle, et aussi tout ce qui soutient.

V

GYMNASE. — Reprise de *Dora*. — PORTE-SAINT-MARTIN. — *La Grande Marnière*, drame en cinq actes de M. Georges Ohnet.

9 avril.

Nous avons assisté, en écoutant la *Dora*, de M. Sardou, à la transformation d'une comédie en mélodrame, et cette expérience physiologique nous a infiniment intéressé.

On sait de quoi se compose M. Sardou : d'un journaliste, ou plutôt d'un chroniqueur, d'un *actualiste* merveilleux ; et puis d'un vaudevilliste ou d'un mélodramatiste (car vous n'ignorez pas que c'est exactement la même chose) infiniment habile, ingénieux et adroit. D'où suit (car les choses humaines vont toujours avec une admirable logique, surtout vues de loin avec un certain regard qui les arrange un peu), d'où suit que, dans toutes les grandes productions de M. Sardou, il y a eu une comédie d'actualité analogue aux pièces de Dancourt, et un drame compliqué analogue aux créations de M. Dennery. Les partisans de « l'unité d'impression » en ont été quelquefois infiniment froissés et scandalisés ; et les scènes à grands éclats de *Maison-Neuve* ou de la *Famille Benoiton*, n'étaient pas sans inquiéter l'attention, survenant brusquement après des actes tout entiers qui n'étaient que des chroniques parisiennes mises en dialogue. C'était le genre Sardou, il en fallait passer par là. Il avait du reste été inventé un bon demi-siècle avant la naissance de Victorien par un nommé Beaumarchais, qui est bien l'homme du monde le plus semblable à M. Sardou qui se puisse.

Que devait-il arriver de ces créations en partie double lorsqu'une dizaine d'années auraient passé dessus, voilà ce qu'il était curieux de voir, et voilà ce que nous avons vu vendredi dernier. Ce qui arrive, le voici ; c'est que la comédie disparaît complètement, s'efface, semble absorbée et comme bue par tout ce qui l'entoure, et qu'il ne reste que le drame pur et simple. Vous ne sauriez croire combien l'espionnage mondain, le diplomate d'office, la princesse russe à intrigues parlementaires qui croit faire et défaire les ministères centre-gauche ou gauche-radicale, nous ont été indifférents. Le premier acte tout entier, ce joli premier acte, qui était resté dans nos souvenirs comme un si brillant tableau de mœurs, nous a tout simplement ennuyés. Que voulez-vous ? C'est un *Paris au jour le jour* d'il y a onze ans, une actualité du règne de Mac-Mahon, une chronique du temps de Charles IX, ou à peu près ; je ne sais pas ce qu'il faudrait pour que cela pût nous chatouiller. Vous lisez quelquefois les vieux journaux quand vous êtes en province. Vous voyez ce qu'il en est. Ou, vous entendez parfois, dans une bonne vieille ville arriérée, l'anecdote que votre oncle conte si bien depuis vingt ans et qui se termine par une épigramme cruelle à l'adresse de M. Rouher ; vous avez tout à fait la notion de la chose.

Reste le drame. Il y a des pièces de M. Sardou où le drame est assez maladroitement conçu et n'intéresserait plus. Ce n'est pas le cas de *Dora*. Le drame en est vigoureux et merveilleusement bien mené. A partir du moment où nous nous sommes sentis engagés dans la trame dramatique, nous avons écouté, nous avons suivi avec attention, nous nous sommes sentis pris. Ce que c'est que le drame chez M. Sardou ? C'est un drame écrit par un vaudevilliste plein de talent, c'est un vaudeville dramatique ; c'est une aventure cruelle et terrible amenée par des quiproquos et de menus incidents un peu artificiels, un peu invraisemblables, mais possibles après tout, et combinés et ménagés avec une adresse infinie. Faut-il condamner *a priori* ce genre de théâtre ? D'abord il ne faut jamais condamner rien ni personne *a priori*. Et puis, malgré les protestations de quelques-uns de mes confrères plus délicats, plus raffinés, plus « littéraires » ou plus « artistes » que je ne suis, je me creuse la tête pour comprendre pourquoi un théâtre ainsi conçu serait une insulte au bon sens et un crime de lèse-vérité.

Il ne vous est jamais arrivé un vaudeville dans votre vie? Une suite, une rencontre, un enchaînement de circonstances ne vous ont jamais mis dans une situation ridicule et ahurissante où vous pataugiez abominablement et grotesquement? Non? Avouez du moins que si vous étiez un peu moins spirituel, un peu moins pénétrant, et un peu moins habile à vous tirer d'affaire, la chose pouvait vous arriver. Eh bien! supposez que cette situation embarrassante et ahurissante, elle ait pour vous des conséquences désastreuses et véritablement terribles, qu'au lieu de vous rendre ridicule, elle vous rende malheureux, atrocement malheureux. La chose est impossible? Pas le moins du monde. Elle s'est produite plus d'une fois. Eh bien! voilà un drame, un drame qui n'est pas fondé sur une ou plusieurs grandes passions, sur un conflit de sentiments puissants, qui ne part point d'un « état d'âmes », je l'accorde, qui ne part, comme un vaudeville, que d'une combinaison de circonstances, qui par conséquent aura moins de profondeur, je l'accorde encore, mais un drame enfin, une histoire cruelle et tragique, qui m'intéressera parce que je sens que je pourrai très bien être demain mêlé à une histoire très analogue, sans supposer l'impossible, et que j'en souffrirai très cruellement.

Je suis un jeune homme bon, loyal, amoureux, très candide et même un peu bête. Cela est impossible? Non, n'est-ce pas? Poursuivons.

Je suis aimé d'une coquine capable de tout quand

elle est dans son naturel, et de bien d'autres choses
quand elle en colère? C'est impossible? Je ne crois
pas. J'aime une jeune fille qui appartient à un monde
suspect, sans qu'on puisse rien dire de positif contre
elle. Il y en a juste assez pour qu'amoureux, je n'en
croie pas un mot, et pour que, sur un très fort commencement de preuves, je croie tout. C'est impossible? J'épouse cette jeune fille. L'autre, la coquine,
exaspérée, dans un billet de politesse, très innocent,
que ma femme écrit à un personnage très suspect,
glisse une pièce diplomatique qu'elle me vole, de telle
manière que je m'aperçoive de la disparition de mon
papier, que je coure après, que je le retrouve et que
je croie que c'est ma femme qui me l'a dérobé, qui
l'a envoyé, et qui est une coquine. C'est une machination très difficile à exécuter; mais est-elle impossible? est-elle même extraordinaire? Il est arrivé des
choses plus étonnantes que cela dans le monde.

Et moi, dans cette situation, qui est un vaudeville
en son fond, et qui est une tragédie à cause de la portée de ses conséquences, qui est en un mot une *tragédie d'intrigue*, je suis furieux, désolé, enragé,
j'aime ma femme et je la méprise (ça ne vous est
jamais arrivé, à vous, heureux mortel!) je la voudrais
innocente, et je la vois criminelle; je lui suggère de
tout mon cœur tous les arguments à se disculper que
je puis trouver, et je suis renfoncé dans ma conviction
atroce par toutes ses réponses; et je hurle, et je bondis;
et puis — car ainsi vont les choses chez les hommes

qui ne sont pas tout raison, c'est-à-dire chez les hommes — je finis par l'aimer *même coupable*, et, comme elle est fière et honnête elle repousse cet amour injurieux comme le plus épouvantable outrage qu'elle puisse recevoir, et nous sommes plus séparés qu'avant, en nous adorant.

C'est impossible, tout cela, ça ne s'est jamais vu, c'est de la pure prestidigitation?

Tâchons donc d'être un peu moins têtus et étroits, et tâchons donc, si c'est possible, de ne pas être si obstinément d'une école, à l'exclusion d'une autre. Tudieu! avec nos barbes grises, il y a quelque temps que nous devrions n'être plus écoliers! Tâchons donc de voir qu'il y a du talent dans la *Pelote,* qui est un tableau réaliste, et beaucoup de talent, d'une toute autre sorte, dans *Dora,* qui est un mélodrame bien fait. Tâchons donc, toutes les fois que nous avons écouté quelque chose sans ennui, de le reconnaître, et de ne voir dans la critique qu'une façon de nous rendre compte des raisons pourquoi nous ne nous sommes pas ennuyés.

Car vous ne vous êtes pas ennuyés à *Dora,* ne me dites pas que vous vous êtes ennuyés. Vous avez été empoignés par la « scène des trois hommes », qui est d'un maître ouvrier dramatique; vous avez été empoignés par la grande scène de l'interrogatoire de la femme crue coupable par le mari. Seulement vous avez réagi contre votre plaisir en vous disant : « Tout un drame si puissant fondé sur des moyens de vaudeville, sur une sorte de quiproquo ! » Eh ! pourquoi non ! Si vous n'êtes pas ému par les drames ainsi faits (quand ils sont bien faits), je me demande pourquoi vous riez à un vaudeville, pourquoi une situation grotesque fondée sur un chapeau pris pour un autre, vous amuse, pourquoi vous ne vous dites point : « Rire d'une chose qui a pour point de départ une confusion de couvre-chefs ! » Certes je trouve je ne sais quelle force intime plus puissante et comme contraignante dans un drame fondé *uniquement* sur un conflit naturel de grandes passions. J'aime mieux *Athalie* que *Zaïre*, c'est évident ; mais *Zaïre* qui est un mélodrame bien fait, *Zaïre* qui est fondée sur un quiproquo, *Zaïre* qui est un vaudeville, qui devient une tragédie, parce qu'on y tue, *Zaïre* ne me paraît pas méprisable. Je ferai du reste observer tout doucement qu'*Othello* aussi est fondé sur un quiproquo bien ménagé, bien combiné et bien filé.

Et après tout cela, vous me direz que vous n'aimez ni le vaudeville, ni le mélodrame, ni les *Pattes de Mouches* en comédie, ni les *Pattes de Mouches* tournées au tragique, et ni *Zaïre*, ni *Othello* ; en conséquence de quoi je n'ai plus rien à dire et vais vous parler de la *Grande Marnière*, ce qui est une manière de parler de rien.

M. Georges Ohnet baisse. Quelques personnes me disent : « pas possible ». Ce sont évidemment ses partisans. Mais je suis pour ce que j'en dis ; M. Ohnet baisse sensiblement. Le *Maître de Forges* était un chef-d'œuvre auprès de la *Comtesse Sarah*, et la *Comtesse Sarah* est un tableau de maître auprès de la *Grande Marnière*. Figurez-vous l'*Idée de Jean Téterol* de Cherbuliez, sans esprit, ou *Maître Guérin* d'Augier, sans vigueur, sans puissance et sans esprit aussi, voilà la *Grande Marnière*. M. Ohnet est admirable pour démarquer les grandes œuvres et ensuite pour les user et les fatiguer jusqu'à ce qu'il n'y reste que des trous. La *Grande Marnière* donne à chaque instant la sensation d'une bonne matière qui n'est pas traitée, parce qu'elle n'est pas comprise, d'une bonne occasion à montrer du talent à laquelle manque le talent seul, et, en définitive, de quelque chose à quoi il manque tout. C'est décevant et déconcertant à miracle.

Ce n'est pas qu'on fût mal disposé pour le nouvel ouvrage de M. Ohnet. Je jure que non. Bien au contraire. Il y avait un sentiment général de complaisance, par réactions contre les crises de mépris trop violentes, trop répétées surtout, dont M. Ohnet a été l'objet, sinon la victime, en ces derniers temps. Autant la première attaque, si vigoureuse, si brillante et si juste, si juste à fond, contre M. Ohnet, avait été un soulagement pour tous les hommes soucieux de littérature, autant les récidives plates et grosses des esprits à la suite avaient fait souhaiter que M. Ohnet obtînt un vrai et franc succès. On avait été un peu irrité que des hommes absolument incapables d'écrire *Serge Panine*, encore que ce ne soit pas excessivement difficile, ou de mettre sur ses pieds un *Maître de Forges,* encore que ce ne soit pas le comble de l'art, se fussent aperçus, parce qu'on le leur avait dit, que M. Ohnet était un écrivain médiocre, et le répétassent toutes les fois qu'ils n'avaient rien à dire, c'est-à-dire toutes les fois qu'ils prenaient la parole. Oui, on était très bien disposé pour la *Grande Marnière.* On oubliait le roman, qui est cruellement plat, et l'on disait (je crois l'avoir dit moi-même) : « Faites attention ! *Il* est meilleur au théâtre que dans le livre. *Il* a un certain instinct de l'arrangement et du mouvement dramatique. Ces fins d'acte ont de la netteté et de la précision. C'est un faiseur assez habile. De son roman de la *Grande Marnière,* il peut très bien avoir tiré une pièce très supportable. »

Eh bien ! non ! La pièce est peut-être inférieure au roman. Je ne sais pas où la prendre. Elle échappe. C'est un pur rien. Il ne faut pas parler des caractères. Ils n'existent pas. Dans le roman, il y avait une jeune fille tirée moitié de *Maître Guérin,* moitié du *Roman d'un jeune homme pauvre,* qui avait une certaine allure, surtout à cheval. Dans la pièce, elle est comme un cavalier démonté. Elle ne sait que faire d'elle-même et elle n'en fait rien du tout. La scène où elle vient intercéder auprès du fils de l'ennemi de sa maison n'a aucun caractère. Elle devrait y montrer, ou sa fierté combattue par un commencement d'amour, ou son orgueil aux prises avec la nécessité de s'humilier et de prier. Elle ne montre rien de cela ni d'autre chose ; elle est insaisissable comme un profil perdu.

Le jeune homme est un peu moins un rien. Il existe à peu près, mais d'une singulière existence. Il est peint en héros, il se croit un héros, M. Ohnet le croit un héros. Quelle étrange idée M. Carvajan fils et M. Ohnet se font de l'héroïsme ! Voilà un jeune homme qui est fils d'un coquin, qui voit que son père ruine et immole cette honnête famille de Clairefontaine. L'honnêteté seule lui ferait un devoir de contrarier les desseins de son père. Mais, de plus, il est amoureux de mademoiselle de Clairefontaine, il l'adore, et c'est parce qu'il l'adore qu'il se met à son service. Et il est tout le temps à s'écrier : « Voilà comme je me mets ? Suis-je assez héroïque ! Suis-je assez désintéressé ! Remarquez, mademoiselle, comme je suis héroïque ! Hein ! en voilà un désintéressement ! J'aime éperdûment une jeune fille et je fais des sacrifices d'argent pour elle ! Et je plaide la cause de son frère aux assises de la Seine-Inférieure ! Quel empire la loi du devoir a sur les grandes âmes ! Que c'est beau, la vertu pure ! Toi, vertu, pleure, si je meurs ! » Evidemment, M. Ohnet imagine que faire des folies pour une femme qu'on aime, c'est où la vertu la plus haute, et invraisemblable au point d'en être cornélienne, puisse atteindre.

Il y a, à la vérité, un vieux coquin de père Carvajan, enragé contre les Clairefontaine, infâme usurier du reste, et ramené à la vertu, par respect pour la vertu de son fils et orgueil paternel, qui est un personnage assez bien composé. C'est le père de toutes les comédies d'Emile Augier. Nous n'éprouvons aucun sentiment pénible à le revoir. Il fournit la scène capitale, celle qui a le plus porté l'autre jour, et qui est assez bien menée, celle où il cherche à retenir son fils par les menaces, par les prières, par un patelinage brusque et lourd qui sent bien le vieux maquignon, par un mélange de grossièreté, de violence et de tendresse. Bon cela. Mais vous entendez bien que le point important de l'évolution du caractère, celui qu'il s'agit de ne point manquer, c'est le moment du revirement ; c'est le moment où le vieux scélérat, furieux de voir son fils plaider contre lui, est enchanté, en même temps, de le voir si bien plaider, se laisse peu à peu emporter à l'enthousiasme général, se laisse peu à peu dominer par la seule chose qu'il connaisse, la force, la salue naissant et éclatant tout à coup dans son fils, et quand on vient lui dire : « Vous avez perdu » s'écrie : « Oui, a-t-il assez bien plaidé, le gaillard ! Ah ! Ah ! Quel lapin ! C'est un Carvajan, vous savez ! » Voyez-vous la scène menée par un Augier ou un Dumas, oh ! tout simplement par un Sardou ! M. Ohnet l'a sentie, cette scène ; seulement elle était plus forte que lui. Il l'a esquivée, il l'a à peine essayée.

Il nous l'a laissée à penser. Nous sommes très intelligents ; mais nous ne sommes pas fâchés qu'on nous aide. Vous ne sauriez croire comme cette grande scène, je ne dirai pas est manquée, mais reste latente. Le pauvre Carvajan qui en devrait être le centre, qui en devrait être le tout, y joue le rôle d'un figurant. Il y circule. On l'y voit de dos, qui écoute à une porte, puis à une autre. Et quand, à l'acte suivant, nous le retrouvons converti, nous savons pourquoi, mais c'est de par les réflexions que nous avons faites, non par la faute de M. Ohnet. A vrai dire, le père Carvajan ne s'est pas converti, il s'est effondré, il s'est effacé, il gît. Il avait un caractère et — voilà tout — il n'en a plus. Ce n'est pas là tout à fait du théâtre.

Mais le drame au moins ! Car vous êtes étrange. Vous ne voulez point qu'on demande à une pièce ce qui n'y est point, et à un mélodrame de M. Ohnet, parce qu'il est de M. Ohnet, vous demandez des caractères curieusement étudiés et puissants ! — Oh ! s'il y avait un drame bien fait, n'ayez peur, je vous le raconterais, pour mon plaisir, et je me déclarerais très satisfait. Mais le drame est très mal fait ; mais l'intérêt de curiosité ne s'y soutient pas du tout. Le drame c'est l'histoire du fils de Clairefontaine accusé d'avoir assassiné une petite ouvrière qui a été étranglée par un idiot. Le fils Carvajan, parce qu'il trouve l'accusation stupide — ça suffirait — et parce qu'il aime Mlle Clairefontaine, défend le jeune comte devant le jury de Rouen, et le fait acquitter. — Eh bien ! C'est fini ! Au point de vue de la curiosité, nous sommes satisfaits pleinement. Le reste, en dix minutes. Qu'on se marie par gratitude, et mêmement parce qu'on s'aime, et prenons notre pardessus, d'autant qu'il faut une demi-heure pour que les ouvreuses le retrouvent. Ce n'est pas cela du tout. Nous en avons encore pour trois actes, ou, si vous voulez, trois longs tableaux. « Il ne suffit pas — nous dit M⁰ Carvajan, — que j'aie fait acquitter Monsieur de Clairefontaine, il faut que je trouve l'assassin. »

Je ne sais pas si vous êtes comme moi, ce que du reste, ma modestie m'empêche de souhaiter ; mais, à moi, cela m'est complètement égal, complètement. D'abord la chose me paraît inutile ; les deux familles ennemies sont réconciliées par un acte de dévouement de l'une à l'autre, un Montagut a sauvé la vie à un Capulet ; voilà une affaire faite. Ensuite je crains que cette nouvelle histoire ne soit un peu longue ; un assassin ne se trouve pas sous le pas d'un cheval. Ensuite j'ai une peur ; c'est de revoir l'idiot. L'idiot de la *Grande Marnière* est bien répugnant. M. Ohnet n'a pas compris que les idiots, au théâtre, doivent être personnages sympathiques, doivent être de simples « innocents, » attendrissants, parce qu'ils sont bons et inoffensifs ; mais que l'idiot féroce est très déplaisant, fait une impression de malaise insupportable. L'idiot de la *Grande Marnière*, je le connais par les premiers actes ; il ne paraît sur la scène que pour avoir une crise d'épilepsie. Ce n'est pas un régal. Surtout maintenant que tout, à vrai dire, est terminé, et que l'épilepsie n'est plus qu'un dessert, je m'en passerais.

Il m'a fallu pourtant la savourer, voir l'idiot revenir, contempler sa dernière crise, entendre les « ah ! ah ! » gutturaux de M. Mévisto, etc., etc. Si la dernière scène, celle où le jeune Carvajan et mademoiselle de Clairefontaine en arrivent à reconnaître qu'ils s'adorent depuis un laps considérable, et à se mettre la main dans la main, scène toujours agréable au théâtre, même quand elle est mal faite, si cette scène a été très fraîche, dans un autre sens que dans celui qu'on pourrait croire, soyez sûrs que c'est parce qu'elle vient beaucoup trop tard, et après trois tableaux, où l'intérêt, qui n'avait jamais été très vif, s'était évanoui comme un simple épileptique.

La *Grande Marnière* m'a donc paru mal faite, découpée sans grand art dans un roman dont toute la seconde partie, déjà, était un peu languissante, et que l'auteur n'a pas su ramasser dans une action forte. Elle nous a valu une grande joie pourtant. C'est de revoir Paulin Ménier. Il a montré d'incomparables qualités de mimique expressive dans le rôle de père Carvajan. La voix n'est plus ni assez forte ni assez nette ; mais le jeu est infiniment remarquable. Il y avait là un mélange de vulgarité et de passion, de finauderie d'usurier de village et de brusque et impérieuse affection, et encore d'orgueil paternel éclatant par bouffées, comme une grosse flamme... tout cela était bien intéressant, et d'un art savant et sûr. Il y a eu deux grands succès d'acteur cette semaine, celui de Paulin Ménier dans la *Grande Marnière*, et celui de Marais dans *Dora*. Vous n'avez pas vu *Dora*, vous ne connaissez pas Marais.

Il y est tout nouveau, avec ses qualités anciennes comme dessous. Il a le même feu et la même force, et il a une sobriété, une netteté, une vigueur contenue, une passion profonde qu'on sent qui fait rage en dedans et qui s'exprime par un geste court ou un coup d'œil ; c'est admirable. On dirait que Worms a passé par là. Ah ! quel bonheur c'est à nous, qui avons si souvent à dire des vérités fâcheuses, d'avoir l'occasion d'applaudir sans réserve et de tout notre cœur, surtout quand nous avons conscience que le public sait qu'il n'entre jamais dans nos jugements que la plus entière sincérité et la naïveté même la plus abandonnée.

VI

Théâtre Libre. — Le *Pain du péché*, drame en quatre actes, d'Aubanel, mis en vers français, par M. Paul Arène.

30 Avril.

> Cette histoire de la novice
> Saint-Ildefonse, abbé, voulut...

Cette histoire de l'Arlésienne, saint Ildefonse, abbé, voulut qu'afin de préserver du vice les Arlésiennes mariées à des fermiers trop occupés, les grand'mères la racontassent aux veillées d'hiver, et qu'il y eût de quoi faire frissonner jusqu'aux intimes moelles, comme parlent les prophètes. Et certes elle est très suffisamment rébarbative et horrifique, cette vieille légende. Sachez, arlésiennes de tous les pays, que toute mère adultère est punie dans ses enfants (cela c'est la loi, où l'on retrouve l'antique idée de la réversibilité des peines) et que, par exemple (ceci c'est l'idée prenant corps, forme vivante, et devenant poème populaire) si les enfants mangent du pain qu'ont partagé la mère adultère et son complice ils meurent dans l'année.

Voilà la légende du *Pain du Péché*.

Ce sont les maris qui l'ont inventée, cela ne peut faire de doute pour personne, et cependant elle a pour elle, cette légende, qu'on n'y a pas besoin du mari, ce qui est un grand avantage. Dans toutes ces vieilles histoires formidables de femmes coupables et affreusement punies, il y a toujours un personnage qui joue un rôle odieux, c'est celui dont la destinée est telle qu'il ne peut se sauver du ridicule que par l'atrocité. Vous connaissez assez ces époux patibulaires avec leurs grands couteaux de cuisine, et apportant le cœur du varlet ou de l'écuyer tranché dans un grand plat de cuivre rouge. Il n'y a rien de plus moral que ces histoires-là, mais le mari y joue un personnage un peu déplaisant. Avec la légende du *Pain du Péché*, on n'a pas besoin du mari, on n'a pas besoin d'un instrument terrible et intéressé de la justice éternelle. La justice éternelle y opère toute seule avec une pleine efficacité, comme la grâce. Elle punit le coupable dans les innocents, d'après le dogme antique, qui du reste n'est qu'une constatation pure et simple du tour que prennent les choses dans l'histoire universelle, et il y a châtiment sans qu'il soit besoin qu'il y ait bourreau. C'est une légende qui n'est pas gaie, mais qui a sa délicatesse et qui tourne heureusement le point périlleux et désobligeant.

Sur quoi Aubanel, grand poète, mais ouvrier un peu maladroit, à ce qu'il me semble, a donné de tout son cœur sur le point désobligeant et périlleux, que la légende dérobait et lui épargnait, et s'y est attaché de tout son cœur, et en a fait le tout de son œuvre. Il n'avait pas besoin du mari, et il a concentré tout son effort et tout l'intérêt de son ouvrage sur le mari, et de cet époux inutile, qu'il pouvait si bien dissimuler, il a fait un personnage qui n'est point faux et qui, pardieu, au contraire, est trop vrai, mais qui est bien pénible à considérer.

Malaudreau, époux rude et négligent de l'Arlésienne nervoso-sanguine, s'avise, un jour d'orage, que son épouse a suivi le beau valet de cœur et de ferme, Véranet.

Il court après, cela va sans dire, en jurant de tout massacrer, et les rattrape à l'auberge où ils sont en train de manger le pain du péché, sans métaphore. Malaudreau est robuste, Véranet est l'enfant frêle et joli dont se coiffent les femmes de trente ans. En conséquence, Malaudreau s'avance sur Véranet le poing levé. Véranet qui est un être abominable, puisqu'il est l'amant d'une femme mariée, mais qui, cependant, ne manque pas d'une certaine générosité qui va mettre le public de son côté, au lieu de prendre un couteau sur la table et de parer le coup de poing d'un coup de lame, en prend deux et en présente un à Malaudreau en lui disant : « Soit ! Défends-toi ! » — « Minute, dit l'époux outragé, cela ne me va pas du tout. Rentre ton dard. J'ai une autre idée. Je te laisse ma femme, c'est une malheureuse. Reste avec lui, vilaine. Ce sera ton châtiment. » Que voulez-vous que je pense, moi public, sinon que ce Malaudreau a peur de recevoir quelque mauvais coup ? Cela a si bien l'air d'être vrai que... voyez la suite.

Le regard de Malaudreau tombe sur la table où étaient installés tout à l'heure les deux amants et y aperçoit le pain rompu entamé, le pain du péché. « Ah ! Ah ! voilà mon affaire ! Voilà précisément ma petite affaire ! » Il prend le pain. « Savez-vous ce que je vais faire, mes petits amis ? Je vais me venger sur les enfants. C'est bien moins dangereux. Té ! » Ma foi, ce mari, vous me direz ce que vous voudrez, et que dès qu'on prend l'adultère au sérieux le mari devient, par définitions, personnage sympathique, mais ce mari a bien besoin d'être le mari pour n'être pas un odieux.

Il rentre au *mas*, le Malaudreau, avec son pain empoisonné dans sa poche, et le voilà distribuant onctueusement la nourriture meurtrière à ses enfants. « Mange, Marius, mange, mon petit Gabriel, mange mon chérubin. Allons ! mange donc ! Mangez donc, bâtards ! » Oh ! bâtards ou non, cette férocité nous révolte absolument. Nous ne nous doutions pas que les mœurs provençales fussent à ce point des mœurs canaques. Cela nous jette à mille lieues et à six cents ans d'où nous sommes. La loi injuste, nous l'acceptions, mais qu'aux lois injustes, que nous sentons ou que nous supposons vaguement qui nous dominent, l'homme ajoute sa férocité insidieuse et traîtresse, unie à la plus belle lâcheté qui se soit jamais naïvement étalée sous le soleil, cela nous paraît de trop.

Et tout cela contre des enfants! Et tout cela sans qu'il se trouve personne pour crier à ce mari qu'il est une brute, afin de nous soulager un peu et nous détendre!

Et la scène est longue, traînant affreusement sur l'accomplissement affreux d'un affreux crime! Enfin la mère arrive, pour sauver ses enfants, pour leur crier : « Ne mangez pas! » Et elle s'offre à la mort. Elle aussi tend au mari son couteau. Mais ce mari n'aime pas le couteau, décidément. Avec beaucoup de noblesse et un geste magnifique, il écarte l'instrument incisif. Il semble dire : « Non, je préférais de beaucoup le petit empoisonnement des marmots. » Il faut que la pauvre femme, que nous avons fini, par comparaison, par aimer de tout notre cœur, se tue elle-même. Et l'amant revient. Malaudreau, devant l'amant, n'est jamais fier. Il lui dit quelque chose comme : « Va-t-en! Ta présence est déplacée. » Mais quand Véranet est parti, et que le mari se retrouve, bien entouré de tous ses serviteurs, devant le cadavre de sa femme, il se redresse tout de son haut, dans une attitude superbe de justicier, et déclare magnifiquement... qu'il est suffisamment vengé, et qu'il pardonne? — Allons donc! — que le cadavre de l'Arlésienne sera jeté à la voirie et que ce sera une grande leçon pour qui serait tentée de lui ressembler.

Ce rôle de Malaudreau qui est vrai, je le répète, mais qui n'en est pas moins une lourde faute de l'auteur; car c'est sur les amants que l'auteur voulait jeter tout l'odieux, et c'est sur le mari qu'il le ramasse tout entier, ce rôle de Malaudreau me gâte toute cette légende qui pouvait être dure et cruelle, sans doute, mais austère, grave, et aussi, prise autrement, touchante et pleine de larmes, et qui n'est presque que répugnante, se trainant douloureusement sur la peinture la plus naïve de ce que le cœur humain a de plus bassement sauvage et lâche.

Comme poème proprement dit, c'est une belle œuvre. Les vers sont très beaux. Il y en a d'une largeur et d'une sonorité magnifiques, qui emplissent l'oreille délicieusement et qui vibrent longtemps dans la mémoire. Ce style est d'une facture large et aisée qui convient admirablement au poème épique porté à la scène. C'est un beau succès pour Aubanel, et pour son brillant traducteur, M. Paul Arène. Mais ce mari! Ah! quel mari! Je ne digèrerai jamais ce mari.

VII

Palais-Royal. — « *On le dit* », comédie en trois actes de MM. Emile de Najac et Charles Raymond. — Renaissance : *Une Gaffe*, comédie-vaudeville en trois actes, de M. Fabrice Carré.

7 Mai.

« Tiens ! du Marivaux au Palais-Royal ? » c'est ce que nous nous sommes tous dit dès que la donnée de **On le dit** s'est présentée clairement à nos esprits.

On sait assez, en effet, que les surprises de l'amour sont le fond de tout le théâtre de Marivaux, et qu'il n'est guère de pièce de lui qui ne se pût intituler : **les Surprises de l'amour**. Or, une des surprises de l'amour les plus fréquentes, et qu'il a lui-même bien ingénieusement expliquée dans plusieurs de ses comédies consiste à en arriver à aimer par cela seul qu'on entend dire qu'on aime. Avant Marivaux, M. le duc de la Rochefoucauld-Marsillac (vous n'ignorez pas que tout est dans La Rochefoucauld) avait dit négligemment, ainsi qu'il disait les choses les plus profondes : « Il y a des gens qui n'auraient jamais aimé s'ils n'avaient jamais entendu parler d'amour. » Et de fait, vous savez assez comment se font les mariages en province, à Paris et dans le reste de la France. Les marieuses, en tout cas, le savent bien. La marieuse au célibataire : « *On dit* que vous devenez un homme sérieux ? — Je l'ai toujours été, madame. — Mais, là, sérieux, tout à fait ? — Oh ! c'est beaucoup. — Enfin que vous vous mariez ? — Ah ! avec qui ? — Mais avec mademoiselle X... — D'où croyez-vous cela ? — Mais *tout le monde le dit*. » La marieuse à la mère de la jeune fille : « Eh bien ! cette chère enfant ? Est-ce vrai ce qu'on dit ? — Quoi donc ? — Qu'elle se marie ? — Mais avec qui ? — Avec M. Z... — Mais qui dit cela ? — Tout le monde. »

Trois mois après le mariage est fait, ou bien la jeune fille est compromise, et le Monsieur, traité de vilain monsieur, est obligé de demander son changement. C'est pour cela, précisément, que neuf fois sur dix, le mariage se fait. Ce n'est pas pour cela seulement, c'est encore parce que la suggestion, et l'obsession aussi, ne sont pas des mots vides de sens. Monsieur *On*, appuyé de monsieur *Tout le Monde* vous a donné une idée, et, à force d'y insister, a fini par vous la faire trouver raisonnable, que dis-je, impérative et obligatoire. On finit par se considérer comme un original et un mauvais caractère de résister ainsi au suffrage universel. « Allons ! puisque vous le voulez tous ! » dit la fiancée par décision du conseil de famille de François le Champi. Allons ! puisque tout le monde le dit ! Il y a charité à empêcher tout le monde de mentir. Il y aurait conscience à tromper la rumeur publique. Une cause sans effet est une chose attristante. On se marie par une adhésion libre mais respectueuse à l'ordre universel. C'est éminemment philosophique.

Et dans la bonne ville on va répétant : « C'est parfait. *Ils sont publiés.* — Ah ! oui ! Monsieur un tel et Mademoiselle une telle. *Il y avait longtemps qu'on les mariait.* — Oui, oui. *Ils ont un peu tardé.* — Il y avait des empêchements. Le père avait fait des faux. La tante est folle. — Vraiment ? — Il faut bien, puisqu'ils ont lanterné. — D'ailleurs on le dit. — Mais tout est bien qui finit bien. Du reste ils sont adorables. »

Puisque nous sommes au *Palais-Royal* et non au *Gymnase,* vous entendez bien que ce n'est pas d'une union pour le bon motif qu'il s'agit. Les propos publics font des mariages, il arrive aussi qu'ils en défont. Il arrive que tout un département, on ne sait pourquoi, veut absolument que vous soyez l'amant d'une femme mariée, à laquelle vous ne souhaitez que sa tranquillité et la vôtre. Il n'est monsieur ayant passé quelques années de jeunesse dans une petite ville à qui l'on n'ait attribué des succès qu'il apprenait avec un fort ennui, mêlé d'un grain de fatuité, car nous sommes tous des imbéciles, par la voie publique indignée, moqueuse, ou complimenteuse, selon les personnes dont elle prenait leur organe. Il y a de quoi devenir mélancolique, ou de quoi se décider à donner raison à tout le monde pour avoir la paix. Il est doux de ne pas contrarier les gens, quand la chose ne va pas sans certain bénéfice.

Et voilà la jolie idée de comédie sur laquelle le Palais-Royal avait mis la main. Traitée par Meilhac, c'eût été une chose charmante. Traitée par MM. de Najac et Charles Raymond, ç'a été une chose fort agréable encore, et qu'on a écoutée avec plaisir. Monsieur Ernest Plantadoux, qui a la passion de la construction, comme Louis XIV, le sublime entrepreneur de bâtisses, monsieur Plantadoux a attaché à sa personne simili-royale un architecte du plus grand mérite, M. Edgard. Il ne peut pas se passer d'Edgard, et Edgard a pour lui une passion respectueuse, une passion à la Mansart : « Cet homme-là me comprend ! » Il ne peut pas souffrir, du reste, madame Plantadoux. Elle n'aime pas l'architecture. Il ne la connaît pas. Elle n'entre pas dans ses plans.

Vous voyez d'ici tout le voisinage, c'est à savoir l'ami Malivau, et la bonne, Victoire, et M. Fortuné Plantadoux, frère d'Ernest le bâtisseur, très vite persuadés qu'un mari n'aime point un célibataire à ce point seulement pour ses coupes et élévations, et qu'une passion si profonde ne peut s'expliquer que par la tendresse de cœur, mystérieuse et fatale, qu'on a toujours pour celui qui vous trompe. « Edgard est l'amant de Juliette. » Dès qu'un l'a dit, on le dit, et dès qu'on l'a dit, c'est une vérité historique. Et aux oreilles d'Edgard, et à celles de Juliette, et à celles d'Ernest Plantadoux, ce refrain ne cesse de retentir :

« Edgard est l'amant de Juliette. Juliette est la maîtresse d'Edgard. » — Et le mari finit par le croire, et, que voulez-vous? On les force à penser l'un à l'autre, on les force trop à s'expliquer, on les force trop à se dire qu'ils ne s'aiment pas, pour qu'ils ne finissent pas par s'aimer, Edgard et Juliette; et ma foi tant pis, ils sont trop à le dire, ils sont trop à le croire, ils sont trop à le vouloir, ils sont trop! C'est un mot historique, c'est le mot du destin.

Cette sorte de fatalité moderne, à l'usage des Eschyles du Palais-Royal, est un ressort bien heureux, un très bon et solide soutien de comédie-vaudeville. Oui, sans doute, mais à la condition qu'on s'y tienne, qu'on tire de cela seul toute la pièce, qu'on la fasse tenir toute dans l'évolution des sentiments de ces deux personnages commençant par se dire: « Je veux être pendu si je vous aime! » et finissant par se dire: « Après tout, c'est si vraisemblable! Serait-ce point nous qui nous trompions, et étions-nous point malades sans le savoir? » Marivaux n'y eut pas manqué, et lentement, avec un progrès insensible et précis, il eût amené ses deux bonshommes, à la conclusion involontaire et inévitable. Rappelez-vous le mot fameux : « Et voilà pourtant ce qui m'arrive. »

MM. de Najac et Charles Raymond ont compliqué inutilement leur affaire. Ce M. Edgard, qui n'aime pas Mme Ernest Plantadoux, est l'amant de Mme Fortuné Plantadoux, et Mme Fortuné Plantadoux est ce que je me permettrai d'appeler un « crampon » tant que je serai dans l'enceinte du Palais-Royal ; et M. Fortuné Plantadoux, qui est un des membres distingués de la tribu des « On-le-dit toujours » est parfaitement aveugle à l'endroit des faits et même des gestes de sa coupable épouse. Je crois traduire l'impression du public en disant : « Qu'est-ce que tout cela nous fait ? » Et je donnerai la mienne en disant : « Cela me dérange. L'affaire Juliette-Edgard n'est intéressante que si Edgard n'est pas pris ailleurs, s'il est purement et simplement architecte et homme de pierre, jusqu'à ce qu'on lui fasse prendre feu à force de taper dessus. C'est dans ces conditions seules que sa petite évolution m'intéresse. Je veux voir un monsieur, non occupé ailleurs, mais inoccupé, sortir de l'indifférence et de la neutralité naturelle parce qu'il entend répéter qu'il est un gaillard. »

Et il m'a semblé, en effet, que les scènes qui ont le plus plu (plu davantage, on connaît sa langue) sont celles où seule l'affaire Edgard-Juliette était en jeu. Il y en a une, par exemple, qui a fait beaucoup de plaisir, c'est celle où Plantadoux (Ernest) au milieu de son conseil de famille, se refuse à croire qu'Edgard le trahit. « Mais on le dit. Prouve que ce n'est pas vrai ! — Mais ce n'est pas commode. Si je l'étais, je pourrais faire constater. Ce serait bien facile. Ah ! que ne le suis-je ! Mais prouver que je ne le suis pas, il n'y a pas moyen. Ça ne se voit pas. Je ne puis pas faire surprendre ma femme en flagrant délit de fidélité. »

Tout compte fait, cette comédie est agréable, et la

force d'un bon point de départ est telle qu'elle sauve toujours à moitié même une pièce insuffisante. On se dit dans les couloirs : « C'est égal, la situation est bien trouvée. L'idée est bien bonne. » Et plus tard, on s'en souvient. Qu'un maître du théâtre tire de la même idée un petit chef-d'œuvre, on dira : « Vous souvenez-vous ? C'est *On le dit* du Palais-Royal. Il y avait une si bonne idée dans cette machine-là ! »

Les machinistes ont été à la hauteur de leur tâche et de leur talent ordinaire. Je rappelle les noms de MM. Milher, Calvin et Dailly et de Mlle Lavigne. Mais j'insiste sur le débutant, M. Huguenet, qui joue les Dupuis (des Variétés) avec un peu d'hésitation encore, mais une certaine béatitude niaise qui est d'un très bon effet. M. Huguenet est pour le Palais-Royal une recrue très estimable.

La Renaissance a donné hier une comédie-vaudeville de M. Fabrice Carré, qu'on me dit qui avait été refusée par un ou deux théâtres exploitant le même genre. S'il est vrai, ce n'était pas très fort de la part de ces théâtres, car *Une Gaffe,* sans être un chef-d'œuvre, est une très jolie pièce, qui est tout entière amusante, et qui renferme un acte, le second, tout à fait réussi. C'est depuis la *Noce de P. L. M.* ce qu'a fait de mieux M. Fabrice Carré. *Une Gaffe,* comme vous l'entendez bien, c'est... eh bien, non, ce n'est pas ce que vous entendez sans doute, et le mot est pris par l'auteur dans un sens un peu différent de celui où il est employé à l'ordinaire. Ce qu'on appelle gaffe, c'est généralement ce que nos pères appelaient une *impertinence* (avant que le mot, perdant sa signification vraie, ne fût devenu tout simplement synonyme d'insolence), c'est à savoir une parole très mal à propos, un mot qui est celui juste qu'il ne fallait pas dire à telle personne, à tel moment, dans telle circonstance. Parler de corde dans la maison d'un pendu, de parvenu dans la maison d'un anobli d'hier, de rastaquouère dans le salon d'un prince albanais, de femme entretenue chez la petite baronne de X..., qui est si bégueule, de sganarelle un peu partout ; ce sont des gaffes.

Il y en a de célèbres dans la littérature et dans l'histoire anecdotique. Il me semble que c'est dans *Turcaret* qu'il y a les plus fortes et les plus nombreuses. Lesage aimait ce genre d'amusement qui est très fécond en effets comiques. Il y a des gaffes monumentales, comme celle de cet invité de Voltaire qui complimentait Mme Denis de la manière admirable dont elle avait joué *Zaïre :* « Oh ! monsieur, répondait l'excellente femme, un peu ridicule, mais excellente, il faut être jeune et belle pour bien jouer *Zaïre !* — Oh ! madame, répliquait avec empressement l'aimable courtisan, le parfait homme du monde, vous êtes bien la preuve du contraire. » Pour une gaffe, voilà une gaffe : c'est la gaffe classique. — Il y a les gaffes discrètes, il y en a de charmantes, dont on n'est point mécontent quand on les a faites, surtout quand on trouve un homme qui les relève avec agrément, et qui en fait des traits d'esprit. Monseigneur Sibour, dit-on, rencontrant Béranger quelque part, lui parla avec beaucoup de courtoisie, et dans l'entraînement du discours, s'échappa à lui dire : « J'ai lu toutes vos chansons, monsieur. » — « Non ! pas toutes, monseigneur », répondit le chansonnier. Voilà une gaffe exquise. Elle semble faite exprès pour provoquer une réponse délicate. C'est une gaffe académique.

Ce n'est pas dans ce sens que M. Fabrice Carré a pris ce vocable nouveau, qui sera peut-être un jour français, et qui remplacera le mot un peu démodé de *pataquès*. Il l'a pris tout simplement dans le sens d'erreur. La pièce pourrait s'intituler une erreur de greffe, ou Dubois pour Dubois, ou quelque chose d'approchant. Marco-Saint-Hilaire annoncé dans un salon sous la désignation de *Marquis de Saint-Hilaire*, se mit à rire et dit : « Ne faites pas attention, c'est un quiproquo. » Ceci n'est pas une gaffe, c'est une simple erreur. Un jour, à la Chambre, M. Schneider, somnolant un peu, M. Jules Simon qui était à la tribune, soit qu'il fût enrhumé comme un simple mortel, soit qu'il y mit de la malice, parlait très bas, et les députés à un moment donné, se mirent à crier comme au Château-d'Eau : « Plus haut ! plus haut ! » avec un vacarme infernal. M. Schneider croyant à une explosion d'indignation, et que M. Jules Simon venait de parler du Deux-Décembre avec des traits à la

Juvénal, se dressa en pied et menaça l'orateur d'u[n] terrible rappel à l'ordre : « Tiens ! Pourquoi ? » di[t]-on à droite. « C'est une iniquité ! » crie-t-on à gauche et M. Simon, paterne et discret : « Ne nous fâchon[s] point ! M. le président, il n'y a ici qu'un malentendu. Il y avait malentendu, erreur, mais non point gaf[fe] au sens parisien du mot. Voilà des différences dé[li]cates et d'une importance infinie dont la critique li[t]téraire doit s'occuper avec sollicitude.

Mais enfin le mot n'étant pas encore adopté pa[r] l'Académie française, le sens en est encore flottant [et] indécis, et M. Carré avait le droit de le prendre u[n] peu comme il l'entendait. Il l'a pris parce qu'il faisa[it] bien sur l'affiche. *Une gaffe*, cela a bon air à la por[te] d'un théâtre très parisien, à deux pas de la Port[e] Saint-Martin. Va donc pour *une gaffe*; mais sache[z] donc qu'il n'y a pas dans *une gaffe*, de « parfait ga[f]feur »; il n'y a que des gens qui sont pris les un[s] pour les autres, comme dans tous les vaudevilles d[u] monde.

Il y a Dubois. Mais il y a Dubois et Dubois, comm[e] il y a fagots et fagots. Il y a Dubois (Pierre) et Dubo[is] (Paul). Dubois Pierre est séparé de sa femme et D[u]bois Paul également. Et tous deux ont leurs intérê[ts] dans la même étude, chez maître Bonamy. Vou[s] admettrez qu'il y a de quoi les confondre. Aussi son[t-]ils confondus parfaitement. M. Dubois Paul plaide e[n] réconciliation, si je puis m'exprimer ainsi, c'est-à-dire qu'il sollicite je ne sais (ni l'auteur non plus) [...]

ne sais quel acte rendant authentique et solennelle sa réconciliation avec sa femme. M. Dubois Pierre plaide en divorce ; il veut faire transformer sa séparation en irréparable. Et tous les deux sont très pressés. Car M. Dubois Paul a invité pour le soir même toute sa famille et toute celle de sa femme pour assister à son retour en grâce, et M. Dubois Pierre a invité pour le lendemain Mlle Hortensia, une femme qui porte un nom à figurer dans un bateau de fleurs, à venir déjeuner chez lui, à l'ancien domicile conjugal, ouvertement et publiquement. Inutile de vous dire que l'étude de maître Bonamy est une étude gaie, où la « gaffe » pousse en pleine terre comme l'aloès au sol africain. On n'y trouve que clercs qui étudient les intonations de M. Delaunay pour jouer le *Caprice* dans le monde. Et inutile aussi de vous dire qu'à la fin de l'acte, quand maître Bonamy revient triomphalement du Palais, Dubois Paul, le mari repentant est parfaitement divorcé, et Dubois Pierre, le mari qui cultive l'Hortensia, authentiquement réconcilié avec sa femme, et que tous deux veulent étrangler maître Bonamy, et que tous deux se désespèrent de porter si malheureusement le même nom : « Mon Dieu ! s'écrie Raymond, de la voix que vous savez, je ne croyais pas que Dubois fût un nom si répandu. »

Il est légèrement difficultueux, ce premier acte. La donnée en est un peu invraisemblable, ce qui ne serait rien du tout, mais un peu tirée aussi, et demandant au spectateur un assez grand effort de complaisance

Supposez que... et supposez encore... et supposez troisièmement... Ajoutez cette troisième supposition, et maintenant nous allons nous amuser. Il n'y a pas de vaudeville possible sans cet appareil préparatoire, je le sais bien, mais le tout est dans la mesure, et, ici, elle semblait un peu dépassée. N'importe. L'auteur, une fois son jeu de cartes préparé, nous a divertis ; il n'y a rien à dire. Paul Dubois revient chez lui, navré. Que faire ? Car Mme Dubois, elle aussi, veut la réconciliation ; mais elle est pleine de dignité, Mme Dubois. Il lui faut une réconciliation officielle et que les magistrats y aient mis la main. Il lui faut les pièces authentiques. Il les a, Dubois, les pièces authentiques, mais ce sont celles qui le proclament divorcé. Elles sont aimables, les pièces ! Ce qu'il a à faire, peut-être, le voici. Feindre l'assurance et la passion. « Les pièces, je les ai, elles sont là. Tiens ! lis ! Non, tu ne veux pas les lire ! Tu as confiance ! Ah ! chère petite femme, comme je t'aime ! Ah ! si tu savais quels regrets, quels désespoirs ! Et maintenant, quelle joie ! »

Eh bien, cela réussit à peu près d'abord. On roucoule, on s'embrasse, on va dîner. Oui, mais il va venir le gêneur. Qui ? Mais Pierre Dubois, qui court après son sosie dont il a besoin pour protester devant la magistrature et faire établir l'erreur commise. Le voici. « Bonjour M. Paul. — Dites donc ! allez vous en, vous allez tout gâter. Ma femme ne sait rien. — Ça m'est égal. J'ai besoin de vous. Dînez, je vous attends. J'attends aussi ma femme. — Hein ? — Oui, ma femme, je lui ai donné rendez-vous ici. — Pourquoi, Seigneur ! — Pour avoir des témoins donc, dont vous le premier et le plus important ; pour faire constater devant Dieu et devant les hommes que nous ne sommes pas réconciliés le moins du monde. — Mais pourquoi pas chez vous ? — Chez moi, merci ! rapprochement, réconciliation, cohabitation, le contraire de ce que je veux. Ici, monsieur, ici ! Ah ! vous me volez mon divorce, et vous voulez que j'aie des ménagements pour vous ! Il est superbe ! »

Et il reste. La famille Paul Dubois est inquiète. Que veut ce Monsieur ? Et madame Pierre Dubois arrive. Admirable, l'entrée de Mme Pierre Dubois ! Femme volcanique et passionnée (c'est Mlle Leriche) madame Pierre Dubois a toujours désiré la réconciliation, ne fût-ce que pour faire enrager son mari qui n'en voulait pas. Elle arrive, comme chez elle, et en effet elle se croit chez son mari : « Ah ! enfin tu me rappelles ! Je savais bien ! Tu mets les pouces ! Maintenant que je suis chez toi, j'y reste ! — Mais tu n'es pas chez moi. — Elle est bien bonne ! J'arrive, je demande au portier : M. Dubois ?... On me répond : Au second à gauche... Et je ne suis pas chez toi, chez moi ! Mets moi un peu à la porte pour voir ! » Et il faut bien s'expliquer. Et dans l'explication générale, madame Paul Dubois apprend qu'elle est divorcée et madame Pierre Dubois qu'elle est réconciliée. « Là ! qu'est-ce que je disais ? s'écrie madame Pierre. Faites voir cet acte ! » Et elle l'empoche. « Et maintenant, dit-elle à Pierre, je ne te lâche pas; je te suis chez toi. Marche! — « Et Hortensia qui vient déjeuner chez moi demain matin » s'écrie le malheureux réconcilié sans le vouloir.

Cet acte est tout à fait bon, d'une verve et d'un mouvement sûr qui sont d'un très bon vaudevilliste. Au troisième acte, le lendemain, nous sommes chez Pierre Dubois, mais Pierre Dubois n'est plus furieux. Cette terrible madame Pierre a de bien bons moments. La réconciliation officielle est devenue réconciliation réelle entre onze heures du soir et minuit, et elle dure encore. Il n'y a qu'Hortensia qui gêne un peu M. Pierre. Car elle va venir déjeuner. Avant elle, survient M. Paul. « Qu'est-ce que vous voulez encore? — Ce que vous vouliez hier. Vous demander votre concours pour faire réparer cette gaffe. — Ah! oui, mais hier, je voulais changer de situation avec vous; maintenant je suis très content de la mienne. Réconcilié je suis, réconcilié je reste. Ces magistrats ont un flair. Ils avaient vu mieux que moi ce que je désirais sans le savoir. — Oui, mais moi! — Vous! Eh bien, vous m'ennuyez. Allez-vous en. — Voyons! Pierre! — Vous m'attendrissez. Que puis-je pour vous? — D'abord parler à ma femme, l'apaiser, lui expliquer. — D'accord! Et puis? — Et puis faire destituer maître Bonamy. — Nous verrons. Mais vous, en attendant, rendez-moi donc un service, à charge de revanche. Recevez Hortensia, qui va venir. Pendant ce temps, j'irai déjeuner au restaurant avec ma femme. — Je veux bien. » Et M. et madame Pierre Dubois s'éloignent, et Hortensia arrive, apprend tout, pleure ; Paul la console comme il peut, et pendant qu'il la console, madame Paul Dubois survient : « Le monstre ! A peine divorcé malgré lui, il entretient des maîtresses au domicile conjugal d'un autre ! » Et patatras ! le pauvre Paul est plus mal dans ses affaires que jamais.

Heureusement le couple Pierre Dubois revient. Mme Pierre Dubois a une inspiration : « Dis-donc, Pierre ! Tire de là ton ami. Dis que cette petite dame était ta maîtresse. — Oh ! ma chère femme, je ne puis pas mentir à ce point-là. — Mais si ! allons donc ! — Madame, cette jeune personne était ma maîtresse, demandez plutôt à ma femme. — C'est vrai, tout le monde sait que c'était la maîtresse de mon mari. » Et tout s'arrange, ou à peu près ; car sur la manière dont le couple Paul Dubois fera casser son faux divorce, il reste encore une obscurité. Mais il en reste sur les plus hautes questions où sont enveloppées les destinées du genre humain.

En somme, nous avons passé une bonne soirée, avec d'excellents artistes. Je recommande M. Maugé au troisième acte. Jamais monsieur qui se lève après une nuit de réconciliation n'a été plus fidèlement rendu, mais là, dans toutes les nuances. C'est un croquis de Gavarni. Il est fâcheux que sa voix soit un peu sourde. C'est un bien agréable acteur de vaudeville et même de comédie moyenne.

VIII

THÉATRE LIBRE. — *Matapan*, comédie en trois actes en vers de M. Emile Moreau.

14 mai 1888.

C'est un des meilleurs essais de comédie burlesque qui aient été faits depuis assez longtemps, et la comédie burlesque a droit de cité, et d'être citée, au théâtre. Vous savez qu'elle a toute une histoire, et qui ne laisse pas d'être illustre. Scarron... Mais remarquez-vous dans quelles circonstances, toujours très caractéristiques, la comédie burlesque, et le genre burlesque tout entier se produit au jour? C'est toujours après une explosion et un règne plus ou moins long du romantisme. Je m'étonnais, à l'âge où l'on s'étonne, de voir que les critiques très fortement entêtés de romantisme, comme notre regretté Paul Albert, eussent pour le burlesque des tendresses d'âme ou des indulgences très marquées. La chose était des plus simples. Le burlesque est toujours un fils, un fils naturel et non reconnu, mais un fils reconnaissable, du romantisme.

En son fond secret, vous n'êtes point sans savoir

que le romantisme n'est autre chose qu'un goût très prononcé pour la déclamation. Or la déclamation contient le burlesque en ses flancs creux comme le cheval de bois contenait les Dolopes. Elle n'est même qu'un burlesque qui s'ignore encore, comme le burlesque est une déclamation qui commence à s'aviser de ce qu'elle est. Quand vous déclamez sans vous en apercevoir, vous n'êtes encore qu'un burlesque pour les autres. Il arrive un moment où, vous apercevant que vous déclamez, vous vous arrêtez, ou au contraire, vous continuez en outrant encore, en mettant double charge, en vous moquant de vous-même, et, à ce moment-là, c'est le genre burlesque que vous venez d'inventer. La déclamation est du burlesque en fleur, le burlesque est de la déclamation en maturité, et arrivée à la lumière de la conscience. Le burlesque est de la déclamation qui n'est plus naïve. Vous commencez une déclaration ruisselante de toutes les flammes de l'Orient, puis, vous avisant que vous êtes ridicule, vous la terminez par un coq à l'âne. Vous vous êtes sauvé du ridicule dans le burlesque. C'est ce qu'Henri Heine faisait à peu près à toutes ses fins d'élégie, d'où vient qu'on ne sait jamais s'il est plus attendrissant que bouffon ou plus bouffon qu'attendrissant, et comme il est homme de génie, avec cela, c'est chose exquise, encore qu'agaçante.

Horace fait une belle profession de foi stoïcienne, et cela de bonne foi, car il est stoïque à ses heures, comme nous avons les nôtres pour être pessimistes comme des diables, et il termine en remarquant qu'un stoïcien affligé d'un rhume de cerveau perd de son prestige. Et voilà précisément l'évolution de la déclamation au burlesque.

Ce qu'il n'est aucun de nous qui n'ait fait, (et par parenthèse, mes frères, nous le faisons un peu trop, et cela devient un procédé, tout doucement) la littérature le fait, elle, tout naturellement et comme d'instinct. Les époques romantiques s'achèvent en époques de littérature burlesque. Là bas, au dix-septième siècle, le bon Corneille et La Calprenède et le Scudéry étaient de braves romantiques, nonobstant perruques. Quand ils étaient grands, comme le grand Corneille, ils n'étaient pas que cela ; mais ils l'étaient, ils l'étaient souvent, ils l'étaient le plus souvent, et, ma foi, de tout leur cœur. Et eux-mêmes, déjà eux-mêmes, dans leurs moments de bonne humeur, ils dégageaient le burlesque qu'ils continuaient, ils retournaient leur masque, ils montraient l'envers de leur cape espagnole, comme Corneille dans l'*Illusion comique*, avec son capitan, qui n'est qu'un Cid pour rire, un Cid qui n'a pas la foi, un Cid funambulesque. Mais, à plus forte raison, au déclin d'une littérature de ce genre, on conçoit que le burlesque naît de lui-même, ou plutôt naît d'elle, le plus facilement du monde. De cette littérature on n'a qu'à prendre la forme, chose toujours si facile à prendre, sans en avoir le fond, sans sentir comme elle sentait, et pousser un peu, outrer légèrement l'expression, de manière à ce que le lecteur ne se méprenne point, et l'on est en plein burlesque du jour au lendemain. Cette opération si facile, il y a toujours quelqu'un qui s'en avise.

Voiture s'en avisait plus souvent qu'à son tour, et rien ne marque mieux la transition. Car le genre déclamatoire n'a pas qu'un fils, il en a au moins deux, dont le cadet est le burlesque et dont l'aîné est le précieux. Le précieux est la mièvrerie de la déclamation et le burlesque en est la grosse charge. Le précieux est la déclamation la bouche en cœur, le burlesque est la déclamation à joues gonflées. Précieux et burlesque ont étroit parentage, et Voiture n'a jamais su lequel de ces deux enfants il aimait de l'amour le plus cher. Certes, il les confondait, et M. Emile Moreau, dans *Matapan* justement, a conté son histoire quand il parle de ces deux jumeaux si pareils

> Que leur père, chez eux, n'était jamais très sûr
> S'il embrassait Adolphe, ou s'il fessait Arthur ;

et en tous cas, entre les deux « chavirant jusqu'à s'y tromper, » il y avait quelque chose qu'il n'attrapait jamais, c'est à savoir le naturel.

Et de Voiture, naquit Le Pays, et de Le Pays, naquit Scarron. Et ce Scarron, c'est du romantisme de 1630 retourné, et non pas autre chose. Espagnol comme Corneille et gascon comme La Calprenède, il l'est éminemment, par tous les sujets qu'il choisit, ou à bien peu près, mais en se moquant de sa cape et en faisant des nazardes à sa propre fraise. Il est la parodie vivante du style 1630, en cela d'abord qu'il commence par l'avoir, en cela ensuite qu'il le charge. Le même phénomène s'est reproduit de nos jours, à échéance, comme chose fatale et qu'on aurait pu prévoir. Ce sont les élèves d'Hugo qui ont poussé le genre, par amusement, jusqu'aux extrêmes limites où il devient son propre contraire, et, pour commencer, Hugo lui-même a fait son *Illusion comique* dans *Ruy Blas* dont le quatrième acte est du plus pur et du plus savoureux burlesque. — Gautier, de très bonne heure, en pleine ferveur romantique et étonnant les amis de la première heure, dans ses *Jeune-France*, et, beaucoup plus tard, dans quelques essais de théâtre bouffe, a très bien marqué cette voie. — Puis ç'a été, je ne dirai pas M. Vacquerie, esprit trop sérieux et rigoureux pour cela, et dont la fantaisie bouffe a toujours, ce me semble, quelque chose de voulu, de tendu et de compassé, qui est le contraire même du genre; mais Banville dans la partie joyeuse et « funambulesque » de son œuvre, d'ailleurs si variée, et puis Bergerat dans sa *Nuit Bergamasque*, et puis d'Hervilly, et puis M. Tiercelin dans sa *Noce du Croque-Mort*, et bien d'autres, et enfin M. Emile Moreau, qui n'est pas, et tant s'en faut, le dernier, pour être le dernier venu.

M. Emile Moreau a bien les éléments mêmes du genre, qui sont d'une part la forme romantique, puisque romantisme il y a, et le génie de la parodie pour, du romantisme, faire du burlesque. Pour parodier quelque chose il faut d'abord être capable de l'imiter fort bien, de l'imiter de telle sorte que les experts puissent s'y tromper, en y mettant un peu d'indulgence, et l'auteur s'y tromper lui-même en y mettant une complaisance honnête. Or M. Emile Moreau fait le vers romantique très bien, ma foi, et le début de son poème mythique, *Pallas-Athéné,* très justement couronné par l'Académie française, figurerait dans une *Légende des siècles* jusqu'à y faire figure. Cela est gonflé fort à point, et d'une sonorité très congruente à la matière. Il n'y a pas à dire, cette Pallas a du casque. Et de même dans *Matapan* il y a des vers qui sont d'un très bon style romantique, d'un lyrisme qui pourrait paraître de bon aloi, des vers qui pourraient se prendre eux-mêmes au sérieux si on les isolait des autres. Eh! c'est précisément ce qu'il faut dans l'espèce. Oubliez un moment votre *Cid,* et fredonnez-moi ceci :

> Grenade et l'Aragon tremblent quand ce fer brille
> . . . .
> Paraissez, Navarrais, Maures et Castillans
> Et tout ce que l'Espagne a nourri de vaillants

et dites-moi si cela est du *Cid* ou de l'*Illusion,* du fanfaron ou du téméraire. Ce n'est que le lieu qui en décide. De même lisez ce petit couplet :

> Arbres fleuris ! Rochers croulants! Oiseaux témoins !
> Ne pouvoir moi leur chef, moi Matapan Adolphe,
> Mettre en vers la chanson que dit la brise au golfe,
> Sans qu'un vacarme tel n'arrête en leur essor
> Ma rime aux doux échos, ma strophe aux ailes d'or !

Sauf « Matapan Adolphe » qui vous met un peu en défiance, ne vous croyez-vous point en plein beau lyrisme épanoui ? C'est précisément ce qu'il faut. Sûr de cette forme-là, M. Emile Moreau peut aller devant lui, et par l'exagération de certains détails, ou par le brusque contraste d'une chute voulue en basse prose ou en propos saugrenu, donner la sensation de la parodie. Il n'a pas à craindre l'échec ordinaire des parodistes, qui consiste à parodier un genre dans un style qui n'en donne pas du tout l'image, et qui par conséquent ne parodie rien, et ne donne que la mesure, non du défaut du parodié, mais de la médiocrité du parodiste. J'ai vu telle prétendue parodie du style romantique, vers 1830, qui était faite par un estimable élève de Lancival et devant laquelle je me demandais pendant cinq minutes si c'était une charge de la platitude néo-classique, tant l'auteur, en voulant s'approprier la nature d'autrui, était resté fidèle à la sienne.

M. Moreau n'a rien de ce défaut là. Il a naturellement, ou d'un art très achevé et très sûr, le vers sonore et un peu vide qui, des *Orientales* à Sully Prudhomme (exclusivement) a tellement pris possession de nos oreilles qu'il nous est difficile désormais de nous en passer et de concevoir qu'un vers puisse être autre chose. A cela il ajoute sournoisement, ici un pli plus prononcé, ici une bouffissure, ici le ricanement d'une rime décidément trop « riche et inattendue », c'est-à-dire trop belle pour être sérieuse, et le lecteur averti a l'impression pleine et entière du burlesque, c'est-à-dire de la parodie. Scarron connaissait déjà tous ces tours. Tel couplet de *Don Japhet* côtoie, serre de si près le beau style amoureux du temps précédent qu'on peut se demander, à une lecture anonyme, si c'est du Scarron ou du Théophile, du Scarron, c'est-à-dire du Théophile averti, ou du Théophile, c'est-à-dire du Scarron sans le savoir :

> Je l'adore, elle m'aime et m'a donné sa main ;
> Que n'exécutes-tu ton arrêt inhumain ?
> Sa bouche d'un soupir rendra ma mort heureuse :
> C'est là l'ambition de mon âme amoureuse.
> Si mon trépas lui coûte une larme, un soupir
> Je mourrai de l'amour le glorieux martyr.

Pas si mal pour un Scarron ; et la suite (V, 4) est du Corneille de tout aller, du Corneille des jours ouvrables des plus honnêtes. De même M. Moreau, et c'est là que je le trouve le meilleur, à savoir quand la parodie est comme insensible, circulant et se jouant à fleur d'eau, avec une grâce légère et fuyante, quand elle est comme le sourire seulement de la parodie. Est-ce que Victor Hugo lui-même ne sourirait pas, ne dirait pas : « Eh ! eh ! pas si mal pour quelqu'un qui le fait en amateur » — au couplet suivant :

> Allez ! vous êtes libre
> Grâce au très humble Arthur Matapan. L'équilibre
> Rompu se rétablit : des deux frères jumeaux,
> L'ouvrier de malheur, le redresseur de maux,
> L'un redescend dans l'ombre, et l'autre au jour remonte.

. . . .

> De ce danger, princesse, oubliez le frisson :
> J'ai vaincu ce bandit doublé d'un polisson ;
> Philanthrope de cœur, pirate de costume,
> C'est pour pacifier la mer que je l'écume !...

Est-ce assez cela ! Et avec juste ce qu'il faut pour qu'on soit averti de sourire. — Ceci c'est du demi burlesque, d'un ton très fin et d'un goût très délicat, un vrai régal de lettrés qui s'amusent et qui veulent rire sans cruauté. A côté il y a, et il le faut bien, la parodie un peu plus grosse, celle qui amène tout simplement un vers célèbre pour le tourner en charge.

Ne faisons point les dégoûtés sur cette affaire. C'est l'essence du genre, et à la condition qu'on n'en abuse point, c'est très savoureux encore. Si nous savions mieux notre littérature Louis XIII, nous en trouverions sans doute beaucoup dans *Don Japhet*. En voici une au moins qui me saute aux yeux et qui est fort plaisante :

> Ah ! je la punirai ; je le dois... je le puis !

Pensez si des gens qui savaient le *Cid* littéralement par cœur saluaient ce vers, dit avec l'intonation qu'il fallait, d'une joie attendrie ! De même, dans les *Plaideurs,* Racine disait gaiement d'un huissier :

> Les rides sur son front gravaient tous ses exploits ;

ce qui est du meilleur burlesque, du burlesque facile, imprévu, joyeux et sans méchanceté. M. Moreau n'a pas dédaigné cette ressource un peu facile, mais très permise et d'un effet sûr. Il a eu de bien bonnes trouvailles en ce genre :

> Soit. Alors partageons ! Parta... — Bon appétit, Messieurs !...

Et ailleurs, Matapan se laissant tomber sur son trône, après un aimable entretien avec Mirette :

> Elle est exquise ! Elle est exquise ! Elle est exquise !

Et voyez comme le plaisir qu'on prend à la comédie burlesque est bien un plaisir de lettrés raffinés ! A peine ce vers a-t-il été lancé par dessus la rampe, que mon voisin n'a pu se tenir de me dire qu'il était... de l'*Aventurière*. Il m'a appris quelque chose. Il a fixé mes souvenirs. Je saurai désormais que ce vers est de l'*Aventurière*, et il est certain que je ne l'en croyais pas auparavant.

Mais c'est surtout dans le jeu des coupes et des rimes qu'est la grande ressource de ce genre, dont décidément, avec d'affreux remords secrets, je raffole. Scarron est le maître en ce genre, et immédiatement à côté de lui l'étonnant Racine des *Plaideurs*. Le vers désarticulé fait merveille ici, parce qu'il nous secoue en quelque sorte hors du rythme conventionnel auquel nous associons naturellement l'idée du beau, du noble et du sérieux. Quand Racine, au milieu de la période pompeuse de l'Intimé, introduit brusquement la coupe incohérente et folle *onze-un :*

Je veux dire la brigue et l'éloquence. Car
il nous prévient soudainement que l'éloquence de l'Intimé ne doit pas être prise plus au sérieux que celle de Petit-Jean. C'est comme un procureur général qui ferait brusquement une cabriole de clown, puis se remettrait en position. Rappelez-vous Noblet, dans *Dégommé,* en un personnage de procureur général, allumant une cigarette dans sa toque à galons d'or. Voyez encore ce joli vers de Scarron :

Maudit amour ! Maudit Orgas ! Maudit voyage !

N'est-il pas curieux que le vers alexandrin trimètre, devenu, de nos jours, très sérieux et éminemment élégiaque, fût, à cette époque, destiné à produire un effet de burlesque ? C'est qu'alors il était plus qu'une exception ; il était une infraction, et c'est l'infraction au rythme consacré qui produit l'effet de désarticulé, l'effet funambulesque, comme il appert du suave alexandrin de Banville :

Ça se nettoie avec de la gomme élastique.

M. Moreau connaît ces petits secrets et en use à merveille. Il serait trop long de citer. Et ses trouvailles de rimes m'appellent encore. En ce genre, c'est la perfection de la rime qui en est la parodie et la charge. La rime « riche et inattendue » est une belle chose. La rime épouvantablement riche et formidablement inattendue est une récréation de haut goût. Elle est la bouffonnerie même, parce qu'elle tire à soi toute l'attention, et par cela seul avertit suffisamment qu'il ne faut pas prendre le fond au sérieux et que le rimeur n'est qu'un jongleur. C'est pour cela qu'il n'y a pas, qu'il ne doit pas y avoir de règle absolue pour ce qui est de la rime, et que, selon les genres, ce n'est pas du tout la même rime qu'il nous faut. Il s'en faut que, dans un poème sérieux, la rime riche et inattendue soit une beauté, et Hugo le sait bien, et, dans un poème léger, la rime riche et inattendue est de rigueur, et enfin, dans la farce, la rime très riche et très imprévue, le « caprice des rimes », comme disait Boileau, est la plus essentielle ressource. Scarron en use déjà en ouvrier consommé. Sans compter les rimes par noms propres étranges, qui ne sont nullement une invention de notre âge ingénieux, il a des sons de rappel imprévus et puissants qui sont d'une vertu très chatouillante.

. . . . par un ordre préfix
Qu'avant sa mort laissa ce fameux patriarche,
Parce qu'en Arménie un mont reçut son arche.
. . . . Don Japhet, le fantasque,
Jusques ici d'Orgas a couru comme un Basque.

. . . .
Je crois que ce voleur nous appelle assassins !
Qu'on le tue. — Ah ! messieurs, je disais spadassins ;
Et consens de bon cœur, messieurs, qu'on m'assassine
Si j'ai cru votre troupe autre que spadassine.

Quelle souplesse déjà de tour et de retour et quelle clownerie divertissante chez le vieux queue-rouge de l'âge classique ! M. Emile Moreau n'est pas indigne du maître.

. . . . Ah ! mon vieux compagnon !
Vivant ?... on t'a pourtant pendu. — Je te l'accorde.
Mais j'ai tant gigoté que j'ai cassé la corde.
. . . .
Nous vivions entre deux azurs, gonflant nos rates,
Le matin en bandits et le soir en pirates.
. . . .
Il passera, messieurs, beaucoup d'eau sous les ponts
Avant que votre histoire offre en son catalogue
Un roi, je ne dis pas pareil, mais analogue !

Etc., etc. ; car c'est un crépitement de feu d'artifice. Je me suis bien amusé au Théâtre-Libre à entendre l'excellent Karaval débiter ces gentillesses étourdissantes, et j'ai pris à les lire et à en transcrire ici quelques-unes un bien grand plaisir. Et maintenant *Matapan* est-il un petit chef-d'œuvre ? Non pas. C'est une précieuse promesse, ce n'est pas un très bon ouvrage. Cela vient de ce qu'il faut, pour soutenir ces folles fantaisies et ces capricieuses arabesques, un fond assez solide, une contexture de pièce ferme et précise. Ne vous y trompez point. *Don Japhet* est une bonne comédie, bien conduite, lente en son commencement, c'est vrai, mais dont la marche se raffermit et se hâte de plus en plus, au quatrième, au cinquième acte. *Et il y a un caractère,* un caractère bouffe, bien entendu, mais un caractère, celui du vantard peureux et du capitan piètre, qui se soutient, qui se continue, qui est très clair au regard du spectateur, et où nous nous retrouvons. *Matapan* est une pièce mal faite. On ne sait pas du tout où elle va. Elle devient confuse et semble s'égarer vers le milieu du second acte. Le héros lui-même est obscur. Je déclare ne pas savoir si c'est un ambitieux qui se dégoûte du pouvoir juste au moment où il semble s'y cramponner, ou un artiste en plaisanteries vastes qui joue une bonne farce à tout un peuple. C'est ainsi que j'aime à le voir, parce qu'il me plaît mieux ainsi, mais je ne sais pas du tout si je vois juste, et je crois bien que je me trompe avec complaisance.

La comédie burlesque n'est pas chose si facile qu'on pourrait croire au premier regard. Il y faut un peu de fond comme à toute chose. Il y en a un dans les *Plaideurs*. Il y en avait un dans cette jolie plaisanterie, promesse aussi d'un grand talent, le *Marquis Papillon*, que l'Odéon donnait l'année dernière. Seulement, là, il se trouvait un autre défaut très grave. L'auteur n'avait pas pris parti. Il y avait une moitié environ de sa pièce qui était de comédie fine, à la Marivaux, et une autre qui était de comédie burlesque. C'est en pareille affaire qu'il faut être très tranché, pour que le public ne se méprenne point. Cette fois, il s'était mépris. Nous n'avons pas pu le faire revenir de son erreur, dont, naturellement, il ne voulait ni revenir, ni convenir. C'est égal, voilà des jeunes gens qui ont du talent. Le romantisme disparu derrière le coteau nous a laissé sa progéniture ordinaire, d'une part les raffinés, les tourmentés, les entortillés, les précieux, dont nous sommes assiégés à cette heure, d'autre part les burlesques et funambulesques. J'ai des goûts vulgaires, je ne suis pas d'une haute spiritualité. J'en ai honte ; mais j'aime mieux les burlesques conscients que les burlesques sans le savoir.

IX

Comédie-Française. — *Le Flibustier*, comédie en trois actes, en vers, de Jean Richepin.

21 mai 1888.

Il y a là certainement de notre faute, oui, de notre faute, à nous critiques, à nous « insectes, moustiques, cousins, maringouins, envieux, feuillistes et censeurs », qui « nous attachons à la peau des malheureux gens de lettres » et vivons de leur précieuse substance. Les auteurs nous méprisent, soit, ils nous accablent de ridicule, sans doute, ils nous traitent même « d'eunuques », ce qui ne laisse pas de nous faire quelque tort, ou de nous forcer à des démonstrations laborieuses, dans le monde des théâtres ; ils nous disent : « Faites-en donc autant », ce qui est un argument qui a toutes les grâces aimables de l'enfance ; ils nous conspuent comme si nous étions des hommes politiques, d'accord, mais ils nous craignent horriblement sur cette idée, absolument fausse, que nous sommes pour quelque chose dans leurs succès ou leurs revers ; et, de ce qu'ils nous redoutent, ils en viennent à s'occuper de nous quand ils écrivent, à nous faire des concessions préalables ou propitiatoires et à tâcher d'ajuster leur tempérament à nos façons de voir et à nos petites théories.

Par exemple, nous allons criant, chacun selon la puissance de son organe : « Il faut qu'il y ait une pièce, il faut que la pièce soit *faite,* il faut qu'il y ait une intrigue, petite ou grosse; il faut qu'il y ait du métier. C'est un métier que de faire du théâtre, comme de faire une horloge, comme disait Labruyère, ou à peu près... » Nous allons vaticinant ces choses, et M. Richepin, qui revient de Douarnenez avec *La Mer* en manuscrit et un projet de pièce à matelots dans la tête, M. Richepin, se mettant à sa table de travail, se dit parlant à sa personne... Que voulez-vous que se dise M. Richepin ? Il me semble qu'il se dit ceci ou approchant :

« Elle est jolie, mon idée de pièce. Le personnage principal en sera la mer, la mer elle-même, comme il appert des critiques les plus autorisées que le personnage principal d'*Athalie,* c'est Dieu. La mer qui fait des veuves, des orphelins, des vieux grands pères sans enfants, la mer qui sépare les époux si longtemps, et leur met au cœur ces amours tenaces et indestructibles nées de longues rêveries de l'absence, car il n'est pour s'aimer d'une amour éternelle que de passer sa vie sans se voir, et l'*Odyssée* n'est pas autre chose qu'un petit apologue sur ce thème ; — la mer qui fait les vieilles fiancées, les anciennes promises aux yeux pensifs, aux longs regards toujours attachés à l'horizon, — et la mer aussi qui fait des surprises, des quiproquos, d'énormes vaudevilles et de gigantesques farces italiennes, qui fait que les absents le plus souvent ont raison, mais ont tort aussi quelquefois, et trouvent la fiancée mariée, ce qui est dur, ou amoureuse d'un autre, ce qui est plus rude, parce qu'il n'y a pas de remède;— la mer, voilà mon personnage principal, et on ne me dira pas que ce n'est pas là un grand personnage et que je m'occupe de minuties.

« C'est la mer qui fera tout dans mon petit drame. Elle donnera par exemple à mon vieux grand père, que je vois d'ici, tout son caractère. Loup de mer il sera, et rien que loup de mer. Amour du flot bleu ou sombre, mépris de la terre, chauvinisme maritime, adoration du matelot, et de tout ce qui va sur l'eau, mépris du *terrien*, du laboureur, du ver de terre, de tout ce qui vit dans la boue, voilà mon type. Il est un peu conventionnel, mon type, et j'ai un vague souvenir de l'avoir puisé jadis dans la lecture de *Robert-Robert ;* mais avec de beaux vers comme je sais les faire... Quoi encore ? Une fiancée qui attend le mathurin éloigné, parti mousse et qu'on attend toujours. Cela va sans dire. Mais que voulez-vous ? Il ne vient pas ; il se fait attendre trop ; il y met de l'indiscrétion. Un autre débarque, ah ! combien beau et fort, et bon, et brave ! « A trois brins » celui-là ! Le cœur de la fillette se prend. Celui du grand père s'émeut. Il est si parfait marin, le débarqué ! Il est si bien tout ce que l'on a rêvé que l'autre serait ! On se fiance. Et l'attendu, le promis, l'ancien fiancé revient. Il est trop tard aussi. « Qui part trop tôt revient trop tard ! » Que voulez-vous ? la fillette aime. Elle pleure, elle se sent un peu coupable, mais elle aime. C'est la mer, après tout, qui a tout fait.

« Mais le vieux, le vieux, probe et austère, gardien des vieilles coutumes, et qui sait qu'une promesse à un embarqué, c'est sacré, c'est une promesse faite à la mer ? Comment faire le revirement du vieillard ? Eh bien, nous supposons que le garçon aimé séduira le vieux matelot par ses qualités de solide et vrai marin, tandis que l'autre lui déplaira par les raisons contraires. Il sera devenu *terrien* pendant son absence, planteur au Mexique, propriétaire de terres noires et d'hommes noirs. Dès lors, il n'est plus de la confrérie. Les promesses à lui faites ne valent plus. La petite fille du vieux Legoëz n'épouse qu'un travailleur de la mer. — Et voilà. Quand il y aura de la musique là-dessus, c'est-à-dire de beaux vers, nous verrons, messieurs de la critique, si je ne sais ce que je dis. »

Mais à ce mot de critique, M. Richepin a tressailli. Il a eu des scrupules. Il s'est dit que peut-être, il n'y avait pas une pièce dans sa petite histoire, et qu'il fallait la renforcer d'une intrigue plus solide et plus compliquée. Il a eu tort. Sa petite anecdote, telle qu'elle était, dans sa simplicité gracieuse, et aussi dans sa grandeur, car elle n'allait pas sans une certaine majesté de poëme primitif et patriarcal, sa petite anecdote, relevée de beaux vers, aurait pu être quelque chose de très délicat et de très savoureux. C'eût été une agréable légende bretonne. Il n'en a pas voulu. Il a tenu à la compliquer. Il s'est dit (je le suppose du moins ; car, bien entendu, tout ceci n'est qu'une hypothèse) il s'est dit :

« Montrons que nous savons, nous aussi, mêler et débrouiller l'écheveau dramatique, que nous sommes *implexes,* comme disait Corneille, quand nous voulons être implexes. Soyons implexes. On prétend que la poésie dramatique, c'est du *quiproquo.* Faisons du *quiproquo.* »

— Je veux bien, moi, car vous savez qu'en art dramatique je veux tout ce qu'on veut. Il suffit qu'on y réussisse. J'accepte Eschyle et Scribe, et *Çakountala* et *Fédora.* Je ne repousse nullement le quiproquo *a priori,* parce que je n'ignore point qu'il y a des quiproquos dans les drames les plus tragiques de Shakespeare. Seulement si vous machinez votre drame, il faut qu'il soit machiné adroitement. Si vous faites du Sardou, il faut faire du bon Sardou. Voyons si vous en avez fait : voici ce qu'est devenue la pièce de M. Richepin, à partir du moment où le souci de la « pièce bien faite » l'a empêché de dormir.

Janik, la petite fille du vieux Legoëz, attend son fiancé Pierre, qu'elle n'a pour ainsi dire jamais vu ; car elle n'avait que *quatre* ans quand il est parti, et elle en a vingt et un. Pourquoi cette bizarrerie première, qui va nous empêcher de nous intéresser à des amours qui n'ont jamais commencé d'être? car enfin à quatre ans... Vous verrez plus tard; c'est nécessaire pour le quiproquo. Poursuivons.

Pendant que le bonhomme Legoëz a été faire un petit tour, et pareillement Janick, un jeune marin survient. « Qui êtes-vous ? demande la mère de Janick. — Je suis Jacquemin, j'apporte des nouvelles de Pierre... Il est mort. — Mort ! — J'en suis aussi sûr qu'on peut l'être. A moins d'un miracle... J'apporte sa valise. La voilà. — Comment annoncer cela au grand-père ? Il en mourra. — Faites pour le mieux... »

Le grand-père rentre, avec Janick. « Mon ami, dit la maman, j'ai des nouvelles de Pierre. Il... » et elle baisse les yeux, et la voix lui manque, et elle est pâle comme une morte. Sur quoi le vieillard s'écrie : « Il est vivant ! Il revient ! » Nous avons tous reçu un coup. C'est peut-être une convention qui fait que dans la vie réelle quand on nous aborde avec une figure convulsée et une voix entrecoupée en nous disant : « Votre père... » nous nous écrions : « Il est mort ! » mais enfin c'est une convention singulièrement répandue et qui est passée en usage. Le père Legoëz nous étonne beaucoup. Que voulez-vous ? Il fallait cela pour le quiproquo.

Mais passe encore pour le vieillard, qui a de mauvais yeux, de mauvaises oreilles et une mauvaise judiciaire. Mais Janick ! Janick n'a pas compris l'attitude et le ton de sa mère ! C'est bien étrange. Mais il le fallait pour le quiproquo.

Et le vieux Legoëz trouve la valise de Pierre traînant sur une table : « Je disais bien qu'il revient, qu'il est revenu. Voilà son paquet. Mais où se cache-t-il ? » Un peu enfantin, le moyen de la valise trouvée. Enfin, passons. Et Jacquemin rentre : « Mais, le voilà ! mon Pierre ! s'écrie Legoëz. Je le reconnais. » « Dites comme lui », souffle la vieille à Jacquemin. Pourquoi ? Elle s'embarque là dans une bien grosse affaire dont mille pensées devraient la détourner aussitôt. Sera-t-il possible de faire passer Jacquemin pour Pierre bien longtemps, dans un pays où il est connu ; car les Legoëz sont de Saint-Malo et Jacquemin de Saint-Servan, ce qui est bien maladroit de sa part ou de la part de l'auteur. Jacquemin pourra-t-il soutenir longtemps son personnage de Pierre, et ne se contredira-t-il point dès qu'il causera cinq minutes avec Legoëz des souvenirs d'enfance ? Si Jacquemin est un honnête garçon ne va-t-il pas refuser immédiatement ce rôle qu'on lui impose, et s'il l'accepte n'est-il pas un homme de moralité très douteuse, auquel cas c'est une fière folie que de le lui donner ?

Ces objections, ou plutôt la vision rapide de l'impossibilité de cette ressource ne se présente pas à la pensée de la vieille. Elle a cette inspiration : « Dites comme lui ! » C'est une inspiration tout à fait bizarre, et qu'il n'y a certes qu'elle au monde qui, en pareille circonstance, ait jamais eue. Enfin, c'est le quiproquo qui voulait cela.

Et Jacquemin, sentant bien que quand un quiproquo veut quelque chose il n'y a pas à lui résister, dit comme lui, entendez comme le quiproquo, ou comme Legoëz. Et voilà le faux Pierre installé dans cette famille patriarcale.

Mais au moins la mère a prévenu Janik? Elle lui a dit : « Entendons-nous bien ! Ce n'est pas ton fiancé. Tout ceci n'est qu'une fable que j'ai improvisée, peut-être imprudemment, parce que je craignais pour le grand père un coup de sang. » Eh bien ! Non ! Vous ne m'en croirez pas si je vous le dis ; mais non, la mère n'a pas prévenu Janik ! Le quiproquo voulait cela encore. Il voulait que cette mère fût folle à lier. Car enfin, voilà un homme que nous ne connaissons pas, un homme de Saint-Servan, c'est vrai, mais qui a roulé et tangué seize ans sur toutes les mers, une espèce de forban, un flibustier enfin, qui peut être un Scapin de mer, un Sbrigani transatlantique, qui l'est probablement, à en croire ce que, si aisément, il vient de faire ; et on ne prévient pas la jeune fille ! C'est à n'y pas croire.

Il le fallait sans doute pour la suite de l'intrigue ? Mais non pas même, il me semble. Non-seulement c'est extraordinaire de la part de la mère, mais c'est assez inexplicable de la part de l'auteur. Car supposons : la mère a prévenu Janik, Janik se tient sur la réserve à l'égard du pseudo-Pierre. Mais le pseudo-Pierre est aimable, sans le vouloir, ce qui est la meilleure façon d'être aimable ; il se fait aimer, sans y songer, ce qui est la vraie manière de se faire aimer ;

la pauvre Janik lutte contre son cœur, tant qu'elle peut, et elle finit par laisser échapper l'aveu de son penchant ; et Jacquemin lui aussi l'aime, et craignant d'être indélicat, biaise aussi, lutte aussi, et les deux jeunes gens en arrivent à s'adorer et à se le dire, « après beaucoup de mystères » selon l'admirable définition de l'amour par La Rochefoucauld, et en cédant tous les deux à une force plus puissante qu'eux ; et voilà des scènes fièrement dignes d'être écrites.

Mais ce n'est pas celles-là que voulait écrire M. Richepin. Il avait dans la tête une scène de provocation innocente et naïve de la part de la jeune fille, de résistance douloureuse et enfin vaincue de la part du jeune homme, et c'est à cette scène là qu'à toute force il voulait arriver. Pour y arriver il fallait que la jeune fille ignorât tout ; il fallait cette incroyable invraisemblance du silence sans raison et contre toute raison, de la mère. A ce prix on l'a, cette fameuse scène ; mais quel prix !

Il est juste de dire aussi que cette scène, si elle est chèrement achetée, est absolument adorable, absolument. La jeune fille regarde son beau cousin, son beau promis, puisque pour elle il est cela ; et elle le trouve bien timide. Eh ! tant mieux ! ce sont ceux-là qui aiment. Il n'est femme, ni jeune fille au monde qui ne sache cela, qui ne le sente, qui n'en soit sûre. Eh bien ! allons ! La timidité est un hommage qui vaut un encouragement. Encourageons-le ! « Venez m'aider, cousin, à ranger, à mettre en ordre. Un marin s'y entend, à ces choses... Qu'est-ce donc que vous disiez, tantôt, en vidant votre verre, que le cidre avait la couleur des cheveux des jeunes filles de Bretagne. C'était très joli. Les marins sont beaux diseurs... A propos pourquoi ne dites-vous rien ? A quoi pensiez-vous, là-bas, dans les grandes mers, quand vous faisiez votre quart ?... A cela, oui, et puis, encore, à quoi ?... à qui ? » Vous n'avez pas idée comme tout cela est facile, simple, gracieux, élégant sans mignardise, réel sans réalisme, vrai et charmant, et en vers exquis, en vers qui semblent faits de rien, moins écrits que rêvés ; c'est un régal.

Et la scène est faite. Elle est admirablement faite ! Le jeune homme est poussé à l'aveu, insensiblement, sans heurt, sans hâte, sans raccourci maladroit, tout naturellement, et se trouve l'avoir fait, nettement, sans se douter qu'il l'ait commencé. Et comme la scène tourne sur elle-même facilement et toute seule ! Car sitôt qu'il s'est déclaré, il est désolé, le jeune homme, et furieux contre lui-même, et il n'a qu'un moyen de n'être pas un vilain homme, c'est de dire la vérité, et la dire c'est ruiner son pauvre bonheur et désoler celle qui l'aime. — Et il la dit, il le faut bien, et la voilà qui pleure, et les voilà qui pleurent tous deux, et je n'ai pas besoin de dire ce qui arrive quand on pleure ensemble de s'aimer. C'est de ce moment que vraiment on s'aime. Cette scène centrale est absolument délicieuse.

Mais, tenez, le voilà l'avantage et le désavantage, en

même temps, bien entendu, car jamais l'un ne va sans l'autre, de ceux qui, par profession, vont beaucoup au théâtre. Ils sont plus frappés des défauts, et aussi des qualités. Je bouillais d'impatience pendant tout le premier acte, à mon avis si maladroit. Arrivé à cette scène du second acte, j'avais oublié tout le reste radicalement. Je la prenais en soi, cette scène, ou plutôt je la supposais amenée autrement, quelque chose me disant que ce n'eût pas été très difficile, et j'en jouissais de tout mon cœur. Mais le public, ce me semble, sent d'une manière un peu différente. Peut-être moins frappé des défauts, les démêlant moins, il en souffre cependant, et ils ont pour lui cet inconvénient qu'ils étendent leur influence aux scènes les plus belles qui les avoisinent. Cette belle scène de l'aveu, elle ne m'a pas semblé être suffisamment goûtée par le public, parce qu'il ne faisait pas, lui abstraction, pour un moment, de tout le reste, parce que l'âpreté des chemins qu'on lui avait fait prendre pour l'y amener, il la sentait encore confusément. Ce n'est qu'une vague intuition que j'ai là ; mais il me semble que je ne me trompe pas beaucoup.

Cependant, comment sortirons-nous de tout ceci ? Car cela ne peut durer. Ou le vrai fiancé reviendra, ou, sans qu'il revienne, Jacquemin sera forcé d'avouer la fourbe. La supercherie de la mère n'a servi, comme elle aurait pu s'en douter, qu'à créer un drame inextricable, qui, dans tous les cas, portera au vieux grand-père un coup terrible. Pierre reparaît. Il reconnaît

Jacquemin, lui, du premier coup, le dénonce comme faussaire en état civil. Jacquemin avoue, et est chassé de la maison. Inutile de vous dire que, puisqu'il est aimé, il reviendra.

Il revient, en effet, au troisième acte, et il faut trouver un dénouement. Sans le quiproquo, sans l'intrigue, sans le vaudeville, il serait bien simple. Mon Dieu ! les jeunes filles qui aiment et qui sont aimées ont bien aisément bataille gagnée. Mais la fourberie est là, qui donne des avantages à tous ceux qui s'opposent au bonheur de Jacquemin. Le vieux Legoëz va lui dire : « Vous êtes un voleur ! » et Pierre : « Tu es un coquin ! » A quoi il y aura bien quelques apparences. L'auteur a trouvé... il n'a rien trouvé, à parler franc ; car changer les sentiments des personnages sans qu'ait changé la situation, c'est abandonner le drame, ce n'est pas le dénouer. Le vieux Legoëz a causé avec Pierre, et ne l'a pas trouvé aimable, parce que pendant que Jacquemin est resté marin, lui Pierre, naufragé, puis sauvé est devenu « terrien » planteur au Mexique. Bon cela, mais sa colère, très légitime, contre Jacquemin, qu'en fait-il ? Pour les besoins du dénouement, il l'oublie, traite la fourberie d'espièglerie innocente. C'est un peu difficile à accepter.

Et Pierre, qui a des droits, d'après les coutumes bretonnes dont on a assez parlé, que fait-il ? Il s'emporte furieusement contre Jacquemin, le traite de scélérat et lui propose la bataille.... puis, subitement, sa colère tombe, et il dit : « Tope-là ! » — Après une scène de larmes et d'attendrissement ? Après que le malheur de sa petite cousine l'a touché, après qu'elle lui a dit : Je t'aime bien tout de même. Tu seras mon frère, etc. », comme on en use en ces circonstances ? — Nullement ! — Après une scène de vieux frères d'armes avec Jacquemin ? Après les souvenirs rappelés de services rendus, de vieille camaraderie, après un : « N'es-tu donc plus mon frère ? » — Pas le moins du monde ; brusquement, sans rien qui explique, et simplement pour que la pièce finisse. Tout cela est bien peu solide, bien peu vrai, bien peu humain.

Et voilà, il me semble, comment une pièce qui aurait pu être très belle et touchante en sa simplicité primitive, est devenue assez pénible et maladroite par un surcroît de péripéties de vaudeville qu'on a voulu lui donner. Non pas que je dise qu'on ne pouvait pas la faire de cette manière, et avec des rouerics à la Sardou, Dieu m'en garde ! Mais quand on fait du théâtre par les petits moyens, il faut avoir la science et l'adresse des petits moyens ; il faut avoir la dextérité infinie qui fait croire, au moins pour la durée du spectacle, à la vérité de l'invraisemblable, et à la nécessité, à la fatalité des engrenages bizarres de petits faits. Scribe était passé maître en cela. Mais il n'était ni poëte ni écrivain. A chacun sa petite affaire.

Et est-ce à dire que de la pièce primitive telle que je la supposais en commençant, il n'est rien resté dans ce que nous avons entendu à la Comédie-Française ? Non certes, et il y a du poëme épique, ça et là, dans ce vaudeville mal fait. Tout le commencement du premier acte est d'une largeur magnifique. Ce bonhomme Legoëz, qui, dans mon analyse, n'a paru, et n'a pu paraître qu'un peu faible du cerveau, est admirable de grandeur, un peu déclamatoire, mais, somme toute fort imposante, quand il parle de cette mer qu'il adore, qu'il contemple avec ravissement comme une sorte de divinité charmante, terrible, toujours aimée. Invinciblement, pendant qu'il parlait, me revenaient à la mémoire, avec leurs belles sonorités graves et pleines, les admirables vers de Lamartine :

> Tel un pilote octogénaire...

et certes ce n'est pas un mince mérite aux vers d'un jeune contemporain de rappeler les *Méditations*.

De même, quand Pierre vient vanter au vieux Legoëz les plaines fécondes et millionnaires du Mexique, le vieux marin, pour exprimer son mépris pour les fleuves — cette eau esclave qui va toujours dans le même chemin — son adoration pour le flot qui chante, qui berce, qui se fâche, qui est un être animé, puissant, capricieux et souverain, a des paroles vigoureuses, sonores et souples aussi, des cadences enlaçantes et fortes qui peignent merveilleusement ce qu'elles célèbrent et ce qu'elles chantent.

Loin de moi donc la pensée de protester contre le beau succès que le public n'a point marchandé à

M. Richepin. Dans l'applaudissement chaleureux dont il a été salué, il faut voir le goût passionné de la poésie et de l'éloquence, et une sorte de reconnaissance exprimée par des lettres à un homme qui peut se tromper sur l'agencement d'un drame, mais qui a le feu sacré, l'enthousiasme entêté pour les belles sonorités et les beaux rhythmes, et qui manie la langue poétique comme personne, à ma connaissance, ne sait faire en ce moment. Je voudrais y voir aussi, une petite amende honorable du public qui n'a pas fait aux beaux poëmes de *La Mer*, très mêlés, je sais bien, mais où l'on trouve des choses exquises, de véritables petits chefs-d'œuvre, un accueil aussi empressé qu'ils le méritaient. M. Richepin, très jeune encore, a tout un beau passé poétique, et il est une magnifique espérance. Parbleu, ce n'est pas une affaire : il a ce qui ne s'acquiert pas; il liera mieux sa charpente dramatique une autre fois.

Les interprètes du *Flibustier* ont été très remarquables. Dans la partie épique du rôle, Got a été ce qu'aucun autre artiste de Paris ne saurait être. Faites attention à cette transformation de M. Got en sa vigoureuse maturité. Il devient un merveilleux diseur de vers grandioses. Déjà dans le petit poème de *Vincenette*, il avait trouvé des accents de trompette homériques superbes. Et maintenant, sans cesser d'être simple, quoi qu'on en ait dit, il nous donne une sorte de barde celtique de la plus fière allure. Je l'aime moins dans la scène du souper, où il encourage les timidités de Jacquemin. Il y joue « comme c'est écrit » ou à peu près, je l'accorde. C'est égal, il y a là je ne sais quelle vague odeur de vieillard en goguette et un peu lascif qui m'indispose un peu. Il faudrait atténuer cela. — M. Worms est bien distingué. Sa passion contenue et triste a quelque chose d'infiniment pénétrant. Enfin Mlle Baretta est délicieuse. Sa voix chantante, sa grâce pudique, ses petites audaces craintives, ses coquetteries innocentes et naïves forment des tableaux de genre absolument exquis. C'est là un des plus beaux succès de sa brillante carrière dramatique.

X

Comédie-Française. — *Le Baiser*, comédie en un acte en vers de Théodore de Banville.

28 mai 1888.

Et ce n'est pas ma faute ; c'est celle de M. de Banville. Pourquoi a-t-il appelé sa fée Urgèle ? Urgèle ! Est-ce que j'y puis tenir, et dès que ce nom m'arrive à l'oreille, puis-je m'empêcher de rouvrir mon Voltaire au bon endroit, et de relire pieusement *Ce qui plaît aux Dames*. C'est un péché, sans doute, et double : péché contre le goût contemporain, péché contre autre chose encore peut-être. Mais il est un âge qui dispose trop à l'un comme à l'autre pour qu'on y résiste, un âge où l'on commence, quoi qu'on fasse, à être d'un autre siècle littéraire, et un âge où on relit *Ce qui plaît aux Dames* avec la complaisance des regards en arrière...

Et par ainsi de l'Urgèle de Banville je suis remonté tout doucement à l'Urgèle de Voltaire ; car vous n'ignorez point qu'elles sont cousines germaines, et même qu'elles sont bien la même personne, ayant eu, seulement, deux fois la même aventure, ce qui peut arriver aux simples mortelles.

> Oui, mes amis, c'est bien la fée Urgèle
> Qui dans son temps protégea les guerriers
> Et fit du bien aux pauvres chevaliers.

comme la bonne fille de La Fontaine « faisait plaisir aux gentils bacheliers ». Cette Urgèle a périodiquement, et de siècle en siècle, un petit accident qui serait déplorable si elle n'avait une méthode assez attrayante pour s'en tirer toujours. Elle devient vieille, mais vieille horriblement, caduque d'une manière invraisemblable. Les expressions manquent aux plus grands écrivains pour exprimer suffisamment cette caducité. Quand c'est Voltaire il se borne à dire :

> ..... Une vieille édentée
> Au teint de suie, à la taille écourtée,
> Pliée en deux, s'appuyant d'un bâton ;
> Son nez pointu touche à son court menton ;
> D'un rouge brun sa paupière est bordée...

et il s'arrête, ou plutôt je m'arrête un peu avant lui, je ne sais pour quelle cause. — Quand c'est M. de Banville, qui trouve que le laid est beau, mais que le beau est plus beau encore, et qui ne peut peindre les choses déplaisantes qu'avec une gaieté brillante qui les sauve, c'est beaucoup plus adouci, mais c'est la même chose tout de même :

> .... Son nez vient taquiner son menton
> Pauvre dame ! elle marche à peine. Elle titube

Hirsute comme un cep et mince comme un tube.
Bien sûr elle n'a pas l'âge d'une colombe.

Faite ainsi, ou ainsi défaite, la fée Urgèle ne peut recouvrer sa splendeur et sa fleur première que si elle obtient un baiser d'amour, ou au moins de dévouement, car il ne faut pas trop demander, d'un jeune homme charmant et beau, et vertueux, innocent même, selon M. de Banville, mais Voltaire a une interprétation des textes peut-être légèrement différente. Et ce jeune homme se trouve, car la jeunesse est bonne, et il ne faut pas oublier qu'elle est courageuse, et elle est chose telle « que meilleure ne peut être »; et elle fait des miracles, celui-là singulièrement de répandre et de créer et de faire fleurir la jeunesse partout où elle passe ; — et c'est la seule moralité de cette petite histoire, qui est édifiante, comme toutes les histoires, quand on sait les prendre.

Mais on ne saurait croire comme la même histoire est chose infiniment différente racontée par un siècle ou par un autre, et à quel point, pour si peu d'années, change le tour d'imagination d'un petit peuple. Ils sont charmants tous les deux, ces deux contes de Voltaire et de M. de Banville. Et ils n'ont guère de commun que le sujet. Et non pas que l'un soit tourné au sérieux et l'autre au plaisant ; cette différence là n'est pas une vraie différence, et d'une comédie faire un drame, et d'un drame un vaudeville, c'est l'affaire d'un tour de main pour les experts. Non ; tous les deux sont plaisants, tous les deux sont gais, tous les

deux sont légers, tous les deux sont spirituels, car si
M. de Banville a beaucoup d'esprit, j'affirme, avec la
violence qu'on met aux opinions hasardées, que Voltaire n'en manquait pas ; et avec tout cela, de l'un à
l'autre, c'est mille lieues, de compte fait.

Le conte de Voltaire est délicieux. Il est preste,
prompt, court, d'un geste vif et gai, et, notez-le, d'un
très joli et très aimable abandon. M. de Voltaire a
oublié, ce jour-là, de se surveiller ; il n'a pas le rire
pincé et à lèvres mordantes ; il n'a pas, non plus,
le parti pris de libertinage froid, qui est sa manie la
plus désobligeante. Son petit poème est franc d'allures, et a même, chose rare, du copieux. Le sourire
en est presque gras et à bon menton reposé. Vous
vous rappelez la fin qui est dans tous les mémoires :

> Oh ! l'heureux temps que celui de ces fables,
> Des bons démons, des esprits familiers,
> Des farfadets aux mortels secourables !
> On écoutait tous ces faits admirables.
> Dans son château, près du large foyer.
> Le père et l'oncle, et la femme et la fille
> Et les voisins et toute la famille
> Ouvraient l'oreille à monsieur l'aumônier
> Qui leur faisait ces contes de sorcier...

Est-il d'un ton franc et doux, et d'une composition
aisée, le tableau hollandais ! Eh bien ! le commencement est de même nuance et de même art :

> Or, maintenant que le beau Dieu du jour
> Des Africains va brûlant la contrée
> Qu'un cercle étroit chez nous borne son tour,
> Et que l'hiver annonce la soirée,

Après souper, pour vous désennuyer,
Mes chers amis, écoutez une histoire
Touchant un pauvre et noble chevalier
Dont l'aventure est digne de mémoire
Son nom était Messire Jean Robert,
Lequel vivait sous le roi Dagobert.

C'est entre ces deux couplets d'une si bonne allure gauloise, d'un air si aisé et accueillant, d'une gaieté hospitalière qui ferait honneur à La Fontaine, que s'encadre à souhait le petit poëme de Voltaire.

Eh bien ! malgré tout, c'est du Voltaire tout de même, c'est du dix-huitième siècle nonobstant. C'est d'une aimable fantaisie, assurément, mais dans la fantaisie du dix-huitième siècle, il faut qu'il y ait du raisonnement et du didactique, peu ou prou, et du sermon laïque ; et du raisonnement et du didactique, en pleine fantaisie, il y en aura. La fatalité existe, voyez-vous ; la preuve, c'est qu'elle s'appelle Ananké.

Voltaire a beau se mettre à conter avec le ferme propos de ne point prêcher, il arrivera un moment où il prêchera, quoi qu'il en ait, et alignera en vers presque graves une petite déduction de morale courante. Lorsque la vieille Urgèle vient réclamer, en s'appuyant sur la foi des serments, la main de Robert au tribunal de la reine Berthe, elle ne se contente pas d'invoquer la parole donnée, elle plaide, elle argumente, elle développe ; elle fait un petit traité qui est un mélange de *O fortunatos* et de *Pro Senectute*, et qui, du reste, est bien joli, mais c'est un traité.

> ..... J'avoue avec franchise
> Que je commence à perdre mes appas ;
> Mais jen serai plus tendre et plus fidèle :
> On en vaut mieux, on orne son esprit,
> On sait penser ; et Salomon a dit
> Que femme sage est mieux que femme belle...

Voilà l'éloge de la vieillesse. Et voici le petit *excursus* sur le bonheur de la vie rustique et l'or pur de la médiocrité :

> Je suis bien pauvre ; est-ce un si grand malheur ?
> La pauvreté n'est point un déshonneur.
> N'est-on content que sur un lit d'ivoire ?...
> Les noirs chagrins enfants de la vieillesse
> N'habitent point sous nos rustiques toits ;
> Le vice fuit où n'est point la mollesse...

Etc., etc. Elle s'amuse sans doute, la vieille fée malicieuse ; mais elle a une façon particulière de s'amuser qui est tout à fait dans la mode de son temps et dans la formule littéraire de sa génération. Remarquez que le conte lui-même, considéré en son fond, a encore ce petit caractère didactique. Il prouve quelque chose, pas grand chose si vous voulez, mais quelque chose encore. J'ai supposé tout à l'heure que le fond du conte est le même chez M. de Banville et chez Voltaire. Ce n'est pas tout à fait exact. Chez Voltaire, si Urgèle est une vieille édentée c'est volontairement, c'est pour faire l'expérience de la bonté et de la loyauté et des diverses vertus chevaleresques du brave Roger. C'est une *épreuve*, dont Roger se tire à son honneur, et quand il s'en est tiré, la fée ne manque pas de lui servir une petite morale de distribution de prix :

Vous n'avez pas dédaigné la laideur :
Vous méritez que la beauté vous aime.

En dernière analyse, c'est un « conte moral » que *Ce qui plaît aux Dames*, un conte moral, hum ! enfin, à un certain point de vue, c'est un conte moral.

Comme nous sommes loin de tout cela avec M. de Banville ! Comme nous sommes bien en pleine fantaisie libre et parfaitement dégagée de toute considération, quelle qu'elle puisse être. Du caprice, du caprice et rien que du caprice ! S'il y a propos formé par le poëte, ce n'est que celui de n'avoir pas le sens commun. Ne rien prouver, ne rien enseigner, ne rien à dire à l'entendement humain, voilà l'essentiel, le premier mérite à atteindre. De morale, même de cette morale de degré très inférieur à l'usage des conteurs, pas un mot, ni une idée, ni un pressentiment. Ni Pierrot n'est un Roger, dévoué, et se sacrifiant pour obéir à la parole donnée (il donne son baiser à Urgèle sans savoir pourquoi, par pure bonté d'âme, par caprice, par un sentiment absolument indéterminé) ; ni Urgèle n'est fidèle observatrice de l'éternelle justice et de la très sainte équité ; et c'est très lestement qu'elle lâche Pierrot sauveur quand il lui a rendu la jeunesse. — Alors c'est un conte sensiblement pessimiste et misanthropique, où éclate la perfidie et l'inconstance naturelles aux cœurs féminins. — Ah ! pas le moins du monde, non plus ! Car Pierrot ne souffre aucunement de la déloyauté et de l'abandonnement d'Urgèle.

— Alors quoi ? — Alors rien du tout. Est-ce que nous sommes, nous poëtes, devant notre papier, pour laisser dans les esprits, ou y confirmer, une grosse idée générale synthétique et indigeste? C'est bon pour les journalistes. Nous y sommes, nous, pour nous amuser de nos fantaisies et prendre à la pipée des formes chimériques, incongrues et charmantes au gré du vent qui souffle dans les frondaisons de notre cervelle. Nous allons au hasard du sentier qui nous mène; et non pas même, car un sentier est quelque chose de tracé qui mène quelque part, mais nous allons en pleine aventure par les chemins de l'oiseau dans l'air, ces chemins qui n'ont ni traces, ni bornes, ni but, et qui ne sont marqués que par des bruits d'aile.

Contons, mais contons bien, c'est le point principal, dit le bon La Fontaine. — Non point encore. Bien conter, c'est disposer adroitement son conte d'après certaines règles ou certain instinct de distribution juste et d'heureuse répartition; c'est avoir un commencement, un milieu et une fin, comme dit l'école; c'est encore, savez-vous bien, satisfaire dans les esprits un certain besoin de logique et d'ordonnance; c'est encore, ah! misère! satisfaire aux lois de l'entendement. Non! Non! Affranchissement! liberté! anarchie divine sur les sommets du Parnasse. Nous aurons un commencement, sans doute, parce qu'il est vraiment difficile de ne pas commencer par un bout; si on prenait par l'autre, ce serait encore un commencement; mais ce pénible sacrifice une fois fait à la force des choses, nous irons sans plus nous soucier des étapes et des relais qu'un écureuil sautant de branche en branche.

L'histoire de Roger, tout à l'heure, dans M. de Voltaire, elle avait été très distinctement, très nettement, son point central ; c'était le moment où Roger, sommé de s'acquitter envers Urgèle, hésite, et s'interroge avec une angoisse bien naturelle, et à laquelle tout honnête lecteur s'associe. C'était le nœud de la comédie, et l'auteur y insistait avec beaucoup de force pour le mieux marquer à tous les yeux. Nous autres, oh ! mon Dieu, nous pourrions tout aussi bien y insister aussi, si le vent soufflait de ce côté-là, car nous n'avons de répugnance à rien, et non pas même à être raisonnables ; mais cela ne nous dit pas, pour le moment, la fantaisie ne regarde pas de ce côté là, et nous brusquons très vivement le point central.

Là-bas, Urgèle faisait tout un plaidoyer pour décider Roger, et le plaidoyer était assez long et fort chaleureux. Notre Urgèle à nous, qui a beaucoup plus d'intérêt que celle de Voltaire à décider Pierrot, puisque de la décision de Pierrot dépend, pour elle, le rajeunissement et le salut, tandis que celle de Voltaire n'avait, dans l'affaire, qu'un intérêt de curiosité psychologique, notre Urgèle ne plaidera point, ne discutera point, n'argumentera nullement ; elle ne dira presque pas un mot ; elle aura infiniment de délicatesse.

..... Pierrot ! — Je crois que le ciel se voila !
Pierrot ! — Quoi ? — Le baiser ! — Je — Le baiser ! — Voilà !

Voilà ! Le baiser n'a pas été très difficile à extirper. Le nœud de la comédie a été dénoué presque aussitôt que formé. Nous ne sommes point, nous autres, des conteurs qui surveillent et ménagent leurs effets et le développement ingénieux de leur récit.

Et, de même, quand cette petite méchante d'Urgèle a faussé compagnie à Pierrot, le conte est fini, d'après les lois et us consacrés. Et pourquoi donc ? Et que nous font les lois, les us et autres choses en us ? Il est gentil Pierrot. Êtes-vous si pressés de le voir partir ? Pourquoi ne resterait-il pas là, à nous dire d'aimables calembredaines ? — Oui, mais quand partira-t-il ? Car il n'y a plus de raison pour qu'il parte. — Eh ! non, il n'y a pas de raison. Il partira quand il aura envie de partir. Nous causons, n'est-ce pas ? Où une causerie a-t-elle son point central, son déclin et sa fin nécessaire ? Elle va, voilà tout, et quand elle s'arrête, c'est qu'elle s'arrête, sans qu'il y ait à cela d'autre raison.

Et il en va de même des caractères. Réfléchissez un peu, et dites-moi si ce n'est pas une chose affligeante et humiliante d'avoir un caractère ! Des bornes, encore des bornes, des limites, des barreaux de cage. Un caractère est une prison, ou un carcan, ou encore un pal. On y est enfermé comme dans un cachot, avec défense, au nom de la raison raisonnante et de la vraisemblance et de la logique, d'en sortir jamais. On y est serré et empaqueté, avec une étiquette à l'endroit le plus apparent pour que nul n'ignore ce que vous êtes, ce que vous continuerez d'être, ce qu'il vous est interdit de n'être point. Et l'on y est fixé à jamais et retenu comme par un clou qui vous traverse de part en part, comme Prométhée sur son Caucase, ou un coléoptère épinglé dans la boîte du naturaliste. Oh! liberté, liberté chérie, comme disent également Eschyle et Scribe, ce qui prouve suffisamment que c'est le cri de l'humanité tout entière, ne sortirons-nous jamais de notre caractère, n'en aurons-nous jamais un autre, pour voir au moins la différence; ne serons-nous jamais ce monsieur qui passe? Qui a dit cela? C'est Musset, parce qu'il était poète. Et c'est en effet le rêve de tout poète de supprimer cette dernière limite, et cette dernière gêne, de s'évader en dehors de sa complexion et de son tempérament, de s'affranchir de sa personne.

C'est au moins, ce que nous, poètes fantaisistes, nous allons faire pour nos personnages, si nous ne pouvons pas, dont nous gémissons, le faire pour nous mêmes. Des caractères à nos charmants petits bonshommes de théâtre libre! Ah! les pauvres! Cela les gênerait trop; cela leur ferait de la peine. Ils ne se sentiraient plus à l'aise et planant en plein air pur. Ils en seraient tout gauches et comme paralysés. Mais leur essence même est d'avoir toute la quantité de conscience que contient un parfum, et la suite dans les idées qui caractérise un papillon!

Voyez-les, je vous prie. O liberté divine et vraiment souveraine! Ils ne sont pas même esclaves de leur manière d'être; car ils n'ont pas de manière d'être du tout. Ils semblent à chaque instant se dire : « Ceci posé, si j'étais exactement le contraire de ce que je suis ? Bien ! m'y voilà ! Et maintenant si je devenais essentiellement différent de ce que je suis devenu ? C'est fait. A la bonne heure ! » Ou plutôt, non ! Ceci indique délibération et effort, ce n'est pas liberté pure. La liberté consiste à se réaliser autre du moment même qu'on se conçoit autrement, et après s'être à peine aperçu qu'on se concevait d'une nouvelle manière. C'est ainsi qu'ils font. Voyez cette Urgèle. C'est une petite fée très fière de sa féerie. Fée elle est, et fée elle veut être, habitant, loin des laideurs humaines.

> Des palais merveilleux, bâtis de chrysoprases
> Où l'on vit parmi les chansons et les extases

Sur quoi Pierrot lui dit : « Sois ma femme ! » — « Sans doute, répond Urgèle. Ta femme ! oui ce serait charmant » Et tout de suite, elle se voit très bien la femme de Pierrot. Elle l'est déjà, le vent a tourné. Elle vit ce nouveau rêve. Elle se suit elle-même dans cette nouvelle existence avec ravissement :

> Nous aurions avec nous, dans nos fainéantises
> Des chevreaux qui mordraient les branches des cytises..

Sur quoi ses sœurs, les fées des tilleuls et les fées des églantines, l'appellent à travers la forêt, et prst, un coup d'aile, et la voilà dans les ramures. Cette petite personne n'a pas une grande unité dans la vie. Elle n'est évidemment pas faite pour les grands devoirs. C'est en quoi elle est charmante. Sa grand'mère, l'Urgèle de Voltaire, prend auprès d'elle, des airs d'institutrice anglaise.

Et Pierrot? Pierrot a un caractère exactement aussi rigide. Au premier regard, on le croirait plus décidé et énergique dans ses sentiments. Il sait très bien faire remarquer avec chaleur à Urgèle qu'elle est liée à lui par les obligations sacrées de la reconnaissance. Et il propose le mariage, tout de suite, ou à peu près ; preuve que c'est un homme sérieux. C'est un être doué d'un caractère, comme vous et moi. Ne vous fiez pas trop. Ses résolutions ont pour effet ordinaire de lui en inspirer immédiatement d'autres absolument opposés. C'est sa logique à lui, qui en vaut une autre. Quand Urgèle l'abandonne, il songe d'abord à se pendre, comme il est bien naturel en telle circonstance. Et c'est précisément pour cela qu'il conclut à vivre éternellement parmi les hommes. — Ça, c'est pour faire enrager Urgèle! Ah! vous croyez, madame, qu'on se tue pour vous! Vous n'en aurez pas la gloire. — Oh! pas du tout! Il n'y songe point, ne le dit nullement. Ce serait encore de la logique humaine à la portée des classes moyennes. L'esprit de Pierrot ne va pas ainsi. Il va comme va la brise dans les feuilles, et le feu follet dans les herbes. « Pendu! oui! pendu! non!... Je veux mourir exactement... Je veux effroyablement vivre. » Et prirouit, et pipirili! Ses petits discours ont tout l'enchaînement de la chanson des oiseaux d'Aristophane.

Nous sommes à l'extrême limite de l'extrême fantaisie. La liberté absolue. Liberté de composition, liberté de style, liberté de rhythme, liberté psychologique. « Comme il vous plaira », ou plutôt comme il nous plaira ; et le vrai titre serait quelque chose comme : n'importe quoi.

Ce qu'il faut pour soutenir ces jolies gageures d'artiste en gaieté, c'est d'abord cette aimable imagination fantasque et rare et toujours imprévue de M. de Banville, qui a le don inestimable et infiniment peu commun du « sans peser, sans rester »; c'est encore son style éclatant, bariolé, drôle, libre et souple comme un serpenteau de feu d'artifice. C'est surtout... ah ! je dis cela pour les jeunes gens qui sont affolés et quelquefois un peu assotés de ce genre séduisant, par où ils sont induits souvent à mésaventures... c'est surtout une rouerie profonde, que je vais traîtreusement dévoiler.

Cette rouerie consiste tout bonnement à être très court. Malgré tout le talent de M. de Banville, et malgré toute la considération qui s'attache à son nom, on ne l'aurait pas écouté bien longtemps, et il le sait parfaitement. Déjà, je crois devoir le dire, pour tout dire, déjà dans ce petit poème si court, arrivés au monologue final de Pierrot, j'affirme qu'il y avait parmi nous, çà et là, des traces, ne disons point de lassitude, non, mais d'un commencement de légère indifférence.

Un poème de ce genre c'est quelque chose comme le babil gentil d'un enfant gai et espiègle. On l'adore pendant un petit quart d'heure, l'enfant espiègle. Il ne faudrait pas qu'il s'avisât de nous faire compagnie pendant une après-midi tout entière. Quand je vois de jeunes auteurs pousser jusqu'à trois actes une fantaisie qui est loin, d'ailleurs, d'avoir pour elle le talent si original de M. de Banville, je songe à l'espiéglerie prolongée de l'enfant prodigue de lui-même, et je sais très bien qu'il en est l'effet prévu et inévitable.

Et voilà aussi l'effet des mauvais exemples. Capricieusement, moi aussi, et à bâtons rompus, de fée en en fée, et de conte en conte, j'ai bavardé de ce qui plait aux dames et de ce qui plaît aux Pierrots de tous les temps. Qu'on me pardonne, et à mon âge, et et en considération du sujet. Il n'en est point qui donne autant la tentation et peut-être l'exemple du bavardage.

> Et de ce sexe enfin tel est l'attrait.
> Qu'en relisant ou Banville ou Voltaire,
> On se console à voir *Ce qui leur plait*
> De n'avoir plus ce qui pouvait leur plaire.

XI

Ambigu : *La Mission de Jeanne d'Arc,* drame en cinq actes en vers de M. Dallières.

4 Juin 1888.

La Mission de Jeanne d'Arc est une pièce qui est fort loin d'être un chef-d'œuvre, mais qui est loin d'être méprisable, et qui révèle chez son auteur, lequel malheureusement n'est plus là pour nous lire, un sens dramatique assez délicat. Les futurs auteurs des futures « Jeanne-d'Arc » (car c'est l'honneur de la France que ce sujet qui n'a jamais porté bonheur à personne sera mille fois traité et repris mille fois avec amour) les futurs auteurs de « Jeanne d'Arc » diverses feront bien de s'inquiéter de la pièce de M. Dallières, de la bien lire, de la méditer, de réfléchir sur les indications très précieuses qu'elle contient. Et d'abord M. Dallières me semble avoir compris une chose dont il ne me paraît pas qu'on se soit douté jusqu'à lui ; c'est qu'il y a dans l'histoire de Jeanne « la bonne Lorraine » un poème épique (à cela ne songeons plus, pour mille causes) mais qu'il n'y a pas, ou que bien difficilement il y a *une seule* tragédie, un seul drame, qu'il y en a au moins deux, qui sont, comme dit très bien Molière, le premier et le second. Le second, qui est celui auquel naturellement on court d'abord comme donnant un beau cinquième acte, c'est le *Procès de Jeanne*; le premier dont on s'avise moins, dont on ne fait d'ordinaire qu'une manière de prologue, c'est la *Mission de Jeanne*; et c'est celui-là qu'a voulu faire uniquement M. Dallières, comme il nous en prévient par son titre.

Jeanne d'Arc démontrant par sa haute raison et par l'empire qu'elle exerce autour d'elle, par son éloquence enflammée et par son intelligence fine et ferme, par son bon sens et par ses miracles et enfin par ses exploits *qu'elle a une mission*, disant au premier acte que Dieu lui commande de mener le « gentil Dauphin » à Reims, et au dernier acte l'y menant en effet, de façon que tout le monde pense : « Elle l'avait bien dit. Elle l'a fait. Elle avait une mission. C'est une sainte ! »; voilà un drame complet, ayant son entière évolution, son commencement menant à sa fin, sa fin répondant au début, son point central qui est à Chinon quand le roi, persuadé, lui dit : « C'est vrai ! va ! »; ses péripéties diverses, faites des différents personnages, son oncle, Baudricourt, les docteurs, le roi, qu'elle a successivement à convaincre, etc. Oui, voilà un drame complet, un organisme entier et qui se suffit ; M. Dallières l'avait très bien compris.

Il avait senti aussi une chose plus délicate et plus

importante encore, c'est-à-dire de quel *ton* il fallait
traiter un pareil sujet. Il fallait se garder de l'embellir. Il y a des choses qu'on n'embellit pas. Voyez si
Michelet a songé à embellir Jeanne d'Arc. Il a fait
violence à tous ses instincts propres, au contraire,
imagination, puissance de vision, tour d'esprit mystique, pour s'en tenir à une absolue simplicité. Il
savait bien que la « seule simplicité d'un récit fidèle
pouvait soutenir la gloire » de Jeanne. Il s'est effacé,
lui qui ne s'effaçait guère, il a mis tout son art (et
immense, incroyable) à laisser Jeanne elle-même et
Jeanne toute seule comme de plain pied face à face
avec nous. Et M. Dallières, Michelet en main et le
suivant pas à pas, a fait tout de même. Il est entré
comme dans l'intimité et la familiarité douce et sacrée
de la légende. Jeanne, c'est une bergère comme une
autre, extérieurement. Rien ne la distingue de ses
compagnes, si ce n'est qu'elle a des visions et qu'on
la prend pour une bonne petite fille un peu folle. Elle
a un père, une mère, un oncle, bonnes gens qui
la rudoient un peu ; elle s'adresse au gouverneur de
la ville voisine, soldat simple et droit, qui conseille à
ses parents de rabattre son caquet avec un ou deux
soufflets. Voilà la réalité, voilà ce qu'il faut peindre,
tranquillement, sobrement, ingénûment. La naïveté
en un pareil sujet est l'art même. Ce n'est pas à dire
que le sujet en soit plus facile.

Il faut rapporter tous ces petits faits et les gros
aussi, les miracles avec les entretiens de paysans, les

arguties des docteurs avec les attendrissements de la foule, les hallucinations de Jeanne à côté de ses propos de bon sens fin et un peu railleur qui sentent « la bonne lorraine », tout cela clairement, précisément, mais avec une parfaite sincérité, simplicité, ingénuité, comme si l'on y croyait absolument, et pour beaucoup mieux dire, en y croyant. Il faut se faire une foi de quinzième siècle, une foi d'avant la réforme, et raconter comme peignaient les peintres de légendes sur leur vitrail. — En d'autres termes, c'est un *mystère* (ou un *mistère* pour orthographier congrument, et faire plaisir à M. Petit de Julleville) qu'il faut écrire ? — Eh ! nous y voilà ; oui, c'est un mistère qu'il faut composer (avec la clarté et la sobriété que l'art moderne vous a enseigné), lorsqu'on a à faire une œuvre du temps des mystères, comme c'est un drame espagnol qu'il faut savoir écrire quand on fait le *Cid*.

Eh bien, M. Dallières y a réussi, à peu près, et notez bien que ce sont les passages où il a suivi du plus près le texte exact qui ont le plus captivé l'attention du public. La scène de son ouvrage qui a fait le plus d'effet, c'est l'interrogatoire de Jeanne par les docteurs, et cette scène n'est que l'interrogatoire même de Jeanne mis en vers. Maintenant, il faut bien dire que M. Dallières a eu l'instinct de la vérité propre au sujet qu'il traitait ; mais qu'il n'a pas eu la force de se maintenir constamment dans le ton qu'il avait choisi. Quand il est soutenu par le texte de Michelet, il va fort bien ; mais l'on sent qu'il faut des soudures, des joints, entre ces différents morceaux fournis par les textes originaux eux-mêmes, et que c'est là que l'auteur, quoi qu'il en ait, et malgré toute sa judicieuse modestie, a la parole. C'est là aussi que M. Dallières faiblit, pour vouloir trop se hausser. Il prend alors le ton et le style des tragédies pseudo-classiques. Des alexandrins de Voltaire trainent entre deux mots simples et naïfs de la bonne Jeanne. Cela fait de désagréables dissonnances.

Il y a un point aussi où M. Dallières me semble avoir un peu échoué. Il a rapporté les *miracles* de Jeanne, c'est-à-dire ces avertissements secrets qui faisaient qu'elle connaissait un événement heureux ou malheureux arrivé sur le sol de la France avant que la nouvelle en fût parvenue dans son pays.

Il a très bien fait. Le côté merveilleux de Jeanne fait partie de sa légende, de sa personne même, de sa complexion. Il ne faut pas songer à le dissimuler, tant pis pour nous si nous sommes sceptiques! Mais quand on emploie le merveilleux au théâtre, il faut s'arranger de manière à nous y plonger, nous public, à faire dans le théâtre une atmosphère de merveilleux dont nous soyons de prime abord comme pénétrés. A cette condition seule les manifestations diverses du miraculeux ne nous étonneront point, ne nous sembleront pas froides et nous y entrerons aisément. Le moyen? Le moyen, c'est de nous peindre, en raccourci, un monde qui y croyait, à ce merveilleux, un monde qui en était pénétré lui-même, qui le sentait, l'attendait, le voulait. Le côté miraculeux de Jeanne d'Arc est *vrai* en ce sens que les hommes de son temps le croyaient vrai. Elle est une sainte, dans l'acception propre du mot, en ce sens que tous les bons Français l'ont crue sainte et capable de miracle ; elle est sorcière en ce sens que tout bon Anglais ou Bourguignon l'a crue telle et, à ce titre, en avait une peur atroce. Pour nous mettre dans cette atmosphère de légendes et nous séduire à ces prestiges, il faut donc nous montrer, tout d'abord, et avec insistance la foule qui en est comme possédée, et dont les croyances ont précisément fait toute l'immense et inexplicable force de Jeanne. Tout drame sur Jeanne d'Arc où la foule n'aura pas un grand rôle, et attirant fortement l'attention, sera à moitié manqué.

C'est ici que M. Dallières s'est vraiment trompé. Il ne nous montre pas le peuple du temps, qui a une importance prépondérante dans le sujet. — Si ! il nous le montre, au quatrième acte. Il nous met « l'armée devant Orléans » sur la scène. Propos de soldats, de chevaliers, etc. D'abord c'est un peu tard, et puis, c'est bien là qu'on voit que l'auteur n'a pas songé à cette grande affaire. Ce n'est pas de miracles, de légendes, de la mission de Jeanne en un mot que parlent ces militaires. C'est de tactique et de stratégie, et c'est sur la tactique et stratégie que Jeanne, qui survient, les morigène. Voilà juste le contraire de ce qu'il fallait pour l'intérêt dramatique. Dès que Jeanne fait du Jomini avec de vieux généraux, c'est elle, à nos yeux, qui a tort. Nous sommes prêts à lui dire : « Tu n'es qu'une bergère et Dunois et La Trémouille sont des capitaines ! » Au lieu de cela, supposez le camp en prières ; on raconte les premiers exploits de Jeanne, on parle de ses prédictions, on se rappelle Judith et Deborah. Grande scène biblique. Les cœurs s'élèvent et les têtes s'exaltent. Jeanne paraît. Elle a dix pieds de haut tout de suite. Elle dit : « Marchons ! Quand ma bannière touchera le rempart, Orléans sera à nous. » Et l'on marche, et Orléans est pris. Je vois d'ici Shakespeare faisant la scène, lui, le seul homme qui ait su faire parler les foules sur le théâtre. « Pour chanter ces combats l'Achéron nous devrait rendre Will ! Ah ! s'il le rendait !... »

XII

AMBIGU : *La Forge de Saint-Clair*, drame en six tableaux de M. Louis Figuier.

11 juin 1888.

M. Figuier se prodigue. Il nous donnait il y a trois mois un vaudeville qu'on n'avait pas très bien compris, ce me semble, et dont le comique, très particulier, avait échappé à la très grande majorité des spectateurs. Il nous revient, à présent, avec un sombre drame, extrêmement lugubre et quelque peu invraisemblable, à ne lui rien cacher, que nombre de critiques ont trouvé très mal fait et maladroit, mais que, pour mon compte, je ne trouve pas sensiblement plus ridicule que les mélodrames ordinaires des auteurs en vogue. Entre l'histoire biscornue que M. Figuier m'a contée avant-hier et la grande pièce à grand succès à laquelle toute la France, capitale et province, court depuis quatre mois, je vois quelques différences sans doute, mais qui ne vont pas extrêmement loin, et il ne faudrait pas me presser beaucoup pour me faire dire que, du reste, elles sont à l'avantage de M. Figuier.

Voici, en gros, l'invention de M. Louis Figuier. Une jeune fille qui aime un officier de marine, est amenée par une machination ténébreuse, et croyant sur la parole de ses parents que l'officier l'a oubliée et s'est marié, à épouser, elle-même, sans l'aimer, un maître de forges ; car vous savez parfaitement, par des exemples restés célèbres qu'on n'aime pas un maître de forges, du moins de prime abord. Le mariage consommé, la jeune femme apprend, comme vous pensez bien, que le marin ne s'est nullement engagé ailleurs et n'a jamais cessé de penser à elle en faisant son quart. S'il s'est marié, ce qui est possible après tout, ce n'a été qu'un de ces mariages essentiellement morganatiques qui s'appellent en droit canon « mariages de Loti. » Cela ne tire pas à conséquence. Donc madame Fabron, femme de maître de forges, comme son nom lui-même l'indique assez et le lui rappelle sans cesse, Madame Fabron est très désolée, pleure comme une Niobé, qui est une pleureuse fameuse de l'antiquité, et ne rêve que de la *Niobé* qui est le vaisseau où navigue le favori de son cœur. C'est dans cette situation que nous la trouvons entre son mari et sa petite fille, prenant le frais pour sa santé à Castellamare.

Du moment que Castellamare est un port de mer vous entendez bien que la *Niobé* n'est pas loin. On l'annonce en effet, qui entre dans le port, et que voulez-vous, sur cette nouvelle, que disent un mari et une femme de mélodrame si ce n'est, la femme : « Il y a une sottise à faire. Je la ferai » ; le mari : « il y a un crime à commettre. Je le commettrai ; » inutile d'ajouter qu'ils le font comme ils le disent. Mᵐᵉ Fabron se décide à revoir son ancien fiancé pour rompre à jamais avec lui. Cette façon de raisonner prête, je le sais, à la critique ; mais dites-moi si jamais femme mariée, dans un drame ou dans un roman, a jamais raisonné d'une autre façon. Donc, rendez-vous de Mᵐᵉ Fabron et de M. de Troène au « pavillon isolé » qui est encore, n'est-ce pas? une de vos connaissances. Et, bien entendu, intervention brusque du mari, qui, sans explication, envoie deux balles de son excellent revolver conjugal dans la poitrine, vertueuse pourtant, de son épouse.

Voilà le prologue de cette douloureuse histoire.

Douze ans se sont passés. La petite fille du prologue, Mˡˡᵉ Fabron, est devenue une grande belle jeune fille de dix-huit ans qui aime (à son tour, c'est l'ordre éternel des choses), un jeune homme charmant, Pierre Charrier, fils du contre-maître de son père. Celle-là aime dans la métallurgie ; l'auteur n'a pas voulu désespérer à tout jamais les maîtres de forges. Elle aime donc Pierre Charrier, et respecte filialement Charrier père, tout en adorant son père, M. Fabron, dont elle est adorée elle-même ; et tout ce monde se promène à Castellamare. Pourquoi à Castellamare, alors que la forge de M. Fabron est dans le département de l'Aube? Vous verrez tout à l'heure pourquoi. Nous sommes dans la même villa où jadis Mme Fabron a été si prestement assassinée. Son tombeau est là, dans un coin du parc, rongé par les lichens injurieux. Mais Mlle Fabron, ayant eu une légère indisposition, voici une sœur du couvent de l'Annonciade qui vient la soigner et qui la guérit en un tour de main. Quelle est cette sœur? C'est une mère, c'est la mère de Mlle Fabron, c'est Mme Fabron elle-même. Elle avait été très mal assassinée ; elle a survécu à ses blessures et s'est faite religieuse pour dissimuler son existence. — Mais alors, ce tombeau? Quel mannequin a-t-on pu mettre dedans lors de la cérémonie des obsèques? Cela reste un mystère dont vous n'aurez pas, s'il vous plaît, la curiosité de demander le mot.

Cependant M. Fabron et la sœur Angélique, c'est-à-dire Mme Fabron posthume, finissent par se rencontrer, et malgré le caractère posthume de l'un des deux, qui devrait inspirer du respect, recommencent à se disputer comme s'ils étaient tous les deux officiellement en vie.

« Vous êtes aussi cruel pour votre fille que vous l'avez été pour moi. Vous ne voulez pas lui donner Pierre Charrier. Je ressuscite, à mon corps défendant, pour vous dire : Donnez-lui Pierre Charrier.

— Je ne vous reconnais pas le droit de me donner des conseils, car vous êtes une femme coupable.

— Non, et en voici la preuve, cette lettre que j'adressais, cinq minutes avant d'être tuée par vous à

M. de Troënes et d'où il appert que je ne voulais que lui dire un éternel adieu.

— Cette lettre, vous auriez pu me la faire parvenir plus tôt, puisque vous n'étiez morte que d'une manière relative. Mais enfin je ne suis pas fâché de la lire. Elle me rafraîchit. Il est incontestable que j'ai eu tort. Pardonnez-moi un mouvement de vivacité, peut-être excusable.

— Non ! je ne vous pardonne pas. Ce serait le moyen de tout terminer en cinq minutes. Mais cette pièce n'a pas assez duré, et il n'est que onze heures et quart.

— C'est juste ! s'écrie M. Fabron ; aussi, il faut que je meure !

Il tombe en effet, tout de son long sur le théâtre, congestionné par la logique de son épouse, et il y aura encore un acte.

Au dernier acte nous retrouvons M. Fabron vivant, puisqu'il était mort. Dans la vie quand on est mort, c'est pour longtemps ; mais dans cette pièce, quand on est mort, ce n'est jamais que pour un entr'acte. M. Fabron était mort, donc il se promène par le monde. On lui a sans doute élevé un tombeau à Castellamare et les lichens commencent à y ramper insidieusement. Mais lui erre en France le long des routes conduit par deux petits Italiens qui chantent : « *Evviva la liberta !* » et il est devenu fou. Ceci n'est point de la pure fantaisie. Ceci ne manque pas de logique. Un homme qui a tué sa femme et qui l'a retrouvée vivante, et qui est mort, et qui est ressuscité, ne peut pas avoir la tête dans un état excellent. Donc il erre. Il mendie. Il prononce quelquefois dans son égarement des mots expressifs : « Niobé! Castellamare! Hauts Fourneaux! Annonciade! » Et tant il a erré qu'il se retrouve à la porte de la forge de Saint-Clair (Aube). C'est là qu'il retrouve sa femme, sa fille, son contre-maître, et la raison. Je crois que sa fille épousera Pierre Charrier, si vous y tenez beaucoup. Une certaine obscurité, à ce qu'il m'a semblé, est restée sur ce point.

Tout cela vous paraît sans doute un peu bizarre. Eh bien! il ne faut pas croire que ce ne soit pas intéressant. L'intérêt dans cette pièce est, au contraire, d'un genre tout nouveau et particulier. Il consiste précisément en ce que rien n'est expliqué, et l'auteur fait travailler délicieusement nos imaginations en les attirant avec adresse sur certains points obscurs qu'il se garde bien d'éclairer, pour que nous puissions y rêver indéfiniment en toute liberté. Nous nous disons : « Comment se fait-il qu'après avoir tué sa femme, Fabron ne se soit pas assuré qu'elle était morte, ne se soit inquiété de rien, ait fui sans regarder en arrière, ait emmené sa petite fille, ait déménagé, toutes choses qui ont demandé du temps sans s'apercevoir ou sans apprendre que sa femme respirait encore? » Et ces questions mêmes nous amusent, exercent notre propre invention, sollicitent notre ingéniosité, mettent en branle nos facultés créatrices. Nous devenons colloborateurs, dramatistes, romanciers; nous nous sentons devenir artistes, et c'est aux adresses de l'auteur que nous le devons.

Et, de même pour la mort (la fausse mort, bien entendu, car dans ce drame, ô mort, où est la victoire?) pour la mort de Fabron, notre enquête et toutes nos curiosités se tournant en inventions, recommencent. Il est tombé congestionné dans le salon de sa fille, et les petits italiens chanteurs l'ont retrouvé dans la campagne, errant au hasard et tenant des propos. Comment est-il arrivé là? Sa femme et sa fille l'avaient donc abandonné aux suites de l'apoplexie? Pourquoi l'avaient-elles abandonné? Si l'auteur nous expliquait tout cela, nous ne nous le demanderions pas; et nous n'aurions pas le plaisir exquis de nous le demander et celui de nous répondre. Nous bâtissons là-dessus tout un roman, tout un drame dans le drame lui-même. Nous remplissons les lacunes, laissées par l'auteur dans son œuvre, de nos propres imaginations et de nos combinaisons particulières. L'auteur a écrit les actes et nous a laissé l'agrément de mettre tout notre talent dans les entr'actes; et si nous trouvons les entr'actes ainsi remplis par nous plus intéressants que la pièce même, c'est encore à l'auteur que nous le devons. Il a donc droit à toute notre gratitude. Il nous donne l'idée d'un art supérieur, plus intéressant par ce qu'il inspire que par ce qu'il donne. A le bien prendre, un art n'est véritablement suggestif qu'à la condition d'être un peu incohérent. Il ne faudrait pas abuser de ce genre de perfections, peut-être un peu raffinées ; mais dans une juste mesure, c'est une chose bien agréable. — Voilà une critique bien raffinée elle-même, me direz-vous, et bien peu directe. C'est de la haute critique, vous répondrai-je. Quand les maîtres de l'histoire littéraire veulent vous démontrer les beautés mystérieuses et supérieures d'*Hamlet,* je vous assure qu'ils ne s'y prennent pas autrement.

XIII

Folies-Dramatiques : *Coquin de Printemps,* vaudeville en trois actes de MM. Jaime et Georges Duval. — Théâtre-Libre : *Monsieur Lamblin,* comédie en un acte, en prose de M. Georges Ancey. *La Prose,* pièce en trois actes de M. Gaston Salandri. *La Fin de Lucie Pellegrin,* pièce en un acte, en prose, de M. Paul Alexis.

18 juin 1888.

Nous nous sommes amusés aux Folies-Dramatiques jeudi dernier. Ce n'était pas prétentieux, ce n'était pas très travaillé même peut-être, mais cela partait d'une idée juste, c'était fait avec bonne humeur, et cela n'a pas eu le temps de devenir mauvais, parce qu'il n'y avait que quatre actes. S'il y avait eu cinq actes je n'aurais répondu de rien.

J'ai dans mes plus lointains souvenirs une petite pièce de je ne sais qui, intitulée : *le Dégel.* Mais de qui donc est *le Dégel ?* Je bouleverse ma bibliothèque dramatique pour retrouver *le Dégel,* que du reste je n'ai peut-être jamais possédé. Enfin il y a un *Dégel* et cela me suffit parfaitement pour faire l'article érudit, celui qui rattache *Ruy Blas* aux *Précieuses Ridicules* et *la Glu* à *Bérénice.* Le *Coquin de Printemps* dérive du *Dégel*, comme *Renée* de l'*Hippolyte* d'Euripide, et me voilà posé en critique sérieux. Dans *le Dégel* il s'agissait d'un serment de fidélité et de chasteté fait par un froid de quinze degrés, et tenu jusqu'au moment « où les tièdes zéphyrs ont l'herbe rajeunie »; dans le *Coquin de Printemps* il s'agit à peu près de la même chose. M. Landurin est un avoué marié qui n'est pas plus mauvais mari ni plus mauvais avoué qu'un autre. Il n'a qu'un défaut, mais un défaut ponctuel et régulier, comme il sied à tout ce qui appartient à un officier ministériel. Admirablement fidèle et attaché à sa femme, du 1er juillet au 1er avril, à partir du 1er avril il devient méconnaissable, même à lui-même. Monsieur l'avoué se dérange. M. l'avoué a des caprices. Que voulez-vous ? Ce coquin de printemps !

Madame Landurin expose cette loi historique à son excellente mère. L'excellente mère lui répond en lui montrant son propre époux : « Tu vois ton père, M. Montcornet; il est lamentable. Il tousse, il tremble, il vacille, il s'écroule à chaque pas. Regarde le. C'est mon œuvre. Il avait le même défaut que ton mari. Je l'ai soumis à un régime purgatif et débilitant qui l'a calmé au point que tu vois. Laisse-moi diriger ton époux. Je le rends comme le mien en quelques mois. — Ah ! pas jusqu'à ce point, petite-mère ! »

Or ce début de la pièce est en plein hiver. On gèle dans l'étude Landurin; les clercs soufflent dans leurs doigts, le maître clerc s'enfouit dans le collet de son pardessus, et M. Landurin est sage et digne, et dans les procès de séparation prend les intérêts du mari ; « Cette étude, Monsieur est un temple !... N'insistez pas, Madame, cette étude n'est pas une étude, c'est un temple ! »

Au second acte le premier Avril est venu. L'étude est encore peut-être encore un temple, mais c'est un temple en pleine Cythère. M. Landurin plaide désormais pour la femme au lieu de plaider pour le mari ; il a pris les intérêts de l'aimable séparatiste, madame la baronne de Pellafeu. Les clercs font des vers badins ou mélancoliques, selon les tendances individuelles, et le maître clerc trouve charmante Rosalie, la nouvelle bonne, débarquée de Castelnaudary. Il n'y a que Montcornet qui geint toujours dans son coin, victime de la continuité des laxatifs. Et voilà que lui-même, tout à coup, agacé par les railleries de Rosalie, se redresse comme un ressort qui se détend, et se livre, devant la bonne stupéfaite, à une gigue désordonnée. Son délabrement n'était qu'une ruse ; il trompe ainsi les soupçons de sa moitié, et dès que le printemps revient, il s'offre quelques petits divertissements. On va s'amuser dans le temple de M. Laudurin.

Et en effet on ne s'y ennuie pas. M. Laudurin papillonne à travers les dossiers, la rose à la boutonnière et la chanson aux lèvres, comme un marquis de la régence. Il reconduit les clientes avec des sourires et des madrigaux exquis : « Chère madame..., c'est gagner encore que de perdre avec vous... Et tout prêt, madame, à ne reconnaître d'autre loi que la vôtre. » — Il rencontre sa propre femme. « Mais elle est charmante, ma femme ! Est-elle gentille ! Cent fois plus que les autres, qui, du reste, sont adorables ! Mon bien, ma joie, mon trésor !... Tu es délicieuse !... Et cette baronne de Pellafeu qui n'arrive pas ! » — Entre Rosalie. « Je n'avais pas remarqué. Elle n'est pas mal du tout cette fille-là ! Rosalie, mets-moi ma cravate ! » — Mme Pellafeu arrive : « Oui, oui, ah ! baronne ! Chut ! voici ma femme ! Demain au Bas-Meudon, trois heures, à l'*Anguille sous roche*.... Madame la baronne, tous mes humbles respects ! »

Que tout ce monde frétillant se retrouve le lendemain au Bas-Meudon, à l'*Anguille sous roche*, vous ne me croiriez pas si je vous disais que ce n'est pas vrai. Ils s'y trouvent tous. Les clercs, chacun avec sa chacune, le maître clerc avec Rosalie, Montcornet pour le même motif, et Landurin avec la baronne. Tout le monde est servi dans différents cabinets et bosquets par un garçon misanthrope, victime autrefois de l'infidélité féminine, et qui s'est réservé à l'*Anguille sous roche* le département des adultères. Son bonheur, son amère jouissance est de troubler les duos illégitimes par des rentrées d'orchestre intempestives : « Voyez-vous, j'ai le flair ! J'entre toujours au moment où l'on ne songe pas à moi. C'est une question de flair. » Quand Landurin arrive : « J'ai le flair ! Celui-là !... En voilà un qui n'attendra pas jusqu'au dessert. Il faudra soigner le 25. Monsieur, entrez ici, cabinet 25. » — Survient Mᵐᵉ Montcornet en quête de son scélérat de gendre. Elle s'entend bien vite avec le garçon vindicatif. Elle a apporté la fameuse poudre purgative dont elle a rafraîchi l'existence de son mari, et vlan ! vlan ! par poignées, dans chaque plat destiné au numéro 25. A ce régime, Landurin faiblit dans sa poursuite amoureuse ; il pâlit, résiste, et pâlit encore. Enfin il s'élance vers la porte : « Oh ! dit la baronne, je ne vous quitterai pas ! — Ah ! si !... si ! » Et pendant qu'il est absent, son beau-père Montcornet, qui a vu par là rôder sa femme, s'est promptement déguisé en garçon de restaurant et entre au numéro 25 : « Mais qu'a donc mon compagnon qu'il ne revient pas ? demande la baronne ? » Montcornet, par distraction ou gourmandise, goûte d'un plat resté sur la table : « Tiens ! ce goût ! » Il regoûte : « Je connais cela ! » Il reconnaît sa poudre conjugale, et regardant avec douceur la baronne : « Pauvre petite femme ! » murmure-t-il.

Toute cette folie, lestement menée, avec des mots drôles et naturels, sans l'ombre d'un effort, et qui donne l'idée, si rare au théâtre, d'auteurs qui, en faisant leur pièce, n'ont songé qu'à s'amuser, nous égayait infiniment nous-même, et l'éclat de rire ne finissait que pour recommencer de plus belle.

La fin en est plus vulgaire et comme un peu lassée. Elle sent son Hennequin de la décadence. Il y a là des allées et venues, et escalades, et dégringolades par portes et fenêtres qui ne portent plus guère sur le public. Il y a surtout certaines gouttes que Montcornet porte sur lui, et qui sont le contraire du débilitant trop connu de lui, qui ne sont pas de très bon goût ni de très saine gaieté. Mais vous savez assez que quand trois actes sur quatre ont plu à un public, il faudrait à un auteur des prodiges de maladresse, et qu'il le voulût absolument, et encore, pour que le public se fâchât ou même se refroidît. On s'est borné à s'attiédir un peu, et MM. Jaime et Georges Duval ont pu inscrire un très bon succès à leur actif.

Le Théâtre-Libre est revenu au pur naturalisme ou à ce qu'il appelle de ce nom. Car rien ne nous amuse nous autres vieux renards de la critique, et ne nous fait plus sourire dans nos barbes grises que ces étiquettes naïvement menteuses mises sur les œuvres, et qu'un auteur qui se croit naturaliste alors que, parfois, il est dans la pure fantaisie confinant à l'aliénation mentale. Cela arrive. Mais nous, que nous importent les étiquettes? Ce qu'on joue là ce sont des pièces de théâtres, et voilà tout. Ecoutons, regardons, recevons l'impression, puis définissons-la, c'est tout notre rôle; et le nom dont M. un tel s'intitule, non point à cause de son tempérament artistique qu'il ne connaît nullement encore, mais parce qu'il est l'ami de tel ou tel, voilà qui est parfaitement indifférent au public, à la critique et à l'histoire contemporaine.

Donc le Théâtre-Libre, vendredi dernier, nous donnaît trois pièces. Il y en a une qui vaut quelque chose. C'est *Monsieur Lamblin*, de M. Georges Ancey. Retenez bien ce nom de Georges Ancey. C'est le nom de quelqu'un qui n'est pas naturaliste pour un maravédis, mais qui a du talent et de l'esprit. Le talent de M. Georges Ancey consiste à bien saisir un caractère, non pas dans le menu détail des faits courants et quotidiens, et c'est en cela qu'il tourne le dos au réalisme, mais en son fond et même dans ce qu'il a de plus général, et puis à laisser le personnage se peindre lui-même par les paroles qui lui échappent, par les aveux naïfs qu'il fait de ses défauts en pleine ingénuité et inconscience. — Procédé très naïf lui-même, direz-vous. — Oui, mais n'en faites point fi, cependant. Le tout est de s'en bien servir. Molière en a d'autres, mais il a celui-ci, et il en use continuellement. Le *Sans dot!* est le mot type du genre. Voulez-vous un exemple plus rapproché. Dans *Moi*, de Labiche, une dame veut dissuader un quadragénaire de se marier avec une jeune fille (c'était la mode en ce temps-là, que les filles de dix-huit ans au théâtre ne fussent pas amoureuses de quadragénaires. Nous avons changé tout cela). Et la dame dit au monsieur mûr : « J'ai fait un mariage de ce genre. J'ai souffert le martyre... — Et *lui?* demande le monsieur mûr. — Lui! il n'a pas souffert du tout. — *Eh bien alors!* » Voilà le procédé, qui est un bon procédé, parce qu'il n'est pas un procédé. Il est très vrai que les passions énormes, celles qui prennent l'être tout entier, amour, égoïsme, avarice, vanité, vanité surtout, amènent leur homme à un état absolu d'inconscience, d'incapacité de réflexion, et s'expriment avec cette absolue naïveté, qui est proprement le cynisme passionnel. Je cause avec un vieux beau qui est juste de mon âge : « Mais nous avons .....ante ans tous les deux, mon bon ! — Oui, mais moi, je n'en ai pas l'air. » Absolument historique, et, du reste, digne de Molière.

Voilà le genre particulier de comique que M. Georges Ancey a cherché, et quelquefois trouvé. Comme Labiche, c'est un bon égoïste qu'il nous peint. On le voit dans le sein de sa famille, entre sa femme et sa belle-mère. Il vient de dîner. Il est content de tout le monde, de sa femme, de sa belle-mère et de lui-même. Sa femme seule l'ennuie un peu, parce qu'elle est un peu triste. « Moi, voyez-vous, je veux que tout le monde soit gai autour de moi. Je ne peux me résoudre à être gai tout seul. Ah ! c'est que je ne suis pas un égoïste ! » Voilà déjà un bien joli trait de caractère, et bien juste. « Il y en a — dit-il encore — qui détestent leur belle-mère. Ce sont des cœurs secs. Moi, je ne suis heureux que depuis que vous êtes avec nous, belle-maman. Au moins, quand je suis forcé de passer la moitié de la nuit dehors... pour affaires, je sais que vous êtes là, que ma chère petite femme n'est pas seule. Elle ne s'ennuie pas, elle ne m'en veut pas. C'est pour elle, ce que j'en ai fait. Je suis toujours prêt à me sacrifier. »

Bien entendu, M. Lamblin a une maîtresse. Il va la voir trois fois par semaine. C'est ce qui lui permet, ce soir, de goûter si voluptueusement les joies du foyer conjugal. Mais voilà-t-il pas que cette maîtresse vient le relancer chez lui. Elle a eu un caprice, elle veut qu'il l'accompagne ce soir aux Bouffes : « Ah ! mais non, mon amie, non ! Je ne suis pas un étourdi, moi ! Je suis un homme ordonné. Lundi, mercredi, vendredi, oui, parfaitement. Mais mardi, jeudi, samedi, jamais, jamais de la vie ! Aussi bien vous n'avez aucune délicatesse. Vous venez ici. Cela peut être un scandale affreux. Ma femme peut prendre des soupçons. Et vous ne savez pas ce que c'est que ma femme ! Un ange ! Vous n'avez pas de tact : vous n'avez pas compris combien j'aime ma femme. Une certaine élévation de sentiments vous manque. — Comment donc ! — Mais oui, même dans la conversation, vous n'avez rien de ce qui peut intéresser un homme distingué. Vous ne lui parlez jamais de lui ! »

Bien entendu, le scandale prévu se produit. Mme Lamblin éclate en reproches contre son mari, veut se séparer. Mais la belle-mère, qui connaît la vie, la ramène tout doucement, réconcilie le ménage : « Ah ! belle-mère ! que vous êtes divine ! Je vous dois la seule chose qui vaille quelque chose, la paix du foyer... Mais, et l'autre ? la pauvre femme ! — Soyez tranquille, je l'ai rattrapée dans l'escalier, et lui ai fait entendre raison. — Ah ! belle-mère, comme vous êtes délicate. Tenez, belle-mère, vous êtes encore la seule femme qui ait su comprendre mon âme ! — Je le crois, mon gendre. »

Ah ! qu'il faudrait peu de chose, à savoir un peu plus de légèreté de touche, çà et là, pour faire de *Monsieur Lamblin* un petit chef-d'œuvre. Retenez le nom de Georges Ancey.

Je n'en dirai peut-être pas autant de *la Prose*. Chose curieuse, le procédé est le même, mais, diantre ! il ne faut pas employer les mêmes procédés dans l'*Avare* et dans le *Tartuffe*, s'il vous plaît. Ce n'est plus du tout la même chose. Ce procédé de peinture des hommes par leur propre inconscience, il n'est possible que quand on a affaire aux passions énormes qui, en effet, rendent l'homme proprement inconscient. Le baron Hulot, Philippe Brideau peuvent avoir des mots à la *Sans dot*, mais non pas les personnages à petites passions et petites manies, et c'est précisément pour cela que le procédé en question est un procédé de grande comédie classique et point du tout de théâtre réaliste. Dans *la Prose*, M. Gaston Salandri nous veut peindre des bourgeois pratiques qui marient leur fille sans s'inquiéter des sentiments de son cœur, etc., et sa méthode continuelle est de leur faire tenir des discours de positivisme amer et cinglant, à la Desgenais. Mais c'est un contre-sens merveilleux ! C'est justement dans la petite bourgeoisie boutiquière que le sentimalisme attendri et pleurnicheur, la sensibilité de romance emplit et parfume tous les discours. Les actes sont en parfait désaccord avec ces propos de Loïsa Puget, je le sais, et c'est dans ce contraste, aussi bien, qu'il fallait chercher le comique; mais les discours sont attendris et bénisseurs : « Ah ! ce n'est pas moi, mame Taupin, qui contrarierai jamais les sentiments de mon Aglaé. Ça, voyez-vous, c'est sacré. » Et, du reste, elle s'arrange sournoisement et cauteleusement, de manière à les contrarier de fond en comble : « Ce n'est pas moi, mossieu Tardiveau, qui substituerai jamais ma volonté à la vocation d'Hector. La vocation, c'est Dieu qui parle. » Et d'ailleurs il coupera net les vivres à son fils, si celui-ci fait autre chose que la stricte volonté paternelle. Voilà, ce me semble, la vérité en cette affaire.

M. Gaston Salandri me paraît n'y avoir rien compris du tout. Du reste, dans cette pièce, la maladresse touche au talent, tant elle est sûre. Il n'y a pas un personnage qui soit *à côté* de ce qu'il doit dire et faire, cela ne serait que de la gaucherie ; ils font tous exactement, précisément, infailliblement, magistralement *le contraire* de ce qu'ils devraient, et cela est comme une sorte de divination à rebours. Il y a là un amoureux extraordinaire. C'est un petit enfant du peuple, recueilli par les Belhomme, riches commerçants. Il aime mademoiselle Belhomme et en est aimé. Poussée et comme contrainte à un mariage contre son gré, mademoiselle Belhomme lui dit : « Enlevez-moi ! » Il l'enlève, en effet, et la conduit dans sans sa famille à lui, dans un ménage d'ouvriers, dans un milieu grossier qui doit infailliblement la guérir de sa passion romanesque. Quel que soit ce jeune homme et par quelque bout qu'on le prenne, c'est juste ce qu'il doit, avec rage, éviter de faire. Est-ce un petit ambitieux, un homme *très fort,* comme dit M. Belhomme, qui veut épouser la fortune de mademoiselle Berthe. Qu'il lise *Bel Ami,* et il saura ce qu'il y a à faire, dans ce cas, pour entretenir et cultiver la passion romanesque d'une pensionnaire.

Est-ce un simple amoureux naïf et respectueux ? Il fera par bonté de cœur, ce que Bel-Ami fait par adresse ; il respectera la jeune fille, mais, ne fût-ce même que par respect, il ne la conduira pas dans une famille qu'il sait grossière. — Est-ce un homme qui connaît la vie et s'amuse à une curieuse expérience : « Ah! elle m'aime cette petite fille. Elle ne sait pas ce que c'est qu'aimer un homme pauvre quand on est riche. Une nuit passée dans le monde qui est le mien et qui serait le sien si elle m'épousait suffira pour lui ouvrir les yeux. Je la mène chez ma tante. » Mais puisqu'on nous a donné Pierre comme amoureux, comme très amoureux, il ne peut pas tenir ce raisonnement de sceptique. C'est René de Charzay qui argumente ainsi dans la *Question d'argent* : « Comtesse, je voudrais vous voir seulement deux fois monter mes cinq étages. Vous ne les monteriez pas une troisième. » Mais René de Charzay n'aime pas la comtesse ; c'est même pour nous montrer tout de suite qu'il ne l'aime point que Dumas lui fait tenir ce langage.

Je sais bien qu'il y a une quatrième manière de

comprendre le rôle, et que M. Salandri me croie assez intelligent pour penser que c'est de cette manière que je vois bien qu'il l'a compris. Pierre est très amoureux, mais très noble. Il veut bien de l'amour d'une héritière, mais il ne veut pas d'une surprise de l'amour : « Si elle passe une nuit chez mes parents, et malgré cela veuille encore de moi, je l'épouse. Sinon, elle est indigne de moi, elle n'a du reste qu'une illusion d'amour, et je ne suis pas de ceux qui profitent de ces choses-là. » D'accord, mais c'est bien invraisemblable ceci, encore une fois, chez un homme qui aime, qui semble aimer éperdument ; et puis, si on le prenait ainsi, il fallait beaucoup, mais beaucoup de préparations. Il n'y en aurait jamais eu assez. Il fallait prendre infiniment de peine pour nous faire comprendre un caractère si rare, si particulier, si pointu, et, tout compte fait, si complexe. Or, M. Salandri ne nous a peint son Pierre que comme un petit amoureux à la douzaine, timide et assez piteux. Dès lors nous ne pouvions guère comprendre, et j'affirme que, tout en applaudissant avec fureur, comme il est consacré et contractuel au Théâtre-Libre, c'est ce que tout le public a fait.

Parlerai-je de la *Fin de Lucie Pellegrin* ? J'ai une telle horreur pour ce genre de littérature... Oui, mais exciter mon horreur et mon dégoût de bourgeois Béotien, c'est précisément ce que veut l'auteur, et je ne puis lui faire plus de plaisir qu'en manifestant l'un et l'autre, et je ne tiens pas du tout à lui faire plaisir, puisqu'il ne m'en a fait aucun. J'aime mieux faire abstraction de mes nausées bourgeoises et m'en tenir à l'impression purement et strictement littéraire. Mon impression littéraire est que jamais je ne me suis tant ennuyé. Je dis jamais; je le dis sans colère, sans m'exciter, et, au contraire, en réfléchissant bien, en comparant, en rassemblant mes souvenirs, en me rappelant toutes les circonstances où je me suis ennuyé fortement dans une existence déjà longue et remplie de lectures sérieuses. — Non! Non? Non... décidément, non, jamais, jamais autant! Cela tient sans doute à ce que Richepin disait un jour : « Pornographie! Pornographie! La pornographie cesse où le talent commence! » Il avait joliment raison. Et il m'a paru que c'est pour cela que *Lucie Pellegrin* est essentiellement pornographique.

M. Paul Alexis dira peut-être; car j'ai entendu tenir ce raisonnement, et j'en tiens compte: « Mais en art naturaliste, il ne faut pas de talent. Il faut voir, entendre et reproduire strictement. » Eh! peut-être bien! Peut-être y a-t-il un art (il est vrai que ce ne serait plus un art), enfin peut-être y a-t-il quelque chose où le seul criterium est: « Comme c'est ça! » ou: « Ce n'est pas ça! » Mais, morbleu! alors il faut me mettre sous les yeux des choses où, ce criterium, je puisse l'avoir. Vous me peignez les mœurs, à ce qu'il paraît, des filles des boulevards extérieurs. Dame! je ne puis pas vous dire: « Comme c'est ça! » ou: « Ce n'est pas ça! » Ces dames, je n'en fais pas ma société. Mais passe encore, je puis avoir des confidences, des ouï-dire, des *tuyaux.* Mais vous prétendez me peindre les mœurs de ces filles, non avec les hommes, mais entre elles et dans leur privé. Oh! c'est alors qu'il faudrait avoir du talent et un énorme talent. Car de la vérité de la peinture, il n'y a plus de criterium possible. Je ne sais pas! Peut-être bien! C'est possible! C'est une opinion probable; mais le contraire est probable aussi, comme disent les casuistes. Pour ce qui est du talent, je le nie, puisque je me suis ennuyé; pour ce qui est de la vérité, je voudrais bien savoir comment je pourrais en être juge. Je me contente de dire que c'est là un art qui ne me regarde pas. Je serais, à la vérité, curieux de savoir qui il regarde.

XIV.

Comédie-Française : *Une famille du temps de Luther,* de Casimir Delavigne, — Théâtre d'application : *La Farce du cuvier,* arrangée en vers modernes par M. Gassies des Brulies.

25 Juin 1883.

Nous avons eu cette semaine quelques petites résurrections. C'a été une *Famille du temps de Luther* à la Comédie-Française, la *Farce du Cuvier* au Théâtre d'application, etc. Les morts vont vite ; mais leur petite compensation c'est qu'ils reviennent souvent. « Faut qu'ils reviennent » comme dit la chanson. La nécessité ne m'en est pas toujours démontrée. En fait de morts, ce sont les plus séculaires que j'aime le mieux à revoir. Au moins ils ne sont pas vieux, ils sont antiques. La différence est considérable. Ce qui est un peu ridicule, ce n'est pas la mode d'il y a cent ans, c'est celle d'avant-hier, ce n'est pas l'ancien, c'est le suranné. Casimir Delavigne, appartient à cette dernière catégorie.

Un homme d'esprit et même de talent à tout prendre. Ce que c'est que de choisir son moment, pourtant, et ce que c'est que de ne pas pouvoir le choisir ! Plus tôt, plus tard, il eût été presque grand, ce Casimir ! Au xviiie siècle je tiens pour certain qu'il eût fait de meilleur *Tamerlan* que les autres, et sans le premier empire il eût été un poète lyrique bien remarquable. Et de nos jours... Hommes de lettres, mes frères, vous ne vous doutez pas de la chance inouïe que vous avez de vivre de nos jours. C'est une bénédiction du ciel sur votre berceau. C'est un regard divin sur vos destinées commençantes. On n'a pas tant de chance que ça ! Polycrate eût jeté son anneau dans la mer.

Au lieu de faire comme Collin d'Harleville, ou comme nous, au lieu de naître à une bonne époque, de prendre un train où il y a de la place, ce pauvre Casimir s'en va naître vers 1800 ! Mais tous ceux qui naissaient en 1800 avaient du génie, mon pauvre ami ; on n'est pas plus maladroit que cela ! Je crois, du reste, que Casimir Delavigne était un peu myope, et extrêmement gauche dans ses allures. Cela se voit assez dès sa première démarche.

Aussi on le reprend, pour le consoler. Il y a de bonnes âmes. Il disait, car je vous ai prévenu qu'il avait de l'esprit : « Ce n'est pas bon, ce que fait Hugo ; mais ça empêche de trouver bon ce que je fais » Maintenant qu'Hugo n'est plus là uniquement pour empêcher de trouver bon Delavigne, on en profite sournoisement pour reprendre le Casimir.

Ce n'est pas maladroit. Seulement pourquoi diantre

aller s'adresser à une *Famille du temps de Luther !*
Une Famille du temps de Luther appartient à ce
qu'on appelle la littérature militante, alliance de
mots déplorable, où à la littérature politique, alliance
de mots suspecte. C'est le *Mahomet* du XIX° siècle ;
c'est une espèce de Mahomet II. *Une famille du
temps...* (ce titre est un peu long ; ça fait des lignes,
je sais bien, mais c'est ennuyeux) *Une famille...*
est destiné à prouver que l'intolérance est une chose
bien condamnable. Je dois à ma conscience de proclamer que c'est mon avis. Mais ce n'est pas une
raison pour qu'un petit drame destiné à mettre en
lumière cette vérité élevée, soit une œuvre d'art supérieur. George Eliot dit je ne sais où : « Quand l'art
veut prouver au lieu de peindre, et prétend enseigner,
il devient le plus déplaisant des enseignements. »
Delavigne avait lu beaucoup Voltaire et infiniment
peu George Eliot, ce qui tient encore au hasard à
jamais déplorable de la date de sa naissance. J'ai
remporté de la *Famille...* un salutaire enseignement
uni à un plaisir esthétique douteux, et le malheur,
c'est que désormais l'idée de la laideur de l'intolérance sera toujours associée en moi au souvenir d'un
drame ennuyeux. Voilà ce qu'on risque à ces délicates
combinaisons pédagogiques.

Après cela je doute que la Comédie française ait
repris la *Famille luthérienne* pour réconcilier les
protestants et les catholiques, et apaiser la fureur de
nos discordes religieuses. On m'assure qu'elle n'a fait

cette reprise que pour montrer M. Mounet-Sully dans rôle vigoureux et terrible où il se distingua naguère pour lequel il a conservé tendresse d'âme. Il s'y est montré en effet sombre et passionné à souhait, et s'est fait un petit triomphe personnel dans cette restitution inutile. Dès lors, rien de mieux. Mais savez-vous ce que cela prouve? C'est qu'il faut jouer du Corneille, du Racine et du Shakespeare, et pour cela reconstituer une troupe de tragédie.

Les étrangers vont venir d'ici à dix mois. Il ne s'agit pourtant pas, je suppose, de leur jouer une *Famille albigeoise*, ou *les Frères ennemis dans les Cévennes*. Il faut leur jouer l'immortelle tragédie française, qu'ils savent par cœur (c'est pour cela qu'ils la comprendront) et l'imortelle tragédie shakespearienne qui nous intéressera tous, eux parce qu'ils la connaissent, et nous par ce que c'est un bonheur comme nous l'ignorons. Donc reconstituer une troupe tragique. On en a les éléments. Je vous vois venir; vous me dites qu'on n'a plus Rachel. Il me semble en effet. Je n'ignore point qu'on n'a plus Rachel. On n'a plus, non plus, Clairon. Mais il ne faut pas me faire le coup de Clairon. A défaut de Rachel on a une jolie monnaie de Rachel. On a Tessandier. Je suis sûr qu'il y a une Athalie dans Tessandier, ou au moins une Cléopâtre, et ce n'est pas à dédaigner une Cléopâtre; je parle de celle de *Rodogune*; il ne faut pas me faire dire de sottises dans un feuilleton sérieux. On a une Aricie, une Eriphyle charmante; c'est mademoiselle Antonia Laurent. On a une Monime, une Pauline... Ah ! quelle Pauline et quelle Monime, et quelle Juliette ! Vous savez bien qui ; c'est l'incomparable Barthet, la fille Racine. La fille de Racine, voilà un titre d'*à propos*. J'en cède les droits, à la condition qu'on ne l'écrive pas.

C'est égal, j'y tiens. Il faut avoir une troupe tragique, et non pas seulement un admirable *singleton* tragique, pour l'Exposition. Songez donc qu'on aura la tour Eiffel ! Voilà qui doit stimuler l'émulation artistique ! Voyons ! un peu d'amour propre !

La restitution de la *Farce du Curier* m'a intéressé comme habile et ingénieuse restitution. Mais le fond, comme disait l'abbé d'*Il ne faut jurer de rien,* le fond... Nous verrons cela tout à l'heure. Le restituteur est d'un de nos jeunes amis de l'université, M. Gassies des Brûlies, aimable savant et adroit versificateur, qui, l'an dernier, si je ne me trompe, nous avait déjà donné une jolie édition, illustrée par M. Boutet de Monvel, de l'*Avocat Patelin*. M. Gassies des Brûlies a le vers leste et franc, vif et direct, qui convient admirablement à ces reconstitutions de notre vieux théâtre. On voit qu'il a cultivé comme il faut l'excellent Régnard.

Ce n'est pas bête, ce qu'il fait là. On est bien tranquille dans sa petite ville de province. On n'a point de tracas, point d'affaires, seulement un petit métier modéré. On n'est point un de ces génies puissants et exigeants qui se fraieraient leur voix à Parthenay ou à Issoudun, et même en plein désert, et ne s'y trouveraient que mieux pour écrire *Novissima verba* ou *Moïse.* Mais on n'est point un sot non plus. Le petit frémissement cérébral des soirées d'hiver au coin du feu ou des matinées de juin à la fenêtre tôt ouverte, se fait sentir assez souvent. Que faire? Envoyer des articles aux revues de Paris. C'est le conseil que je donne. Je ne sais pas si on le suit ; du reste je ne dissimule jamais que c'est extrèmement aléatoire. Ça appartient au contingent à un extrême degré.

Faire de l'archéologie ou de l'histoire locale ? Encore un conseil que j'insinue quelquefois. Des trésors, messieurs, des trésors historiques qui sommeillent dans ces frais dortoirs qu'on appelle les bibliothèques de province, que je connais si bien. Ah! les bons sommes ! Mes meilleurs rêves datent de là. Je ne les ferai plus. A la « Nationale » on travaille si dur autour de vous que vous arrivez à travailler vous-même, tant l'homme est un animal imitateur. Des trésors, vous dis-je. Témoins ces *Mémoires de Stendhal,* de 1801 à 1814, s'il vous plaît, que MM. Casimir Stryenski et François de Nion viennent de réveiller à Grenoble, et qui méritaient si bien de sortir de leur long sommeil.

Mais quoi ! tout le monde n'a pas le goût de l'archéologie, de l'histoire locale, ou, simplement des manuscrits curieux. Il y a tant de poussière!... Eh bien! voilà! vous prenez un vieux poète aimé du quinzième siècle, et vous le savourez à loisir, et l'idée vous prend de le remettre sur les planches, sur de bonnes petites planches pas prétentieuses, comme celles du Théâtre d'acclimatation.... d'application, veux-je dire ; et pour cela, vous lui faites un bout de toilette. Et cette toilette se prolonge, s'étend, s'accuse, se perfectionne. Ici un pli et là un ruban ; enfin le vêtement complet. Et alors ce vieux vaudeville médiéval, on le trouvait joli, on le trouve charmant. « On le voit différent sans l'avoir vu changer. » Il n'a plus la même figure ; il est d'une mine exquise à présent. « Mes petits sont mignons. » Mon Dieu ! on n'est pas tout à fait son père ; mais on est bien à peu près son oncle. Et l'on a passé trois ou quatre mois bien agréables.

Maintenant le petit ours en valait-il absolument la peine ? Mon Dieu ! je ne voudrais pas chagriner M. Gassies des Brûlies, qui est un chaud partisan de cette « naïve gaité de nos pères, » ainsi que s'expriment des auteurs très estimables. Mais cette comédie du moyen âge, ma foi, j'aime encore mieux autre chose comme comédie et autre chose comme moyen âge. Voyons, amour-propre d'oncle à part, trouvez-vous bien vraiment que nos bons aïeux avaient de l'esprit ! Parlant de ces demoiselles dont il est infiniment question au *Théâtre libre*, Mme d'Auberive demande à un jeune homme dans les *Effrontés* : « Ces dames ont donc de l'esprit ? » — « Un aimable enjouement, » répond le jeune homme. Eh bien, mettons que nos ancêtres du quinzième siècle avaient un aimable enjouement, si vous y tenez, mais n'allons pas beaucoup plus loin. Il y a l'*Avocat Patelin*, je sais bien, qui contient quelques scènes bien venues au milieu d'un énorme verbiage; mais de tout le reste je ne donnerais pas une forte somme.

Toute cette littérature de fabliaux, farces, moralités et soties est intéressante pour « les mœurs du temps, » oui, oui, si l'on veut. C'est une littérature de documents historiques, d'accord; c'est une littérature destinée en naissant au service de l'érudition; mais pour amusante, fine, spirituelle, ou vraiment gaie, serviteur. Nous sommes entre experts, n'est-ce pas, ou du moins demi-initiés? Eh bien, convenons que c'est assommant. Non, nos pères n'avaient pas d'esprit, voilà tout. Cela coûte à la vanité française de le reconnaître. Des gens qui étaient déjà des Français et qui n'étaient pas spirituels, cela est pénible à confesser. Mais cela est. Ce qui peut nous consoler, c'est qu'on n'était pas plus spirituel de l'autre côté du Rhin en ce temps-là, et que peut-être on a continué plus longtemps.

Mais le fait est difficile à contester. Ils n'avaient pas d'esprit. Ce devait être un temps bien dur. « Huit cents ans sans un seul bain, » dit Michelet, qui, du reste, exagère, dans une vision résumée du moyen âge. Huit cents ans sans un seul bain, c'est vraiment rude; mais huit cents ans sans un mot spirituel dans le pays qui sera celui de Montaigne, c'est une chose affreuse. L'ardeur des passions déchaînées n'étonne plus quand on réfléchit à ces choses. Le moyen âge a manqué des deux moyens souverains et exquis de rafraîchissement.

Ce qui m'étonne, c'est que, manquant de pareils sédatifs, il n'ait pas été plus féroce.

Ils n'avaient pas d'esprit, et ce qui étonne le plus dans l'affaire, c'est qu'ils ne manquaient que de cela. Ils avaient tout, nos pères, mais tout, au moins en germe, et en très beaux germes, tout, sauf cette fleur suprême. Ils avaient l'art le plus original, le plus naïf et le plus raffiné à la fois, et le plus hardi et le plus sublime. Ils ont inventé une architecture, et même deux, qui seront l'étonnement et le ravissement de tous les âges; ils ont eu une sculpture folle et charmante, une peinture adorable dans le rêve éblouissant et fascinateur de leurs verrières. Ils ont été des lyriques exquis et souvent puissants, des poëtes épiques un peu prolixes (mais je ne sais pas si la prolixité n'est pas de l'essence même du poëme épique) avec des trouvailles et des rencontres merveilleuses d'imagination et de grandeur simple. Ils ont eu là, vers le treizième siècle, un âge classique comme n'en avaient jamais eu ni les Romains, ni les Arabes, ni ce me semble bien, les Indiens, et tel qu'il faut aller droit à Périclès pour trouver l'analogue. L'Europe entière les admirait, les écoutait, les répétait, les imitait, apprenait chez eux. Ce petit canton de l'Ile de France a été le centre du monde au treizième siècle, tout aussi bien qu'au dix-septième, et, je crois bien, un peu davantage. Les vraies grandes dates de l'histoire littéraire et artistique de la France, c'est 1250, 1660 et la Restauration. Tout cela est vrai, Dieu merci, et je ne songe pas à le nier, et, au contraire, et c'est une consolation de se sentir peuple si ancien dans le monde de la pensée et si capable de merveilleux renouvellements. Mais, c'est égal, ils n'avaient pas d'esprit, eux, des Français !

Chose curieuse, ce n'est pas la subtilité et la pénétration aiguë de la pensée qui leur manquaient. Ils étaient artistes, et aussi ils étaient philosophes, mais philosophes comme des démons. La scolastique est le plus énergique exercice de l'esprit, la gymnastique intellectuelle la plus prestigieuse qu'on ait vue depuis la sophistique grecque. Ce qu'il faut de rouerie cérébrale et de puissance de désarticulation intérieure pour ces rétablissements extraordinaires sur la barre fixe de l'entendement, c'est à faire rêver l'acrobatomane Hugues Leroux. Le personnage qui trouve l'argument de saint Anselme et qui n'est autre, à ne vous rien céler, que saint Anselme lui-même, lequel est de pure race française, est un homme qu'il faut mettre en compagnie de Descartes, de Malebranche et de Renan. N'estimez-vous pas, qu'à savoir ce que parler veut dire, toute l'immense bataille intellectuelle du Positivisme et de l'Idéalisme est déjà dans le duel obscur et acharné des *Réalistes* et des *Nominaux*. Tout simplement. Ce sont des trésors d'ingéniosité, d'abstraction vigoureuse, d'argumentation souple et tournoyante qui ont été dépensés dans ces luttes et lices philosophiques. — En pure perte ! — Oh ! c'est probable ! Et nos théories philosophiques modernes donc ? Si vous croyez qu'il en va autrement et qu'on rapporte autre chose de ces beaux efforts qu'un esprit aiguisé, une intelligence passé vingt fois au laminoir, trempée dans les eaux froides et battue sur l'enclume ! Il est vrai que le profit en vaut la peine.

Tant y a qu'ils avaient l'intellect le plus ferme, le plus serré et du grain le plus fin qui ait pu être. Et ils n'avaient pas d'esprit ! C'est inconcevable. C'est illogique. C'est tellement contradictoire que j'en suis amené peu à peu par ma discussion même à croire que ce n'est pas vrai. Je vais me remettre à mes lectures, je vais m'apercevoir sans doute que je m'étais trompé, et qu'ils étaient spirituels comme des petits Voltaire. J'en doute un peu.

La chose est vraiment extraordinaire. En histoire intellectuelle comme en horticulture, je crois beaucoup à l'efficacité de la greffe. La greffe, voyez-vous, il n'y a que cela. Prenez des gens qui ne sont pas forts (oh ! non !) comme les Romains, mais qui sont des sauvageons de franche et âpre sève, et greffez sur eux un petit bourgeon hellénique, vous en faites un peuple d'artistes. Sur le vieux tronc français, autrefois puissant, mais à demi épuisé, greffez, au seizième siècle, un bon bourgeon gréco-romain, vous en avez pour trois siècles d'une littérature telle que le monde n'en verra pas une dizaine de fois. Ainsi de suite ; la chose est vraie des littératures, des arts ; je me suis laissé dire qu'elle était vraie aussi des religions. Je comprends donc très bien qu'un nouvel art et une nouvelle littérature datent, chez nous, du seizième siècle. Cela va de soi, c'est naturel, et c'est logique. Mais que nous ayons attendu au seizième siècle pour avoir de l'esprit, voilà ce qui m'étonne excellemment. C'est une surprise.

Et c'est que nous en avons eu tout de suite du meilleur et du plus agréable. La Fontaine, qui faisait toujours semblant d'être bête, pour pouvoir lâcher de fortes impertinences, demandait à un abbé si Saint-Augustin avait bien autant d'esprit que Rabelais. La question est restée en suspens. Ce qu'il y a de certain, sans vouloir établir de parallèle ni de classement, c'est que Rabelais est infiniment spirituel. Et Montaigne ! Et Passerat ! Et les auteurs de la *Satyre Ménippée !* C'est décidé désormais, c'est consacré, les Français sont spirituels, ils continueront à l'être ; ils seront même dans l'obligation morale de rester tels. Cela finira par leur être une mission quelquefois pénible. Ils le sont depuis 1500, comme à échéance, et auparavant ils ne l'étaient pas. « Ce leur est venu de nuit. » V'lan ! — C'est singulier.

Et d'où cela leur est-il venu ? Car j'y reviens. Que la greffe donne un tour artistique nouveau, d'accord ; cela s'entend. Mais qu'elle donne de l'esprit, c'est étrange. Il ne semble pas qu'il doive rien y avoir de plus spontané, de plus naturel, de plus de source que l'esprit. A preuve que l'esprit artificiel, nous savons ce que c'est, c'est de la bêtise cultivée. Ajoutez que, d'expérience faite, la greffe ne donne pas d'esprit. C'est la seule chose qu'elle ne donne pas. Nul peuple plus spirituel que les Grecs. C'est l'esprit même. « Quelles canailles que les Grecs, disait M. Viguier à l'Ecole normale en expliquant de l'Aristophane, mais qu'ils ont de l'esprit ! » Eh bien, ils ont réveillé l'imagination romaine, et ont donné aux Romains le goût du beau et la puissance de le réaliser ; mais point d'esprit, ou bien peu, vous en conviendrez — Cicéron ! — Oui, Cicéron, si vous voulez ; il faut toujours une exception, non point pour confirmer la règle, mais pour la rendre plus éclatante. Mais tout compte fait, les Romains n'ont pas été franchement spirituels. Je reconnais, d'ailleurs, qu'ils avaient autre chose à faire.

La greffe anglo-française, qui a réveillé les grandes facultés assoupies jusque là des Allemands, leur a-t-elle donné de l'esprit ? Il serait hasardeux de l'affirmer. Encore une exception, Henri Heine. Oh ! Henri Heine, il n'y a pas à dire. Personne n'a eu plus d'esprit que Henri Heine. Je crois même qu'il a eu tous les genres d'esprit, depuis la bouffonnerie la plus large et ample, jusqu'à l'*humour* la plus originale, la plus aiguë, la plus imprévue et la plus pinçante. C'est le charme de la malice dans les angoisses de la plus tragique sensibilité. C'est une âme d'une complexité merveilleuse, une liberté souveraine se jouant au milieu des facultés les plus contraires. En voilà un, d'accord ; mais c'est bien tout. Notez d'ailleurs, s'il vous plaît, que Heine est Allemand, si l'on veut ; il ne l'est qu'au point de vue géographique. De vrai, c'est un juif, je veux dire un israélite, puisqu'il paraît qu'il y a une nuance. Ce n'est pas un fils d'Arminius, que du reste il a passé toute sa vie à gouailler affreusement. C'est un petit-fils de l'auteur de l'*Ecclésiaste*. Ah ! oui ! par exemple ! Et tout à fait, des pieds à la tête.

Donc point ou peu d'exception. La greffe ne donne pas d'esprit. Ce n'est pas la Renaissance qui a fait les Français spirituels. Alors qui est-ce qui les a rendus tels ? Je n'en sais rien. C'est un mystère. Il faut un peu de mystère dans les choses. C'est ce qui les rend intéressantes. Si je savais, madame, pourquoi je vous aime, peut-être ne vous aimerais-je plus, *exempli causa*. Peut-être n'est-ce pas la Renaissance qui a donné de l'esprit aux Français, mais le Moyen-Age, seulement, qui les empêchait d'en avoir. Le Moyen-Age est puissant, imaginatif, admirablement et efficacement rêveur ; mais il est diablement sérieux. Il a le sentiment des misères, mais non celui des vanités. Il ne s'avise pas facilement qu'il importe à certains moments de ne pas prendre les choses au sérieux tout à fait. Il est difficile d'avoir de l'esprit avec ces dispositions-là. L'esprit est finesse et agilité d'intelligence ; il est aussi sentiment léger, à demi conscient (car dès que ce sentiment est fort il devient pédantisme à son tour) qu'il n'y a rien dans les choses pensées par l'homme qui ne se puisse accompagner d'un léger sourire. Un petit fonds (il faut qu'il soit petit) d'ironie est toujours l'arrière-plan de la pensée d'un homme d'esprit. Montaigne, du premier coup, a été l'homme d'esprit par excellence. Le grand affranchissement de la Réforme et de la Renaissance, l'une brochant sur l'autre, a peut-être donné de l'esprit au monde, c'est-à-dire permis à l'esprit qui attendait son heure, sans oser se montrer, de mettre le nez à la fenêtre. Là où il n'était pas, il n'a pas été créé, là où il était en semences enterrées et oisives, il a germé et foisonné. Nous étions peut-être au Moyen Age spirituels potentionnellement, comme disent les philosophes.

Il est possible. Et cependant toute cette belle explication ne serait vraie que si les hommes du moyen âge, tout en n'étant point spirituels, n'eussent jamais essayé de l'être. Mais ils s'y essayaient. Ils n'avaient pas d'esprit; mais ils étaient raillards. Quand on dit que le fond même de la race française est d'être spirituelle, on a bien tort. Mais si l'on veut dire que le fond de la race est le goût de la raillerie, on a bien raison. Il n'est butor français, de la glèbe ou du pavé, qui ne vise à se faire une réputation de *rigolo* ou de garçon « *très farce* » en daubant sur le compte de son voisin de charrue ou d'atelier. J'ai vécu à des tables d'hôte de province. J'ai entendu pendant des quatre ou cinq ans de suite l'homme d'esprit, officiel et authentique, du lieu, faire des observations sur les défauts physiques ou le pays natal des commensaux. Les étrangers sont prévenus que ce sont là les deux sources de l'esprit français des classes moyennes. Je préviens, du reste, qu'elles sont intarissables. Le Moyen Age avait cet esprit-là, ou d'un degré ou deux supérieur. C'est ce qui me faisait dire qu'il était stupide. Mais enfin il tâchait. Ce n'était pas par gravité qu'il manquait d'esprit. Ce n'était pas qu'il n'osât point. Ce n'était pas d'affranchissement qu'il avait besoin.

Alors quoi? Alors je ne sais. Progrès lent et continu, affinement successif, sélection, hérédité. Les raisons vagues. Oui, oui, et, tout compte fait, j'aime assez les raisons vagues. Mais pourquoi tout à coup? Pourquoi v'lan? Pourquoi en 1500? Voilà le point. C'est un point d'interrogation.

XV

Théâtre Indépendant. — *Les Ronces du chemin*, comédie en cinq actes en vers de M. Taylor.

2 Juillet 1888.

Notre soirée a été douce au *Théâtre indépendant* lundi dernier.

> Lors elle sera peut-être seule
> Qui m'aime toujours ;
> Et je m'en irai dans son champ d'aïeule
> Vers mes premiers jours.

Et voilà l'impression que nous a produit le poème dramatique de M. Taylor. Le poème dramatique de M. Taylor nous rajeunit. Il nous donne la tentation de consacrer notre feuilleton à nos souvenirs d'enfance et de jeunesse. Ne craignez point ces extrémités. Ne prenez point cela pour une menace redoutable. Nous ne céderons pas à la tentation. Mais l'effet a été produit. M. Taylor nous a ramenés à ces vagues poésies que l'on apprenait de mon temps, vers la huitième année, dans des recueils qui ne s'appelaient pas encore des chrestomathies, mais qui en étaient tout de même, modestement.

Au fait, quels étaient-ils, ces poèmes ? On ne savait pas au juste ; on n'a jamais su, et une partie de leur séduction fut dans ce mystère. C'était de gens disparus et majestueux, très nobles et pleins de sentiments élevés, qui apparaissaient dans le prestige de de l'éloignement et le clair obscur de l'imagination, comme d'indécis sous-préfets ou de nuageux directeurs d'enregistrement. Ils étaient purs, ils étaient doux, ils parlaient une langue cadencée et honnête ; on voyait qu'ils avaient du style, et ils faisaient des inversions.

De plus ce qu'on nous en donnait, dans ces livres de morceaux choisis (morceaux choisis, ô Brillat-Savarin,) c'étaient, naturellement, de belles leçons morales destinées à orner notre esprit et à élever notre cœur. C'étaient des sermons qu'on sentait laïques, mais qui n'avaient rien de profane. C'étaient de belles sentences et des développements vertueux, tenus par on ne savait quels personnages, Agatocles cachés, ou Philopœmen crépusculaires, dont on ne connaissait pas l'histoire, et qui semblaient n'apparaître un instant, dans l'entrebaillement de la page 22 à la page 23, que pour nous dire : « La patience est un trésor » ; « la justice est une religion » ; « Vivre libres, ou mourir ! » Ces voix semblaient sortir de la nuit. C'était l'organe de la bouche d'ombre.

Tout le livre avait quelque chose d'oraculaire. Oh ! que Bourget, qui sait si bien l'influence des livres aimés sur la formation d'une âme, écrirait un beau chapitre sur l'action de pareils livres sur les hommes de notre génération ! Quelle âme, Dieux bons, je dois avoir !

M. Taylor nous a rendu ces sensations. D'abord il écrit absolument comme les poètes tragiques du premier empire, dont les chrestomathies de 1860 étaient encore pleines. Il s'est donné un mal extraordinaire pour rétablir en son intégrité cette langue toute particulière, d'un caractère si curieux. Abstractions, inversions, tour sentencieux, manière discrètement sublime, tout y est. C'est tout à fait le *« familier noble »* de Marmontel. C'est une restitution d'une exactitude accomplie. Ce genre de travail, un peu ingrat peut-être, est singulièrement méritoire et d'une piquante archéologie. Voyez plutôt :

> Le mérite n'est rien, tout seul, si grand qu'il soit.
> Il faut par tous moyens faire parler de soi....
> Il faut à tout propos avec agilité ;
> Savoir mettre en relief sa personnalité.....
> Car la foule, sensible aux efforts, à la ruse,
> Ne marchande jamais le faquin qui l'amuse.

Voilà pour le tour sentencieux. La date de 1810 n'est-elle pas marquée à tous les hémistiches ? Et ceci encore :

> Sans nul ménagement une femme vous blesse ;
> Toujours la cruauté s'unit à la faiblesse.....
> Poursuis ton œuvre et sois d'or et de sang avide,
> Froide idole sonnant, au seul toucher, le vide.

Voilà pour l'expression pittoresque. C'est vraiment

très curieux. On ne se doute point de ce qu'il faut d'art patient et surveillé pour parler ainsi, presque couramment, et comme sa langue naturelle, une langue morte.

Ce qui me frappe aussi dans cette tentative, c'est, à côté de l'artifice du style, la profonde sincérité de la pensée. L'écriture de ce petit drame est artificielle et voulue; mais le fond est d'une pleine et solide conviction. Ce qui le prouve assez, c'est que l'auteur a complètement négligé ce qu'Aristote appelait la *Fable*, c'est-à-dire les faits et l'enchaînement des faits, pour attirer fortement notre attention sur les pensées (*dianoiai*) qui sont, comme les hommes sérieux n'en font aucun doute, le suc et la moelle même d'un poème dramatique, Scaliger disait les colonnes de cet édifice, parce qu'il se servait de métaphores surannées. L'auteur des *Ronces du chemin* ne se sert de l'intrigue, de l'anecdote, de la *fable* en un mot, que comme d'un prétexte quelconque pour nous mettre sous les yeux... des caractères? — Non point encore; mais des doctrines et des idées philosophiques et morales. Il y a la comédie d'intrigue, il y a la comédie de caractère; et il y a aussi la comédie oratoire et doctrinaire, et c'est celle de M. Taylor.

Son héros est un pauvre pianiste qui aime une riche héritière et qui n'en est pas aimé. L'injustice révoltante de cette situation a inspiré à l'auteur des pensées philosophiques et des considérations sociales qu'il met dans la bouche de son Chatterton en mi-bémol, et voilà pour lui le fond même de l'affaire. D'intrigue, point ; des caractères une notation brève et sommaire ; mais comme quoi c'est dur qu'une jeune fille riche ne paye point votre terme en vous épousant, quand cela lui serait si facile ; comme quoi elle épouse un monsieur de son monde qui ne fait jamais de discours, et comme quoi cela a quelque chose d'abominable et peut-être devrait être défendu dans une société bien organisée : voilà sur quoi l'auteur insiste en fortes tirades. Vigny avait déjà de ces idées-là. Mais ce n'est point plagiat de les exprimer après lui ; car généralement il les formulait en prose. Elles sont évidemment dignes du vers.

Pour bien marquer et comme creuser sa doctrine, l'auteur des *Ronces du chemin* a eu recours à l'imagination suivante, qui est bien frappante. Ce qu'il veut prouver ce n'est point *le droit de l'amour*, et qu'aimer quelqu'un vous donne sur lui un droit de possession absolue ; c'est le *droit de l'art*, et qu'aimer quelqu'un, *quand on joue du piano*, vous constitue un titre de propriété sur sa personne. En effet notre Chatterton de la pédale aime une jeune fille, et lui reproche durement de ne pas partager cette passion, et l'auteur, très manifestement, lui donne raison. Mais il finit, le Chatterton, par épouser une jeune veuve compatissante et sensible. Mais cette jeune veuve est aimée elle-même par un ami de l'artiste. Celui-ci n'a-t-il pas des droits sur la veuve, du moment qu'il l'aime ? Oui, diront les partisans du droit de l'amour, puisqu'il l'aime ! Non, répond l'auteur, puisqu'il l'aime sans être artiste. Et l'amoureux non artiste n'élève en effet aucune revendication, n'exhale aucune plainte, ne fait nullement à la jeune veuve les reproches que Chatterton faisait à la jeune fille qui ne l'aimait pas. C'est que lui ne joue pas d'un instrument de musique. Droit de l'amoureux, non ; droit de l'amoureux artiste, oui. Voilà la nuance, et voilà la théorie parfaitement dégagée de tout élément étranger qui l'altérerait.

Elle est élevée. Elle est généreuse. Elle comporterait, je crois, quelques objections comme toutes les doctrines, et les plus élevées surtout, en soulèvent. Je ne crois pas devoir m'y arrêter. Je veux rester sur l'impression. Elle flatte en moi certaines aspirations secrètes. Après tout, je puis devenir artiste tout comme un autre. J'ai encore le temps. A moi les veuves !

XVI

Comédie-Française: Débuts.— Cercle des Estourneaux:
La Commandante, comédie en un acte et en prose de M.
Viteau, Paul; *l'Empire des Femmes*, comédie en trois
actes en vers, de M. Léon Vacquez. — Porte-Saint-
Martin: Reprise des *Chevaliers du Brouillard*, de MM.
d'Ennery et Bourget.

9 Juillet 1888.

La semaine n'a pas laissé d'être assez remplie. Nous avons eu une grande séance à la Comédie-Française, et une autre, non sans importance à la Porte-Saint-Martin. Entre les deux, des choses diverses chez les Estourneaux. Il y a des semaines d'hiver où la chronique a moins de pâture.

A la Comédie-Française, c'étaient les débuts de M¹¹ᵉ Legault et de M. Leitner dans le *Misanthrope*, et de M¹¹ᵉ Lainé dans le *Malade imaginaire* qui attiraient le public. Je dirai peu de chose de M. Leitner. Je l'attends à une autre épreuve. Comme cette formule est généralement traduite juxtalinéairement parmi les foules par celles-ci: « Il a été exécrable », je me hâte de l'expliquer. M. Leitner a été surtout trop exubérant. On n'exubère pas comme

M. Leitner, ainsi que dirait Caliban. M. Leitner crie, M. Leitner crie encore, et il finit comme il a commencé. Je crois bien qu'il faut qu'Alceste crie un peu, puisqu'il croit toujours qu'on l'écorche. Je crois bien que le fond même du comique d'Alceste, qui n'est autre que le contraste entre un monde très discret, poli et mesuré, et un homme prompt aux incartades qui s'est fourvoyé dans cette compagnie, doit être marqué par quelques éclats de voix. Mais le rôle est si complexe, aussi, qu'il faut au moins y mettre quelque variété. Vous savez très bien qu'un grand amoureux par emploi quand il est chargé du rôle d'Alceste, y met, et peut y mettre très légitimement, les modulations les plus suaves de la tendresse la plus romanesque. Vous savez que le vers fameux :

Et c'est pour nos péchés que je vous aime ainsi !

est un cri de désespoir, si l'on veut ; mais aussi, et en même temps, est la plus charmante musique de la voix et du cœur dont puisse se régaler l'ourlet rose de l'oreille d'une femme. Et le rôle est fait ainsi, de brusques écarts et de délicieuses soumissions. Et, parbleu, le comique d'Alceste, demi-comique fin et exquis, il est là encore, dans le contraste (continuellement et très habilement renouvelé) d'un parfait homme du monde, très bien élevé et très aimable qui s'applique sans cesse à être du meilleur ton, qui en est, en effet, et qui, étant homme irritable avec cela, s'échappe à chaque instant en frasques de brusqueries rudoyantes, pour peu qu'on l'aguiche. Cela fait des sautes de vent et de rapides changements de température qui font d'Alceste la personnification même de la semaine ridicule qui vient de finir. M. Leitner aurait dû s'inspirer de la température et du bulletin météorologique.

Au lieu de cela, il a tonné presque sans interruption. Le tonnerre continu ennuie, comme dit Pascal. Il ne faut ni être au beau fixe ni à l'orage fixe. Il faut des nuances. Je n'apprendrai pas son métier à M. Leitner, et que les œuvres classiques sont tout en nuances ; je me contente d'être sûr que, moins débridé et plus maître de lui, il s'en souviendra davantage une autre fois.

Mademoiselle Legault a plu généralement. A défaut de quelques mérites qu'on m'assure qu'il lui reste à acquérir, elle a pour moi un grand charme. Elle ne joue pas en grande coquette. Oh ! ce mot de Grande Coquette, avec des majuscules, quelles fautes il a fait commettre à d'aimables femmes qui n'y avaient aucune pente naturelle ! Grande Coquette ! sentez-vous tout ce qu'il y a de là ! Voyez-vous le port, l'air de tête, le tour lent du cou, le frémissement imperceptible des épaules et le coup de fouet magistral de l'éventail ! Il y a tout cela dans la Grande Coquette, et dans les grandes traditions des grandes ombres qu'évoque la grandeur de ce grand mot. Mademoiselle Legault a supprimé les majuscules, et ç'a été un poids de moins sur bien des personnes honnêtes.

Elle a joué Célimène en jeune femme aimable,

heureuse de plaire et étourdie. Pourquoi non ? Si grande coquette que cela Célimène ! Trouvez-vous ? Une petite veuve qui a un salon et qui est jolie, et qui n'a rien à faire, et qui bavarde comme une mésange, et qui est incapable de réfléchir jamais à la portée d'un mot prononcé et d'une lettre écrite, et qui n'a pas de perfidie pour un sou, parce qu'elle n'a pas de réflexion pour un liard, et qui babille, et qui écrit : « Tu, tu, tu, Vous êtes bien gentil. Bien plus gentil qu'Acaste. Pi, ri, ri. Je vous adore ! Tu, tu, tu. Ce n'est pas lui, c'est vous. Pi, ri, ri, Alceste aussi... Qu'est-ce qu'ils ont donc tous à me dire à présent que je suis une gueuse ?... Oh ! après cela !... Pirouit ! » J'ai peur de ne pas m'élever aux sublimes conceptions, mais je ne suis pas très éloigné de me faire cette idée de Célimène.

C'est précisément parce que ce genre particulier de femme, entre autres privilèges, a celui de mettre absolument en rage bleue, les hommes du caractère d'Alceste, qu'Alceste finit par être si dur pour elle, après avoir été très gentil pendant longtemps, parce qu'il est bon.

Eh bien, Mlle Legault a pris les choses à peu près ainsi, ce me semble, et ce m'est un plaisir, avec l'hérésie que je caresse au fond de ma pensée obscure, d'entendre répéter à son propos : « Pas d'ampleur ! Pas de largeur ! Jeu étroit ! Pas de majesté ! » Il y avait quelque temps que je rêvais d'une Célimène qui ne fût pas majestueuse, qui n'eût rien de ces statues qui représentent les villes de France. Eh! c'est Paris qu'elle représente, Célimène : Voulez-vous représenter Paris ? Ne la représentez jamais par une statue.

Et puis, maintenant, si l'on insiste, encore que je ne vois pas pourquoi on se piquerait d'insister, si l'on insiste tout de même, et qu'on me dise qu'à force de n'être pas grande coquette, Mlle Legault a été par trop petite coquette, et un peu à la recherche de certaines grâces mignardes, et, bref, un peu minaudière, je reconnaîtrai, après m'être un peu fait prier, qu'il y avait bien quelque chose de tout cela, à tout prendre.

Dans le *Malade imaginaire*, Mlle Lainé, avec son joli air intelligent et tendre, a été infiniment appréciée. C'est une bien aimable Angélique. Quels jolis rôles que ces rôles de jeunes filles dans Molière ! Comme... oui, mais quand je parle de Molière, je dois m'avertir toujours que j'ai les plus grandes dispositions du monde à n'en plus finir. Disons vite que cette représentation du *Malade* a été une perfection sur la terre. Il n'y a pas de Toinette comme Mme Samary, ni de Bélise comme l'admirable Mme Fayolle, ni d'Argan comme Clerh, ni... mais tous, tous ! sérieusement, je dis tous.

Les *Estourneaux* nous ont donné, dans leur jolie salle de la rue Rochechouart, deux comédies, l'une en un acte, l'autre en trois actes, l'une en vers, l'autre en prose, l'une pas trop bonne et l'autre pas trop bonne non plus ; les antithèses ne peuvent pas se prolonger indéfiniment.

C'était une idée assez heureuse que celle de M. Viteau Paul (il signe Viteau Paul et non Paul Viteau, voilà vingt ans que je me demande pourquoi. J'ai oublié de le lui demander à lui-même. J'ai perdu vingt ans de ma vie). Deux sœurs, Clarisse et Léocadie. Léocadie c'est l'aînée. Elle s'est mariée au commandant Bitterlin. « Maintenant qu'elle est mariée, je vais pouvoir épouser Gaston » se dit Clarisse. Pas du tout. Léocadie abuse de son influence sur leur mère à toutes deux pour traverser ce mariage. Elle fait le diable à quatre. Elle invente et répand des calomnies contre ce pauvre Gaston. Elle met tout le monde contre lui, excepté Clarisse.

Pourquoi ? C'est que c'est une gale. Sans doute ; mais Gaston y voit un peu plus loin que ce jugement sommaire. A un mot échappé à Léocadie, il entrevoit les raisons obscures, et Léocadie, ayant eu un évanouissement, mon Gaston, qui est médecin, s'écrie d'un ton joyeux et malin : « Ce n'est rien, crampes d'estomac ?... Oui... Dégoûts... Oui... Vous aimez la salade... Oui, oui. Préparez la layette ! » —Et, à ce mot, le cœur de Léocadie se fond. Elle embrasse Clarisse, elle embrasse Gaston, elle marie tout le monde. Elle proclame « qu'elle l'appellera Gaston. » — Quand une jeune femme de trente ans est méchante, c'est qu'elle est furieuse de n'être pas mère. Dès qu'elle croit l'être, elle devient toute bonne. C'est possible. C'est du moins très facile à faire accepter comme vraisemblable par un public, et il y avait une jolie comédie dans cette idée-là.

M. Viteau l'y a laissée, ou à peu près. Il a de l'invention, mais non pas assez de vivacité d'allure et de relief. Son petit acte est lent, et un peu terne. On y a juste vu qu'il aurait pu être agréable, et ce n'est qu'à la dernière scène qu'on s'en est avisé.

La comédie de M. Vaquez n'a rien de très original. Elle est fondée sur une fantaisie très souvent traitée en roman ou nouvelle, et mise à la scène par Cogniard dans le *Royaume des femmes*. Les femmes ont fait une révolution. Elles ont mis les hommes à la place des femmes, et réciproquement. Allez maintenant. Voilà le *Royaume des femmes* de Cogniard, et voilà l'*Empire des femmes* de M. Vaquez.

Eh bien, il semblerait que cela doive aller tout seul, et cela ne va pas du tout, ou cela va trop bien, ce qui revient au même. Le contraste est si fort, qu'il ne fait plus aucun effet. L'esprit s'y habitue du premier coup et ne s'en amuse plus. On lui fait faire d'un seul pas un bond énorme : rien désormais ne le surprend, ne l'étonne ni ne l'amuse. Nous avons transposé une fois pour toute, et nous lisons dans le texte transposé avec tranquillité. En cinq minutes nous nous sommes dit : « Bon ! dans ce pays-là tout ce que les hommes font chez nous, les femmes le font ; et nous les voyons le faire avec assurance et d'une âme paisible. »

Ce comique infaillible n'est plus du comique. Nous

éprouvons l'impression que nous produisait aux beaux jours de notre enfance la lecture des fantaisies, enfantines aussi, qui s'appelait *le Monde renversé.* « Les domestiques commanderont aux maîtres. — Les assassins plaideront pour les avocats, etc. » Nous étions si vite au fait que nous continuions le jeu nous-mêmes, et disions : « Les écoliers donneront des pensums aux professeurs, etc. » ; et, du moment que le procédé était si simple et si direct, le jeu n'intéressait plus le moins du monde. Je dis cela non pas tant pour la pièce de M. Vaquez, qui est évidemment l'œuvre d'un tout jeune homme, le premier balbutiement littéraire et dramatique d'un *prætextatus*, un ouvrage qui a encore au cou la bulle d'or, une pochade d'aimable écolier sur le dos d'un cahier de classe, et qui n'empêchera nullement son auteur d'avoir du talent dans une vingtaine d'années ; je le dis même pour le vaudeville de Cogniard dont je vous parlais tout à l'heure.

Ce n'est pas le fond qui en était amusant, c'étaient les détails matériels, l'armée des femmes, les femmes cuirassées et casquées, la petite colonelle agréablement cambré dans son uniforme. Mais que les femmes fissent des plaidoyers, des discours politiques, des lois, des règlements de police et des calembours, cela ne faisait point un grand effet. On s'habitue trop vite à ces fantaisies précises, mathématiques, carrées par la base et définitives. Ne trouvez-vous point que, retranché ce qui est satire et allusion politique, le jeu de Gulliver dans Lilliput ou Brobdignac a souvent ce défaut d'une trop grande certitude dans l'imagination bouffonne ?

Le comique, en pareille affaire, consisterait à montrer les femmes pleines d'incertitudes, au contraire, dans le rôle, nouveau pour elles, qu'elles s'efforcent à jouer, commettant à chaque instant des fautes et des impairs, ramenées à tout moment, malgré elles, à leur vraie nature, ayant, par exemple, tout à coup, un mouvement de pudeur alarmée ou de crainte, au beau milieu de l'assaut hardi et brillant qu'elles mènent contre la vertu d'un jeune homme. Quand, dans les comédies, un auteur qui sait son métier fait, pour un temps, du domestique le maître et du maître le domestique, il s'arrange de manière que le domestique perce de temps en temps sous le masque emprunté du maître et que les phrases étudiées de Crispin marquis soient coupées par endroits de mots ou de gestes qui sentent leur Crispin naturel. C'est là qu'est le comique, et il ne peut être ailleurs. On sait l'histoire du *Sénat des Singes*.

Tant que les singes, bien stylés, se tiennent décemment dans leurs longues robes barrées de pourpre, dodelinent de la tête et sommeillent avec majesté, ce n'est pas comique. Ce sont simplement de parfaits sénateurs. Où le comique éclate, c'est quand les noix étant tombées dans l'hémicycle, les sénateurs sautent par dessus les bancs et se bousculent dans leurs toges effilochées pour courir après.

Les femmes s'essayant à être des hommes, et malgré

leur bonne volonté, retombant, je veux dire remontant à toute minute à leur nature primitive et à leurs instincts innés, voila quel était le petit problème. Il est vrai qu'alors c'eût été de la comédie; et que cela devenait plus difficile.

Le comique, en un pareil sujet, il est encore dans le revirement, et malgré tout le talent de Cogniard ou même de M. Vaquez, je ne vois pas, dans les pièces dont je m'occupe que le revirement soit très heureux, ni même qu'il existe. Ces auteurs supposent une révolution féminine qui met les femmes à la place des hommes, puis une autre révolution, virile celle-là qui remet toutes choses en l'état ordinaire. La belle invention ! Ce n'est pas très malin. Le comique, c'eût été de montrer les femmes elles-mêmes se dégoûtant peu à peu du rôle qu'elles ont ambitionné et qu'elles sentent elles-mêmes qu'elles jouent mal. L'ambitieux revenant à la tranquillité d'une vie simple qu'il a appris à regretter, le domestique déguisé en maître finissant par dire à son maître : « J'en ai assez de votre livrée ; rendez-moi la mienne ; elle me va mieux » ; voilà des revivements de comédie. Je m'attendais à voir les femmes en arriver à dire: « Ce n'est que cela ! Eh bien ! c'est amusant d'être hommes ! Il n'y a pas tant de quoi être fier. Reprenons notre condition première. Au moins nous recouvrerons le droit de nous plaindre. » Et je voyais les hommes se faisant prier pour reprendre l'empire.

Ou bien encore j'imaginais, comme dans toute

conspiration bien comprise, la trahison par amour. La reine des femmes, celle-là même qui a dirigé la révolution féminine, s'éprend *du plus beau de ses odalisques*, et dès qu'une femme aime, elle n'a qu'un plaisir, c'est de se soumettre à celui qu'elle aime, et qu'un ragoût à ce plaisir, c'est de lui soumettre tout le reste. Il y avait quelque chose de cela dans le vaudeville de Cogniard. Il n'y en a pas trace dans la comédie de M. Vaquez.

Quand un auteur voudra tenter une fois de plus ce sujet qui paraît séduisant, je lui recommande une lecture attentive et une petite étude de la *Lysistrata* d'Aristophane. Voilà qui est suggestif. Il y a une charmante comédie, même très moderne et très contemporaine, à en tirer. Je serais très heureux qu'un petit théâtre d'amateurs, comme celui de MM. Signoret, Bouchor et Ponchon, voulût bien nous donner une restauration du chef-d'œuvre du Rabelais attique. On expurgerait un peu, sans doute ; oui, il faudrait expurger ; je reconnais la nécessité d'une petite *catharsis*. On pourrait prévenir aussi les mères de famille de ne pas venir, ou tout au moins de venir seules ; mais on aurait là le modèle de ces tentatives d'émancipations féminines et de leur issue naturelle et inévitable.

La comédie de M. Viteau a eu le mérite de nous montrer Mme Amel dans un rôle de vieille fille acariâtre et verjutée qu'elle joue très bien ; et la comédie de M. Vazquez nous a fait connaître une fillette délurée et frétillante, Mademoiselle Duhamel, qui est délicieuse en travesti. Il n'y a pas de gamin plus drôle ni plus piquant. Elle semble pétrie de salpêtre. Et elle rit de si bon cœur, et elle gambade avec tant de bonne humeur ! On ne peut se plaindre que du trop. Elle s'amuse presque avec excès pour son propre compte ; elle rit des dents, des yeux, des épaules, des jambes et des coudes. Les petits pieds éclatent de rire, et elle a de l'hilarité jusqu'au bout des doigts. Cette exubérance de Chérubin joyeux s'apaisera assez. Mais si celle-là n'est pas née pour le théâtre ! Elle nous a dit un petit prologue que tout le monde a trouvé trop court, tant on avait passé à la regarder le temps de l'entendre. A la fin de la pièce, quelques-uns mêmes eussent désiré que le prologue se fût prolongé jusqu'au bout du spectacle.

La Porte-Saint-Martin nous a rendu les *Chevaliers du Brouillard*, de d'Ennery et Bourget. Comme on vieillit ! Je ne parle pas des *Chevaliers*, mais de moi-même. Je ne me rappelais plus un mot de ce *Jack Sheppard* qui a fait les délices de ma treizième année. Il était resté pour moi dans les brouillards du souvenir. Mais comme je me souvenais bien qu'il m'avait ravi ! « Tout ça, c'est des histoires de brigands ! » Mais comme les histoires de brigands sont bien, en somme, ce qui séduit le plus puissamment les imaginations enfantines ! Comme il est bien certain que l'homme est né bandit, chasseur, aventurier, pirate et trappeur de l'Arkansas ! Quels sont les livres favoris de votre adolescence, sinon, selon vos goûts plus ou moins cultivés déjà, *Œil de Faucon, Hernani,* les *Brigands* de Schiller, le *Corsaire,* les *Mystères de Paris* ou *Jack Sheppard?* Tout homme a dans son cœur un sauvage qui sommeille. Et, tenez, le romantisme, s'il a de temps en temps, et surtout dans les civilisations vieillies, un regain subit de succès et d'influence, c'est qu'il est, et c'est en quoi il est naturel, un naïf retour au fond primitif, au goût de sauvagerie inné. *Corsaire, Brigands* ou *Hernani,* ce n'est pas autre chose. Sachez bien que le fameux « sentiment de la nature chez les modernes », sur lequel vous avez lu tant de dissertations si remarquables chez des auteurs doctes, n'est pas, en son fond, autre chose que l'irrésistible démangeaison qu'a l'homme en frac ou en culottes courtes à redevenir un canaque.

Tant y a que *Jack Sheppard,* qui n'a pas de prétentions au romantisme, et qui n'est pas romantique parce qu'il n'a pas de prétentions, est un drame de sac et de corde bien amusant. Jamais l'humanité ne ne se déshabituera du plaisir vif et pénétrant, de l'allégresse perverse et profonde qu'il y a à voir un jeune détenu s'évader par une fenêtre grillée de barreaux énormes, ou pendre au bout d'une corde à nœuds qui se balance dans les espaces. C'est une volupté.

Certes il faut que la morale trouve à la fin son compte. L'homme est un sauvage qui sent qu'il est né pour la société. Personnellement, il voudrait bien être bandit (cela se prononce actuellement touranien); en tant que faisant partie d'un groupe social et sentant qu'il en a besoin, il veut que les bandits soient finalement ramenés au devoir par la corde de Tyburn. Il flotte entre ces deux instincts. Il est un sauvage qui aspire à la tranquillité civile, et un civilisé qui regrette l'émotion de la vie aventureuse. Il vit dans cette contradiction, comme du reste, il n'est aucun de ses sentiments et aucune de ses idées qui ne repose sur une contradiction comme sur sa base, d'où suit qu'il n'est sentiment ou idée chez lui qui ne soit excessivement flottant, ou flottante. M. d'Ennery, qui est philosophe, tout autant qu'un autre, a parfaitement donné satisfaction à ce double instinct de notre nature.

XVII

LE 14 JUILLET AU THÉATRE

14 juillet, huit heures du soir. — Le spectacle est dans la rue. Il est gai, il est vaste ; il est assez bien ordonné. Les décors ne sont pas luxueux, mais ils réjouissent les yeux. Les acteurs sont innombrables et semblent « s'amuser pour leur compte » ce qui est le comble même de la perfection scénique. Au moyen âge on faisait ainsi ou à peu près. Les artistes des *miracles* et des *mistères* étaient si nombreux qu'on disait communément que la moitié de la ville était montée sur les planches pour amuser l'autre. Aujourd'hui, c'est mieux encore. Toute la ville est entrée en représentation pour amuser... Qui? Ceci arrête le penseur effaré, comme disait Hugo avec simplicité. Le monde, à ce qu'assure les *Védas,* est une des cinquante-neuf comédies dont s'amuse indéfiniment l'Eternel. Est-ce pour amuser l'Eternel que toute la ville est descendue dans la rue et y joue la grande représentation à cent actes divers et à deux millions de rôles? Il est possible.

Il est plus probable que la grande troupe de l'*Illustre-Théâtre* joue devant elle-même et pour sa satisfaction personnelle. Elle est à la fois acteur et spectateur. Elle offre le phénomène psychologique du dédoublement. Elle fait comme Stendhal quand il se donnait le plaisir de jouer une scène d'amour aux pieds de Louason, comme il l'appelait, et de surveiller attentivement le bien rendu ou la faiblesse de sa petite scène. La foule joue la comédie de la comédie, comme les philosophes pensent la pensée de la pensée. « Que faites-vous? demande un papa à ses bambins. — Nous jouons. — A quel jeu? — Nous jouons à nous amuser. » Très profond. Trop grands déjà pour s'amuser spontanément, immédiatement, ils s'amusent à faire ceux qui s'amusent. Le grand jeu qu'on appelle l'art n'est pas autre chose. La foule d'aujourd'hui s'amuse à produire un amusement. Elle est à la fois artiste, matière d'art et dilettante. C'est très complet. Elle doit, en tout cas, être très occupée; car il n'est faculté en elle qui ne soit en jeu.

Quant au solitaire qui, soit goût, soit nécessité, s'en détache, et regarde la scène du haut des quatrièmes loges de sa fenêtre, le spectacle a pour lui moins d'intérêt. La pièce est bonne, mais elle n'a plus rien d'imprévu. Ce n'est pas une *première*. C'est déjà une dixième, ou une douzième, je ne sais plus au juste. Il sait très bien comment cela commence et comment cela finit. Il n'a plus à prévoir la scène à faire. L'intérêt de curiosité languit au fond de son cœur. Je ne vous ferai donc point un compte rendu de la pièce de ce soir.

J'aime mieux revenir en arrière, et en appeler à mes souvenirs ; chercher ce qu'a donné au théâtre proprement dit, au théâtre en quatre murs, et sous le lustre, cet évènement historique du 14 Juillet, dont on célèbre aujourd'hui le 99ᵉ anniversaire. Il a très vivement secoué l'imagination de nos pères, en raison de la légende qui s'était formée autour de la vieille prison d'état de l'antique monarchie. Il a été chanté en vers et célébré en prose de mille façons différentes depuis André Chénier dans le *Serment du Jeu de Paume* et Camille Desmoulins dans tous les articles qu'il a écrits, jusqu'à ce préfet de 1879 qui célébrait avec ses administrés « le jour où la République fut fondée en France », ce qui prouve la nécessité de fortes études historiques.

Mais il n'a pas été extrêmement exploité par les auteurs dramatiques. On trouvera dans la très intéressante étude de M. Welchinger, le *Théâtre de la Révolution*, la nomenclature, assez complète je crois, des pièces de théâtre qui doivent leur fond, ou leur origine, ou seulement quelque chose aux « grandes journées » révolutionnaires. Le nombre en est assez restreint. Trois ou quatre seulement se rapportent soit au 14 Juillet de la prise de la Bastille, soit au 14 Juillet de la *Fédération*. C'est assez peu. Cela montre très sensiblement combien les mouvements littéraires suivent, sans doute, mais suivent de loin, les mouvements historiques. Pendant la Révolution, on a continué à jouer, surtout, d'une part, des tragédies à la Voltaire (les tragédies à la Voltaire, comme les fauteuils du même nom, sont des meubles à faciliter le sommeil); d'autre part, des idylles et bergeries florianesques. Entre temps et dans l'intervalle d'un *Arbagaste* à une *Estelle,* on chantait la *Marseillaise* (comme ce soir, précisément à l'heure où j'écris, on chante la *Marseillaise* aux Folies-Dramatiques, entre le troisième et le quatrième acte de *Coquin de Printemps,* ce qui ne laisse pas que d'être un peu étrange), et le patriotisme révolutionnaire était satisfait. Ses exigences, au théâtre du moins, n'étaient pas féroces.

Cependant on assaisonnait quelquefois l'idylle d'un petit ragoût de guerre civile, comme dans la comédie intitulée les *Deux gentilshommes ou le Patriotisme français* qui est du 26 mars 1790, et qui est l'œuvre de Legrand de Soissons. La pièce, est à l'inverse du Comte dans le *Caprice.* Elle est mauvaise, mais elle n'est pas méchante. Le baron de Zénonville a promis sa fille au marquis de Salignac (rien de Fénelon), malgré les opinions un peu réactionnaires de ce scélérat de marquis. Mais voilà que le sieur Louis Ferté, que je n'oserai pas, puisque je suis en 1790, appeler un paysan, mais que j'appellerai familièrement un « hôte laborieux des modestes hameaux » sauve Mlle de Zénonville des mains des brigands qui ravageaient tout dans la Calabre, ou ailleurs, et M. de Zénonville commence à être embarrassé; car la reconnaissance est un devoir pour une âme sensible. Au cours de la conversation, il apprend de plus que Louis Ferté est un des vainqueurs de la Bastille. Dès lors plus de délibération. Vainqueur de la Bastille est un titre de noblesse « à n'en pas vouloir d'autres »; et Mlle Zélie de Zénonville appartiendra à Louis Ferté.

> D'une main ils brisaient leurs fers
> De l'autre ils épousaient Zélie.

Ils n'avaient pas le temps de s'ennuyer.

Toute autre est la pièce de Pierre-Mathieu Parein, intitulée la *Prise de la Bastille*, fait historique en trois actes mêlé d'ariettes. Ici point de compromis entre une sensibilité fade et une mâle austérité. La seule conquête digne de cœurs bien placés, c'est la Bastille elle-même, et l'auteur ne sortira pas de là. La pièce est purement patriotique. Elle a, du reste, comme un simple bourgeois de Paris, son certificat de civisme, signé d'une vingtaine de personnages notables parmi lesquels je distingue Humbert, Maillard, Santerre, Hébert, etc. C'est une pièce qui peut affronter la barre de l'Assemblée nationale aussi bien que la rampe. Elle fut cependant, parce qu'elle exigeait trop de figuration et de décors, refusée par les acteurs du Théâtre-Italien, qui, de ce fait, furent poursuivis devant les tribunaux, à titre d'infâmes *réacteurs*. Ils étaient acteurs, tout simplement, et n'en cherchaient pas davantage.

Ce petit drame est une simple pièce de cirque. Au

premier acte nous sommes en place de Grève. La population s'amasse et s'excite en écoutant les orateurs. Un officier du régiment de la reine est le Camille Desmoulins de cet endroit là. Il parle le langage du temps, comme vous pouvez le prévoir, et brandit les abstractions avec véhémence. Ce sont les abstractions qui ont fait la Révolution française. Demandez à M. Taine : « Citoyens, les tours de la Bastille jusqu'ici habitées par l'innocence, la vertu et le génie, recélent aussi des instruments de destruction (traduisez fusils)... Volons à la Bastille ! » La foule répond : « Volons ! » naturellement ; et cela fait une ariette.

Sur quoi l'on annonce la prise des Invalides, et que déjà on combat autour de la Bastille. La foule répète : « Volons ! » et ici il y a une scène pathétique. Une lutte généreuse s'établit entre un électeur qui se dispose à voler, et sa femme qui cherche à le retenir : « Iras-tu, Curiace, et ce funeste honneur... » — Précisément.

Je ne dissimulerai pas plus longtemps que la Camille de 1789, quoique aussi sensible que celle de Corneille, finit par s'élever à des conceptions bien plus héroïques que sa devancière, et en arrive à céder à l'éloquence entraînante de son époux : « Va te battre !... » — Précisément. Tout Corneille et tout Augier.

L'époux l'en récompense par des paroles d'une simplicité antique : « Femme courageuse ! Que vous retracez bien le caractère de ces héroïnes de l'antiquité, de ces célèbres amazones qui mutilaient jusqu'à leurs charmes pour combattre et pour vaincre... (Ah! c'est bien écrit!) Allez remplir les devoirs de la maternité, vous qui venez de vous acquitter de ceux de la citoyenne. » — Et voilà le premier acte.

Le second n'est pas moins beau. Il représente « la Prise » elle-même, la foule autour du château, le pont-levis qui s'abaisse, les portes qu'on enfonce, les femmes qui traversent le théâtre emportant leurs enfants dans leurs bras. Le texte ici n'est rien. Tout l'effet eût été dans le bon arrangement du tableau. Il pouvait être très frappant.

Le troisième acte se passe dans l'intérieur même du château. Cet affreux De Launay est saisi, au moment même où il allait mettre le feu aux poudres et faire sauter la forteresse. On l'entraîne pour le mettre à mort. Je remarque que l'auteur, qui n'est pas malavisé, nonobstant son style, s'arrange de manière à éviter les scènes sanglantes et les relègue assez adroitement dans la coulisse. La délivrance des captifs forme naturellement le tableau final et les ariettes sentimales ont alors beau jeu.

Il y a un autre *Quatorze Juillet,* celui-là dans le genre classique et oratoire qui est de ce Fabre d'Olivet, si étrange, sorte de fou apocalyptique et visionnaire, qui ne manquait pas de talent et dont on a tort de ne pas tenir compte quand on fait l'histoire du romantisme. Par son tour d'esprit de Ballanche épileptique, par ses imitations ou adaptations de Byron, par ses poésies mystiques et ses rêveries « moyen-âgeuses », il en est peut-être un facteur important ; il en est à coup sûr un représentant bien curieux. Son *Quatorze Juillet*, qui fut représenté en juillet 1790, est cependant de peu d'intérêt. Il est tout optimiste, oratoire et extatique. Il nous donne pourtant une idée de ce révolutionnarisme royaliste assez répandu à cette date, qui ne voulait pas séparer l'amour des conquêtes de 89 de la fidélité au roi, et qui prétendait faire de la France, selon le mot un instant célèbre une « *démocratie royale.* » Il y a dans le *Quatorze Juillet* un « *toast au roi* » très significatif à cet égard. Songez que la pièce a été représentée, et on peut dire par conséquent applaudie, les acteurs ne jouant jamais de pièces de circonstance qu'ils ne soient assurés du succès. Voici une partie de ce toast :

> Grand roi ! des cœurs pervers, de lâches courtisans
> Voudraient d'un joug chéri nous peindre impatients.
> . . . .
> Reviens de ton erreur. Vois ce peuple fidèle,
> Brûlant pour toi d'amour, plein de crainte et de zèle
> Vois-le fier, mais soumis ; volage, mais constant...

Hum ! oh ! Hegel !

> Et vois dans ce transport l'effet du sentiment.

Brave Fabre d'Olivet ! C'est lui qui méritait l'églantine ! Cœur généreux, grand esprit synthétique qui inventait d'un coup, tout à la fois l'identité des contradictoires et la conjonction des centres !

Voilà pour le 14 juillet de la prise de la Bastille. Je ne trouve pas grand chose sur le 14 juillet de la Fédération. M. Welschinger n'a lu qu'une seule pièce sur ce sujet. Il y faudrait ajouter les cantates composées à propos de cet événement. Il doit y avoir aussi quelques *à-propos* dramatiques. Toujours est-il que voici tout ce que je connais. C'est *la Famille patriote* ou *la Fédération,* dont l'auteur (saluez, ou mettez votre bonnet rouge sur votre tête, selon vos opinions) n'est autre que Jean-Marie Collot-d'Herbois. Ce Collot-d'Herbois, Diderot de la Terreur et Greuze de la guillotine, est admirable pour le ragoût qu'il a toujours fait de la sensiblerie patriarcale de 1770 et des fureurs de 1793. Son théâtre est tout entier dans ces délicates combinaisons. Sa « Famille patriote » (voyez déjà le titre) en est un exemple très curieux.

Nous sommes au matin du jour même de la Fédération, 14 juillet 1790. M. Gaspard doit marier sa fille ce jour-là. Il se lève de bonne heure, au son des coups de canon qui annoncent la grande fête. Il fait beau: « Un grand soleil a fêté ce beau jour. » Il s'épanouit. Son domestique, ce bon Casimir, lui apporte son déjeuner. Il serre la loyale main de Casimir, et avec un sourire attendri et un clin-d'œil d'intelligence : « Cela va bien, mon ami ? — Ah ! monsieur !... » répond Casimir le regard au ciel, et l'émotion l'empêche d'en dire davantage. Quelle scène ! *Veræ voces,* comme disait Diderot.

Puis, c'est mademoiselle Gaspard qui fait son entrée avec une double émotion, émotion hyménéenne et émotion patriotique. Son père la comprend. Il la regarde un instant en silence. Il la regarde, il la contemple : « Eh bien, Honorine ! Tu seras bien contente de dire : J'ai été mariée le 14 juillet, le jour de la grande Fédération ! »

HONORINE, *émue.*

« — Ah ! ciel !... »

Veræ voces. Le mot devait être bien applaudi. Il est typique. Il est impossible d'être « plus du temps » que ce mot-là. Quand nous faisons des pièces révolutionnaires, nous, comme le *Chevalier de Maison-Rouge,* ce sont les tirades cornéliennes que nous cherchons à attraper, parce que ce que nous avons lu, ce sont les discours de l'Assemblée nationale ou de la Convention ; mais ce n'est pas tout à fait cela. L'auteur du temps sait mieux son affaire. C'est la sensiblerie révolutionnaire et non la crânerie révolutionnaire qu'il s'efforce de reproduire. Un rêve d'Arcadie républicaine est au fond de ces cervelles bourgeoises pour lesquelles il écrit. Il tâche à l'exprimer. Vertus familiales, bonheurs obscurs dans le sein du sentiment, mœurs pures et naïves dont doit rougir l'air empesté des cours, voilà de leurs pensées et de leur style. Tout cela leur a été longuement élaboré par les Rousseau, les Diderot, les Sedaine, les Fabre d'Eglantine et Collot-d'Herbois lui-même, ce dernier ayant été un auteur de drames touchants et ingénus très estimé de 1780 à 1790. Voilà ce qu'il s'agit de chatouiller et de satisfaire : « Tu seras bien contente de t'être mariée le jour de la Fédération ? — Ah ! ciel ! »

Là-dessus des messieurs divers, qui sont des délégués des départements à la grande fête de la Fédération, surviennent de côtés et d'autres, et entrent dans la vertueuse maison de M. Gaspard, pour féliciter la mariée du 14 juillet. Il y en a de tous les pays de France, pour marquer fortement l'unanimité du sentiment national. Il y a un Bordelais. Il y a un Normand. Il y a un Marseillais. Ils font des compliments à la mariée chacun selon son caractère. Les traits de mœurs locales et les tours d'esprit respectifs sont admirablement observés. Le Bordelais est galant et presque voluptueux : « Il est bien doux, dit-il, il est bien doux pour nous de voir mademoiselle partager nos sentiments. » Il a la langue dorée, le Girondin.

Le Normand s'incline et dit posément : « Cela prouve la justice de notre cause. » Il argumente, le Normand ; il cherche la preuve en toute chose, et remarquez qu'il la trouve tout de suite.

Le Marseillais est attique. C'est lui qui trouve la formule définitive, la formule esthétique : « Oui, notre cause ! Elle doit triompher sous les auspices de la beauté. » Ces bouquets à Chloris révolutionnaire sont bien curieux. Ils sont signés Collot-d'Herbois. Cela n'étonne qu'au premier abord. On se rappelle qu'on en a de Robespierre qui sont du dernier galant, du dernier tendre et le fin du fin.

Il n'y a guère dans la *Famille patriote* que ce premier acte qui compte véritablement. Le second n'est presque qu'un récit. C'est Casimir, le vertueux Casimir, qui raconte la fête de la *Fédération* dans tous ses détails, avec des réflexions pleines de sentiment. Cette description et l'attendrissement général qu'elle inspire finit par ébranler le cœur d'un vieil aristocrate, que la grâce enfin touche, et qui se convertit, comme Félix. Il s'écrie : « Je suis désabusé ! » et il chante avec entrain le *Ça ira !* — Mon Dieu, oui, ça devait aller ; ça allait même déjà assez bien.

Et voilà toute l'histoire du 14 Juillet ou des deux quatorze juillet au théâtre. Elle est assez courte. La littérature dramatique révolutionnaire proprement dite, ne va pas très loin. Elle est vraiment pauvre, même au point de vue de la quantité. Depuis, la Bastille a servi énormément aux dramaturges ; mais non pas la prise de la Bastille. Il n'est guère de drame, parmi tous ceux que j'ai contemplés dans mon enfance avec émotion, sans en comprendre suffisamment peut-être les beautés, où je n'ai entendu parler de la Bastille. Cette Bastille me hantait dans mes rêves. Je la voyais très distinctement et très formidablement, comme les choses dont on ne sait pas comment elles sont faites. Quand on demande à un petit parisien ce que c'est que la Bastille il sait très bien vous répondre tout de suite que c'est une grande place où il y a des phares, une colonne et un nombre extraordinaire d'omnibus. Mes notions étaient plus historiques. Je me représentais très bien la Bastille comme un grand cabinet noir où l'on faisait des pensums et d'où l'on s'évadait par une corde après trente-cinq ans de captivité; et vous voyez bien que c'était cela très exactement. Les drames du temps de Voltaire enseignaient la morale, et les drames de 1850 enseignent l'histoire, avec le même succès. Le théâtre est une école. C'est l'école buissonnière des grands enfants.

Elle en avait vu pourtant des drames, cette vieille forteresse morose. Elle avait même vu de jolies comédies, et je regrette qu'on n'en ait pas fait une avec l'amusante anecdote que M. Hugues Leroux a trouvée l'autre jour dans les archives, enfin classées, du célèbre Château-fort. Vous connaissez cette prétendue bretonne qui signait « Mademoiselle Malcrais de la Vigne », dans le *Mercure,* et qui n'était autre que le sieur Desforges-Maillard. Ses poésies firent fureur. Sur les seules grâces de son esprit, tout le peuple des rimeurs devint éperdûment amoureux d'elle. On lui envoya, par le *Mercure,* mille déclarations alexandrines en alexandrins, et il y répondit par d'aimables protestations de pudeur alarmée, en vers plus ou moins libres. Jamais le *Mercure* n'avait mieux justifié son nom. Voltaire, lui-même, ne dédaigna point de soupirer à l'unisson. Il envoya son air de flûte avec l'*Histoire de Charles XII*:

  Toi dont la voix brillante a volé sur nos rives,
  Toi qui tiens dans Paris nos muses attentives,
    Qui sait si bien associer
    Et la science et l'art de plaire,

Et les talents de Deshoulière
Et les études de Dacier

. . . .

Charles fut seulement l'objet de mes travaux ;
Henri-Quatre fut mon héros ;
Et tu seras mon héroïne.

. . . .

L'héroïne, à cette fois, en eut assez. Elle comprit que, du moment que Voltaire lui-même y était venu, c'était le moment de cesser le jeu. Elle, je veux dire il, se déclara sous son nom véritable. Du reste, quand on sut que c'était un homme, on ne lui trouva plus de talent. Il y a des illusions nécessaires.

Eh bien, l'histoire de Desforges-Maillard, qui n'a rien de mélancolique, a eu son pendant, ou plutôt son imitation sous les voûtes sombres de la Bastille. Allègre y était enfermé en même temps que La Beaumelle, je ne sais pour quel méfait, y gémissait sur la paille humide. La Beaumelle était mystificateur de premier ordre, aussi bien à la ville, et à la Bastille, à ce qu'il paraît, que dans ses écrits. Les prisonniers avaient trouvé le moyen de correspondre entre eux en déposant leurs lettres sous une pierre descellée d'un recoin de la chapelle; La Beaumelle se fit passer, dans ses billets furtifs, pour une femme, et entra en coquetterie réglée avec Allègre par l'intermédiaire de cette boîte aux lettres tumulaire. Allègre prit feu de tout son cœur. Il joua l'amoureux pour se distraire, puis le devint sérieusement, comme il arrive assez souvent. Ce que j'écris n'est que pour prouver que la Bastille ressemblait au reste du monde.

La Beaumelle insista, fit tout un roman. Lequel, je ne sais, mais je le vois d'ici. Une princesse enfermée par un mari jaloux et persécuteur, n'ayant d'espoir qu'en cet aimable Allègre, aussi malheureux qu'elle : « Et l'amour dans notre âme est un fruit du malheur. » La chose finit par se découvrir, les lettres de cette petite folle de Beaumelle ayant été découvertes dans une perquisition, et la vérité sur sa conquête ayant été révélée du même coup à Allègre.

La comédie est toute faite, et au temps où l'on aimait ce genre, longtemps florissant, de la « comédie anecdotique » on n'eût pas manqué de l'écrire. On eût seulement poussé les choses un peu plus loin, en mêlant à La Beaumelle un peu de Latude. Les deux « amoureux » projettent une évasion et la combinent patiemment en s'excitant l'un et l'autre, l'un par l'impatience de mener à bout son dessin amoureux, l'autre par le désir de pousser sa mystification jusqu'au sublime. Ils finissent par se rencontrer tous les deux sur une échelle de cordes, que l'un, du moins, prend pour celle de Roméo. « C'est vous ! — C'est moi ! — Quelle astuce ! elle a pris des habits d'homme ! Quelle prudence ! Elle déguise sa voix ! » On les pince dans la quatrième enceinte. Fallots. Lumière. Désillusion. « Vous n'êtes que La Beaumelle ! — Il paraît. — Et c'est pour un journaliste que j'ai risqué de me faire fusiller ! En voilà une surprise de l'amour ! »

La Beaumelle aurait répondu sans doute :

> Tout doux, tout beau ! Notre erreur que tu blâmes
> Nous consola de cent tourments soufferts.
> Trois mois entiers ensemble nous rêvâmes,
> Tous deux trois mois avons « béni nos fers ».
> Tous deux trois mois sous ces murailles grises
> Avons, prenant des airs mystérieux,
> Beaucoup écrit, dit beaucoup de sottises :
> Deux vrais amants n'auraient jamais fait mieux.

La Bastille a inspiré beaucoup de choses, dans le genre déclamatoire et dans les genres avoisinants. Il y a encore quelque chose à en tirer.

XVIII

COMÉDIE FRANÇAISE. — Reprise d'*Œdipe-Roi*, traduction Jules Lacroix.

23 juillet 1888.

Les chroniqueurs ont de ces bonnes fortunes. Ils sont quelquefois bien placés au théâtre. Par exemple ils sont juste derrière une femme charmante et, par suite, sont doucement condamnés, pendant toute une soirée, à ne rien pouvoir contempler que la plume noire d'un chapeau. C'est un délice. D'autrefois ils sont à côté de gens qui causent de leurs petites affaires, et cela est instructif. D'autres fois encore ils sont auprès de gens qui leur font d'avance leur article, et cela est avantageux ; et c'est précisément ce qui m'est arrivé mercredi dernier. J'avais trois voisins qui, tous les trois, m'ont confié leurs impressions avec abondance. Et leurs impressions étaient diverses ; et elles étaient même contraires ; et cela faisait mieux qu'un article ; cela en faisait trois, que je n'ai qu'à copier, à cette heure ; car j'écrivais dans mon chapeau, comme un intervieillissant. C'est une profession nouvelle, très répandue dans le monde.

Mon voisin de droite était de l'école de Diderot, mon voisin de gauche était de l'école de Marmontel et mon voisin *a posteriori* m'a paru être de l'école de Winckelman. Oh, c'est une société choisie, au Théâtre-Français. Et mon voisin de l'école de Winckelmann, qui, du reste, me semblait être un peu teinté de wagnérisme, me disait :

« Des artistes ! ces Grecs, rien que des artistes ! Admirablement compris, d'ailleurs, par l'administration et le directeur de la scène de la Comédie-Française. Voyez-vous pas qu'une tragédie grecque, c'est tout simplement un opéra ? Mais regardez-moi cette manière de poser le drame. Une foule en prières et en larmes, des suppliants et suppliantes en belles attitudes mornes et prostrées, des rameaux verts aux mains, implorant à la fois le redoutable temple d'Apollon qui est là, au fond, et le mystérieux palais d'Œdipe, déchiffreur d'énigmes, qui est là, à droite. Et sur ce haut péristyle, dominant toute la foule et faisant soudain pyramider le tableau, Œdipe va paraître, appuyé sur Jocaste, en une belle pose sculpturale. Et les chants de deuil vont s'élever, et s'élever aussi, pour aller se perdre dans les profondeurs de la scène, jusqu'aux extrémités de la ville, la belle voix musicale d'Œdipe, le charmeur de monstres ; et tout cela est un concert de belles postures, de beaux groupes et de belles voix harmonieuses.

Et remarquez les couleurs variées des costumes, robes de jeunes filles, de vieillards, de roi, de reine, d'esclaves. Et remarquez l'encadrement architectural, le temple, le palais, l'autel, les lignes sévères, nobles et hardies des colonnes et des frontons. Et songez, s'il vous plait, que chez les vrais Grecs, ces colonnes, ces frontons, étaient peints de couleurs éclatantes et envoyaient dans le ciel la fanfare vibrante de leurs dorures.

Et ne croyez point que je ne parle que de l'exposition. Toute la pièce est faite pour faire évoluer devant nos yeux des tableaux, des groupes, peinture ou sculpture, comme vous voudrez. Une tragédie grecque est le déroulement d'un bas relief au son d'une belle musique. Œdipe et son peuple suppliant, voilà un tableau ; — Œdipe fier et hautain et Créon, en voilà un autre ; — Œdipe anxieux et Jocaste ; — Œdipe aveugle et écrasé par la fatalité ; — Œdipe entre ses deux filles et pleurant sur elles, — Œdipe prenant le chemin de l'éternel exil le bâton de vagabond à la main et essayant son chemin douloureux ; en voilà dix autres. Ce qu'il y a là dedans c'est peinture, architecture, sculpture, chorégraphie, musique, chant et poésie. C'est un concert harmonieux de tous les arts au sein d'un seul art. C'est l'opéra sublime inventé par Eschyle, développé par Sophocle, affaibli par Euripide, déjà mal compris par Aristote, et auquel les modernes, je n'ai pas besoin de le dire, n'ont rien entendu du tout.

Et tout cela ressemble à une tragédie, à un drame, à une tragicomédie, ou même un opéra moderne, si nous exceptons Wagner, ainsi qu'il sied, comme Homère ressemble à la *Henriade*.

Ainsi parla mon voisin de par derrière, dans mon épaule, qui ne se haussa nullement pour l'entendre, ni pour l'avoir entendu.

Et mon voisin de l'école de Diderot me fit entendre ces paroles ailées :

« Quand je songe que Voltaire, à l'exemple de d'Aubignac, qui ne fut nullement contredit sur ce point par Corneille, quand je songe que tous les critiques dramatiques français ont mis le fond du drame dans l'intérêt de curiosité ! Savoir ce qui arrivera, une situation étant donnée, voilà le plaisir qu'on vient chercher au théâtre ! « L'incertitude de l'événement », voilà « l'âme de la tragédie », et ce sont propres paroles d'Aubignac et, à très peu près, propres paroles de Corneille ! Ce sont là gens qui n'avaient pas lu une tragédie grecque de leur vie. Si c'est en cela que consiste le drame, il faut confesser que les Grecs n'ont pas été dramatistes pour une drachme. Et, de fait, ils ne l'ont été nullement dans le sens où nous l'entendons. Voyez-moi ce drame, comme il est mal fait, selon les règles de la dramaturgie moderne ! Il s'agit de savoir pourquoi la peste ravage Thèbes. Tirésias le sait : il sait que c'est parce qu'Œdipe a jadis, sans le savoir, assassiné son père. Il le sait, et il le dit ; il le dit tout de suite, formellement, entièrement, sans rien réserver. Quelle faute !

D'abord il eût été utile non seulement qu'Œd'pe

jusqu'à la fin, mais que nous, *jusqu'à un certain moment*, nous fussions dans l'incertitude sur le fameux secret.

Dans toute pièce fondée sur un secret à découvrir c'est une marche toute tracée, dont jamais dramatiste moderne n'aura la sottise de se départir. S'il est maladroit de n'éclairer le spectateur sur le mystère en question qu'à la fin de la pièce, et aussi tard que le principal intéressé, il est non moins maladroit de nous illuminer tout de suite. Il faut nous laisser chercher quelque temps, et c'est un premier plaisir; puis nous renseigner peu à peu, et ensuite faire chercher l'intéressé devant nos yeux, ce qui est un second plaisir, très élevé, et analogue à celui de Colin-Maillard. Ainsi se distribue, se gradue et se compose une pièce bien faite. Voilà le grand art de nos modernes. Tirésias l'ignore. Il dit tout, tout de go, et tout à trac. Il ne sait pas son métier.

Remarquez de plus que ce Tirésias paraît au commencement de la pièce, et *ne reparaît plus*. Est-ce assez enfantin? Les apprentis dramatiques chez nous savent qu'un personnage important qui apparaît dans l'exposition doit apparaître dans le dénouement. C'est élémentaire. Et précisément ce que je dis maintenant s'accorde avec ce que je disais tout à l'heure. Il fallait que Tirésias ménageât sa confidence, n'en donnât que la moitié, juste assez pour mettre Œdipe en fureur, et nous en défiance; puis, vers le milieu de la pièce, reparût avec un bon confident, et fît *pour nous* la révélation tout entière ; puis qu'enfin, au dénouement, après qu'Œdipe aurait poursuivi son enquête auprès de tous les bergers de la Béotie, Tirésias fût rappelé par Œdipe, qui le supplierait, cette fois, de dire la vérité tout entière. Hein ! En voilà un *revirement !* Cet Œdipe qui a insulté Tirésias au premier acte et qui, au dernier, le conjure, dans les larmes et le tremblement et l'angoisse ! Quel *revirement !* Voilà ce qui s'appelle une pièce bien faite ! Ne doutez point que Voltaire ne l'eût faite ainsi. C'est qu'il avait le grand art. Les Grecs ne l'avaient point.

Et ils avaient fièrement raison. Ils n'étaient point des dramatistes. Ils étaient des poètes philosophes et philosophiquement élégiaques. La souffrance humaine et la pitié pour la souffrance humaine, voilà tout leur art. Nous montrer des malheureux, les faire pleurer et gémir, et nous faire sur eux gémir et pleurer, voilà toute leur affaire, et de l'intrigue bien menée et des ficelles dramatiques, ils s'en soucient comme de cela. Je voudrais bien savoir quelle est l'intrigue de *Prométhée*, et des *Suppliantes,* et des *Danaïdes,* et d'*Hippolyte* (une *Phèdre* où Phèdre est morte au second acte!) et d'*Œdipe à Colone.* Oui, l'action d'Œdipe à Colone qu'on me la montrât, je voudrais voir cela. Ces tragédies, ce sont des chants de deuil sur les malheurs de l'humanité, de longs *trènes* gémissants, dont, de temps en temps, un léger incident vient comme renouveler le motif épuisé, rien autre chose, et d'Eschyle à Euripide, il y a, si l'on veut, quelques petites différences à cet égard, mais bien négligeables, allez, bien insensibles, et, par comparaison avec notre drame moderne, nulles.

Cet *Œdipe-Roi* lui-même, mais voyez donc que dès qu'*Œdipe* sait son malheur et se crève les yeux, au point de vue moderne, c'est fini, absolument fini. La *catastrophe* s'est produite. Est-ce que l'auteur croit que c'est fini, lui? Est-ce qu'il va cesser le jeu, ou, tout au moins se hâter? C'est précisément maintenant qu'il ne se presse plus du tout. C'est maintenant qu'il insiste et qu'il s'espace. On dirait qu'il se sent débarrassé de l'action et qu'il en est plus à l'aise. Les adieux d'Œdipe à ses amis, à ses filles, son testament à Créon, ses gémissements sur lui-même, son lent départ, si beau, la plus belle chose de l'antiquité, tout cela matériellement, à compter les lignes, comme font les journalistes, c'est le quart au moins de tout l'ouvrage. Et à la fin! Est-ce preuve assez nette, signe assez éclatant que ce n'est pas le reste à quoi Sophocle s'intéressait le plus? Je le crois bien. Ce hors-d'œuvre final (car pour vous, n'est-ce pas, c'est un hors-d'œuvre) ce hors-d'œuvre final, pour lui, c'est la pièce même. Le reste n'en est que la préparation. Le malheur d'Œdipe, l'écrasement d'Œdipe sous le malheur, voilà pour lui le drame. Ce malheur, il gronde sourdement dans les premiers épisodes, rampe autour de sa proie, presse et précipite ses approches, puis s'abat sur sa victime : c'est à partir du moment où la victime est abattue que le poëte s'étale, se donne toute son ampleur et tout son déploiement, déroule pleinement son trône lugubre. Au point de vue « dramatique », comme nous l'entendons, ça n'a pas le sens commun. L'intérêt de curiosité est satisfait ; nous devrions nous en aller. Aussi voyez comme ces Français de 1888 en ont envie ! S'ennuient-ils assez pendant cette dernière demi-heure ! Non, mais, regardez-les, s'ennuient-ils assez ! Trouvent-ils assez cela « traînant » ? Traînant, c'est leur mot. Il est traînant, ce cinquième acte. — Sophocle se moque d'eux. Il ne sait pas ce que c'est qu'un cinquième acte, lui, et il a bien raison.

Il est d'un pays où une tragédie n'est « pas une œuvre de mécanique, mais une magnifique élégie philosophique. Ce qu'il a à démontrer, c'est Œdipe pétri et déformé par le malheur et criant sous lui ; ce qu'il a à nous dire, et il nous le dira, malgré les Parisiens qui prennent leur chapeau, et décidément n'en peuvent plus, c'est : « Ne disons jamais d'un homme qu'il est heureux avant qu'il soit mort. »

Ainsi parla le monsieur de l'école de Diderot.

Et l'homme de l'école de Marmontel, à son tour, me tint ces propos :

« Cet *Œdipe-Roi*, c'est tout comme une tragédie de Voltaire. C'est un mélodrame. Il n'y a rien de nouveau sous le soleil, et ce qui prouve assez que nos admirables règles sur l'*action* dans le poème dramatique sont la vérité même, c'est qu'elles sont éternelles. Intrigue, péripéties, reconnaissances, incertitude sur l'évènement, mystère longtemps cherché, longtemps soupçonné, tout à coup découvert, intérêt de curiosité, en un mot, savamment ménagé, savamment excité, savamment satisfait, il n'y a jamais eu autre chose dans une tragédie ou dans un drame, et le chef-d'œuvre de la tragédie grecque, *Œdipe-Roi*, n'est qu'un mélodrame mieux fait qu'un autre. Un « secret plein d'horreur », voilà le fond d'*Œdipe-Roi* comme de la première *Marie-Jeanne* venue. Des « méprises » en quantités innombrables, en voilà la matière. Des crimes et forfaits épouvantables, en voilà le ragoût. Une progression dans la terreur et dans l'effroi jusqu'au dénouement, par péripéties et reconnaissances, en voilà la disposition. Une colossale invraisemblance, que l'auteur nous fait accepter grâce à son admirable talent, ou tout simplement à notre immense bonne volonté, en voilà le caractère. Mélodrame, simple mélodrame.

« Un homme prend pour son père et sa mère des gens qui ne lui sont de rien. Première méprise, assez incroyable ; mais c'est pour nous amener à une belle situation inextricable ; et il faut savoir faire quelques sacrifices à son plaisir. Cet homme fuit son père et sa mère putatifs pour ne pas les tuer, parce qu'un oracle lui prédit qu'il doit être assassin de son père et époux de sa mère ; et, bien entendu, le premier homme qu'il rencontre sur son chemin c'est son vrai père qu'il ne connaît pas, et qu'il tue sans le connaître. Seconde méprise, seconde donnée extraordinaire ; mais quand nous serons au bout des préparations vous verrez quelle situation superbe ! — Cet homme encore arrive aux portes d'une ville, et cette ville est précisément celle où règne encore sa vraie mère. Est-ce assez ingénieux ! Et, *comme il faut qu'il épouse sa mère,* pour que nous arrivions à la fameuse situation, nous supposerons qu'il sauve la ville, en un tour de main, d'un grand malheur, ce qui permettra qu'il épouse la reine sans qu'on lui demande son histoire et son état civil. Ainsi, dans les *Misérables,* comme *il faut* que Jean Valjean devienne l'honorable M. Madeleine, Jean Valjean arrivera à X... sur Somme le jour même où la ville brûlera, et il se signalera dans l'incendie de telle sorte qu'on ne songe pas le lendemain à lui demander ses papiers. Voilà l'essence même du mélodrame. Il nous demande d'abord que nous ajoutions foi à un concours de circonstances monstrueusement extraordinaires, moyennant quoi il nous met en face d'une situation étonnante, formidable et abominable, qu'il dénouera ingénieusement devant nos yeux.

« Et il nous fera ainsi goûter le plus vif, le plus piquant, le plus pénétrant des plaisirs, celui qui consiste à se dire pendant trois heures : « Comment sortirons-nous de là ? » On n'a rien inventé de plus charmant. C'est le régal des sociétés civilisées. Voyez en effet, moyennant les cinq ou six actes de foi préalables que vous avez faits, comme maintenant vous vous amusez ! Vous dites à Œdipe : « Ah ! mon gaillard, tu te civis en sécurité et au faîte du bonheur et de la gloire. Tu ne sais pas ce qui t'attend. Ton peuple souffre, et, d'après les idées de ton temps, cela est un signe qu'il y a quelque chose de pourri dans le royaume de Danemark. Il y a un cheveu. Tu cherches le cheveu. Va, va, mon bon, tu vas voir. Quelqu'un te dit : « Celui qui souille la ville, c'est toi. » Tu t'inquiètes. Va, va !... Tu soupçonnes un mystère dans ta vie. Tu cherches. Tu entrevois. Va, va, tu brûles ! Tu te rassures ! Imbécile ! Tu es sur une fausse piste. Ah ! ah ! jusqu'où va-t-elle te mener, cette piste-là ?... Très intéressant. Crac ! Nouvel indice qui ramène Œdipe tout près de la vérité. Tu brûles ! Tu brûles ! Coup de théâtre enfin. La vérité arrive tout entière sous la figure de ce berger, qu'on nous a promis et fait attendre. Tout le public s'écrie : « Le berger ! Voyez-vous le berger ? Voilà l'heure du berger ! » C'est fini, la devinette est devinée.

« Cet auteur est très fort. Il a mis son Œdipe dans un étau laborieusement construit, puis il a donné un tour de vis, puis deux, puis un en sens contraire, puis un dans le premier sens, puis un en sens contraire, puis, coup sur coup, trois dans le sens de l'étranglement, et voilà Œdipe étranglé. C'est palpitant. Nous nous sommes dit pendant deux heures : « Devinera, devinera pas ! Sera étranglé ; le sera pas ; » va l'être ; pas encore ; il l'est. Ah ! Filons ! Et le théâtre, depuis Périclès jusqu'à Sadi Carnot, ce n'a jamais été autre chose. »

Ils ont tous trois raison. Il y a dans *Œdipe-Roi* une tragédie artistique, une tragédie philosophique, et un mélodrame. Il y a un intérêt de contemplation, un intérêt de méditation et de pitié, un intérêt de curiosité. Il y a de quoi régaler un peuple d'artistes, un peuple de penseurs et un petit peuple. Seulement ces différents publics ne s'amuseront pas au même moment. L'artiste contemplateur poussera un cri d'admiration surtout au début et à la fin. Le drame proprement dit le gênera un peu vers le milieu. Le méditatif qui aime à pleurer sur les misères humaines, devra un peu attendre le merveilleux « *cinquième acte* » si je puis m'exprimer ainsi. Il est vrai qu'une fois là il pourra savourer le plus magnifique poème de douleurs qui ait jamais été chanté par les hommes. Enfin le monsieur qui vient pour « savoir comment on sortira de là » aura de bons moments, mais il pourra ne pas venir de bonne heure et « sortir de là », lui aussi, avant la fin. Le mélodrame dans *Œdipe-Roi* est tout ramassé dans ce qui serait chez nous le troisième et le quatrième acte, et un théoricien genre Voltaire dirait d'*Œdipe :* « Deux actes d'exposition, — un dernier de hors d'œuvre. »

C'est bien pour cela que tous les faiseurs d'*Œdipe* modernes, depuis Corneille jusqu'à Voltaire, ont surchargé l'*action* d'Œdipe d'éléments nouveaux et plus ou moins étrangers.

Et puis, faisons bien attention. Mes trois interlocuteurs ont raison, et je ne leur ai donné la parole qu'à cause de cela. Mais il ne faudrait pas que le dernier généralisât sa doctrine, quelque juste qu'elle puisse être. Il a raison ; mais il n'aurait pas raison pour tout le théâtre des Grecs. Il n'a presque raison que pour le seul *Œdipe-Roi*. Il faut bien reconnaître, quoi qu'il en coûte à notre amour-propre, que les Grecs n'ont point eu le goût du mélodrame, et que l'intérêt de curiosité, et que l'intrigue bien faite, sont choses qu'ils semblent avoir profondément méprisées. Il n'y a guère qu'*Œdipe-Roi* dans leur théâtre, qui en porte des marques bien incontestables. Nous en concluons : « C'est leur chef-d'œuvre ! » Ce n'est pas très sûr. Nous avons peu de renseignements là-dessus, je le sais ; mais du peu que nous en avons il semble bien qu'on doive induire que l'*Œdipe-Roi* n'a nullement été la pièce de Sophocle la plus admirée des Athéniens. Ce serait plutôt *Antigone*, ce qui donnerait raison à mon second interlocuteur, ou *Œdipe à Colone*, ce qui donnerait raison aux deux premiers, et pas du tout au troisième. Je défie bien qu'on intéresse un public moderne avec *Œdipe à Colone*.

Non, les pièces d'intrigue, les Grecs ne paraissent pas avoir eu pour elles un culte bien persévérant. — C'est qu'ils ne savaient pas les faire, et que nous sommes plus fort qu'eux, disent tous les théoriciens dramatiques du dix-huitième siècle. — Non, puisqu'ils avaient fait *Œdipe-Roi*, et que la vérité dramatique, pour parler comme vous, une fois trouvée, ils ne s'y sont pas tenus. Non, puisque Sophocle, après avoir fait *Œdipe-Roi,* après avoir enfin trouvé la vraie formule dramatique, après avoir fait un drame où il y a de l'action, écrit *Œdipe à Colonne,* où il n'y en a pas. Non, puisque, après Sophocle, Euripide arrive, qui ne met pas plus d'action et d'intrigue serrée dans ses pièces que Sophocle n'en avait mis, qui dédaigne l'intérêt de curiosité jusqu'à ne laisser aucune incertitude sur l'événement, et jusqu'à nous dire bravement, d'avance, dans un prologue, tout ce qui se passera dans sa pièce. Voilà, pourtant, des preuves.

Je sais bien qu'il y a Aristote. Je n'ignore pas Aristote. Je sais bien qu'Aristote n'a pas fait autre chose, dans sa *Poétique,* que la théorie de la pièce d'intrigue, à péripéties et reconnaissances, la doctrine de l'intérêt de curiosité, et le *canon* du mélodrame. On croirait toujours, à le parcourir, lire un théoricien dramatique du dix-huitième siècle. Il pense comme nous, tout à fait. Le goût que les Français, depuis Scaliger, ont pour lui, n'a pas d'autre cause. Je l'ai appelé quelque part « le premier en date des critiques dramatiques français. » Ce qu'on m'a gouaillé pour avoir dit cela ! Inutile d'ajouter que cela n'a fait que me confirmer dans ma créance. Vous connaissez l'effet ordinaire des discussions. L'homme n'est qu'orgueil et entêtement.

Il y a donc Aristote, qui, tout critique français qu'il puisse être, est grec tout de même, et dont il faut tenir compte. Or, il n'a, certes, vu dans la tragédie qu'un mélodrame, et le vieux Patin reconnaissait qu'il y a très peu des pièces grecques que nous connaissons qui trouvassent grâce devant les règles rigoureuses de ce législateur de la scène. Et c'est précisément comme l'œil fixé sur *Œdipe-Roi*, et y revenant toujours, qu'Aristote trace ces règles si sévères, si sèches, et, disons-le, si parfaitement étrangères à tout sentiment poétique. A quoi cela tient-il ?

A ceci sans doute qu'Aristote et Sophocle, et Euripide, ne sont pas du même temps, et que nous avons le théâtre du temps de Sophocle et Euripide, et que nous n'avons pas le théâtre du temps d'Aristote. Dès lors, on peut supposer qu'Aristote traçait ses règles d'après les habitudes du théâtre de son temps, en remontant, du reste, pour donner à ces règles de l'autorité, jusqu'à ceux des drames du beau siècle classique qui ressemblaient le plus aux poëmes dramatiques qui se jouaient devant lui, et, en particulier, citant et invoquant d'une révérence particulière *Œdipe-Roi*. — Cela peut tenir encore à ce que nous sommes bien loin de posséder tout le théâtre grec même de la grande époque. De la trentaine de tragédies grecques que nous avons sous les yeux, il n'en est peut-être pas trois, il n'en est peut-être pas deux qui soient dramatiques, au sens moderne du mot. Mais il pouvait y en avoir de telles parmi celles que nous avons perdues, et le goût particulier d'Aristote étant pour celles-ci, il a pu en tirer toute sa théorie dramatique, toujours en mettant au milieu d'elles, à la place d'honneur, et visant toujours *Œdipe-Roi*. —

Et cette supposition ramenant à croire que les Grecs ont tout inventé, et jusqu'à ce qui paraît le plus étranger à ce que nous connaissons de leurs goûts, elle est excellemment pour me plaire, et j'y donne les mains avec complaisance.

Toujours est-il qu'*Œdipe-Roi,* de quoi qu'il soit le type et par quelque bout qu'on le prenne, est une belle chose. J'aurais peut-être aussi bien fait de n'en dire que cela.

Il a été merveilleusement encadré et réglé, et il a été très bien joué. M. Mounet-Sully y a été presque constamment admirable. Il était peut-être un peu fatigué vers la fin. Ce rôle, qui est la pièce tout entière, est écrasant. Mais il a été d'une noblesse incomparable d'attitudes et d'une puissance extraordinaire d'émotion. Simple avec cela, et sobre. Il donne la sensation du sublime. C'est une fête artistique que de le regarder et de l'entendre. Il n'y a rien de grand au monde comme le meurtre de Laïus raconté par lui.

Auprès de lui on a remarqué encore M. Maubant, bien noble et mystérieux sous les voiles blancs du grand prêtre. Une vision antique. M. Sylvain a très fortement et savamment dit la mort de Jocaste. Les deux jeunes filles thébaines qui chantent des stances sur les malheurs de leurs pays, sont gracieuses et bien disantes. *Œdipe-Roi* est un spectacle qui fait un très grand, un immense honneur à la Comédie-Française. Il n'y a qu'elle en Europe pour nous donner cela.

XIX

Opéra-Comique (Théâtre des Nations). — *Le Sommeil de Danton*, drame en cinq actes en vers, de M. Clovis Hugues.

2 août 1888.

Mon Dieu, ne parlons pas trop de vérité historique, si vous voulez bien. Il me semble bien, à vrai dire, que ce Danton n'était guère un homme dont on pût faire un « personnage sympathique ». Il me semble bien qu'il s'est jeté dans la révolution comme un sanglier dans un fourré. Il me semble bien qu'une forte animalité dominait en cette nature puissante et en faisait le caractère distinctif et l'originalité. Il me semble bien que chez Danton, à tout prendre, les idées étaient dominées par les passions, et les passions par les appétits. Il me semble bien qu'il n'y a jamais eu ni parti dantonien, ni surtout d'idée dantonienne; mais qu'il y a eu surtout des aventures dantoniennes retentissantes. Il me semble bien qu'il y a, même au point de vue de la probité vulgaire, des choses dans la vie de Danton qui ont terriblement besoin d'être expliquées. Il me semble bien que, toutes explications données, il reste toujours que Danton était vraiment pauvre en 1789 et presque riche, au moins presque riche, en 1793, et qu'en tous cas c'est une rencontre malheureuse, 1792 n'étant pas un moment bien choisi pour sortir de la pauvreté. Il me semble bien que, même après que l'ange de la complaisance historique a passé par là, Danton reste le Cyclope de la Révolution, en cela surtout qu'il est louche.

Mais, vraiment, qu'importe? La vérité historique n'aurait le droit de s'imposer à la littérature que si, par provision, elle existait. C'est une condition préalable qu'il n'est pas indiscret d'exiger. Or, ô vérité historique, « je crois bien, entre nous, que vous n'existez pas ». Tout ce que je présentais tout à l'heure très timidement, comme résultats acquis, est parfaitement contesté par des historiens très sérieux. La probité, la vertu, l'innocence et le désintéressement, mais là, absolu, de Danton, sont choses que l'on affirme avec documents, et que, ma foi, on n'est pas trop loin de prouver. J'ai lu des livres petits et gros, en ce sens, qui m'ont fait impression, je dois l'avouer, et contre lesquels je n'avais guère que la fameuse objection : « Qui veut trop prouver ne prouve rien », laquelle n'est pas très sérieuse.

Qui sait après tout? C'est peut-être « le pur Mirabeau », et « l'incorruptible Danton » qu'il faut dire. Les contemporains se trompent si souvent sur les hommes !

Il est vrai que d'autres historiens surviennent, qui ont travaillé ferme aussi, qui ont compulsé et collationné, qui ont soulevé une poussière considérable et qui arrivent à une conclusion absolument opposée à la précédente. C'est pour cela que je répète : Vérité historique, que nous veux-tu ? — Que les historiens te recherchent ? D'accord. — Que les poètes te soient fidèles ? Non, c'est trop demander. Tâche d'abord de donner l'exemple en étant fidèle à toi-même.

Mais s'il y a deux ou trois Dantons historiques aussi dissemblables les uns des autres que les historiens qui les burinent, il y a un Danton légendaire, qui habite les imaginations françaises et qui, lui, subsiste et dure, ne subit pas les variations de température de l'érudition, et reste assez semblable à lui-même, par la raison que c'est la réalité documentaire qui change, et que le Danton légendaire n'a peut-être pas un seul élément qui soit pris dans la réalité.

De même que les Français d'instruction légendaire se représentent Robespierre comme un être silencieux, morne, ne connaissant de la langue que le mot « guillotine », et montant une ânesse qui était constamment ivre ; de même, ou à peu près, on s'est fait de Danton l'idée d'une sorte de centaure révolutionnaire, mi-partie violent et brutal, mi-partie noble, généreux et romanesque. Des fureurs enragées, des abîmes de tendresse, des emportements de colère foudroyante et d'éloquence torrentueuse, des apaisements délicieux et d'adorables enfantillages ; démon du Forum, ange du foyer ; lion de la tribune, mouton de la maison domestique ; Hercule que désarme Omphale, Samson que rase Dalila.

Et ce héros, un peu grotesque, à tout prendre, avec du sang aux mains, une flamme dans l'œil, un grondement dans le larynx et une bergerie dans le cœur, ce héros essentiellement rococo, où les Français se sont mis eux-mêmes, avec les attaques d'épilepsie qu'ils ont quand ils parlent politique, et les roucoulements de troubadour qui leur remontent du cœur quand ils voient passer une Suzon, ce héros est devenu pour eux la personnification même de la Révolution française. Ils la voient comme cela, superbement féroce (mais « il fallait cela ») et capable d'attendrissement bébête, sans quoi ils ne pourraient pas la supporter.

Ils voient en Danton l'agitateur robuste des foules, le souleveur trapu des lourdes masses, mais capable de « douces faiblesses », et qui sourit après avoir fait trembler. « Remarquez surtout le sourire », disent les manipulateurs de poids de vingt kilos sur les places publiques. Au fond, nous voyons toujours Danton comme un Hercule forain ; et nous l'aimons ainsi de tout ce que le Français a toujours en lui de commis-voyageur.

Cette conception est probablement fausse comme un poids de vingt kilos pour jongleurs ; mais en attendant que les historiens se soient mis d'accord, nous la gardons et l'entretenons dans nos esprits avec complaisance.

Or, c'est sur celle-là que M. Clovis Hugues s'est comme appuyé, pour composer son poëme dramatique, comme déjà notre aimable et brillant Emmanuel des Essarts s'en était accommodé, et avec raison, après tout, dans quelques pièces de ses prestigieux *Poëmes de la Révolution.*

Du Danton historique, si tant est que ce personnage existe quelque part, M. Clovis Hugue ne prend nulle cure. Il est devant un public. Ce public a, flottant confusément dans la cervelle, un certain type où il entre de la générosité, de l'éloquence et des faiblesses ; ce type il l'appelle Danton et il le localise en 1793. Voilà tout ce dont s'occupe M. Clovis Hugues, et il a parfaitement raison.

Ainsi, par exemple, on sait que Danton se maria en 1793 et que les langueurs de sa lune de miel furent, en partie, cause qu'il abandonna un instant la scène politique, trêve qui ne laissa pas de lui être fatale. M. Hugues ne s'est point inquiété de cela, et personne ne songe à lui en vouloir. Tout compte fait, Mme Danton nous est parfaitement indifférente, et c'est notre Danton-type que nous voulons voir vivre sur la scène et rien autre.

Ce Danton-type, M. Hugues l'a assez bien esquissé. Nous nous figurons Danton surtout comme un homme qui parle sans cesse, et sans cesse avec éloquence. Le Danton de M. Hugues a cette éloquence continue qui ennuyait Pascal, et qui, à ne rien céler, nous ennuie un peu aussi ; mais qui, pourtant, est un trait de caractère, du caractère tel que nous voulons qu'il soit. Le Danton de M. Hugues parle toujours, toujours, même quand il sommeille. Homme né pour l'action, il semble dire, comme Numa Roumestan, avec une variante : « Quand je ne parle pas, je n'agis pas. »

Et il parle toujours avec une éloquence abrupte, familière et brusque qui produit l'effet voulu, et qui, de temps en temps ne laisse pas d'avoir une certaine grandeur. Il n'y a rien à dire à cela. Danton doit parler. Il doit parler au peuple, il doit parler à Robespierre, il doit parler à Fouquier-Tinville, il doit parler à sa maîtresse. S'il ne parlait pas trop ce ne serait pas Danton. Ce serait un Danton masqué. Il semblerait être venu sur la scène de l'Opéra-Comique pour jouer le *Domino noir*.

Deuxième trait, Danton est amoureux fou. Très bien. C'est conforme. C'est selon la formule. Danton-type doit être amoureux-fou ; et que celui-là me dise que c'est de sa femme, comme le mari de La Fontaine, et ajoute que c'est historique ; et que celui-ci me dise que c'est Mme Julia de Valbrune, peu m'en chaut, pourvu qu'il soit amoureux et que ce soit follement, ainsi qu'il sied.

Mais quelle est cette Julia de Valbrune ? C'est ici qu'il faut entrer dans l'affabulation qu'a adoptée M. Hugues.

Nous sommes en 1794. Danton sommeille comme une loge de francs-maçons dans les temps difficiles. Cela veut dire qu'il se désintéresse momentanément des affaires publiques. A quoi cela tient-il? A ce que ces affreux réactionnaires, qui n'en font jamais d'autres, dans les drames en vers, et même en prose, ont lancé sur lui une Circé moderne, nommée Julia de Valbrune. Vous savez ce que font les Circés des hommes qui en ont déjà un petit commencement.

> « Ainsi cette Circé, qui nous prend tous les nôtres,
> T'a donc su fasciner, Hoche, comme les autres. »

Danton comme Hoche. Les hommes sont tous pareils. Danton sommeille. Il sommeille du sommeil magnétique que son collègue Louvet de Couvray a si joliment défini et un peu décrit dans *Faublas :* « Voyez-vous? le magnétisme opère. — Je crois bien qu'il opérait le magnétisme! »

Le magnétisme opère donc. Seulement Danton n'en reste pas moins le grand orateur national, et une circonstance aussi providentielle qu'invraisemblable, et qui du reste, si elle n'était pas invraisemblable n'aurait aucun titre à se dire providentielle, fait entendre à Julia le cri sublime du lion populaire rugissant au peuple. Voilà Julia fascinée, qui venait en fascinatrice.

> « Tel, comme dit Merlin, croit fasciner autrui... »

Désormais, Julia aime tout de bon. Elle devient la maîtresse de Danton, et républicaine par dessus le marché. Cela ne fait pas le compte de ceux qui l'ont lancée sur Samson en qualité de Dalila. Ils la malmènent si vivement que Julia, cernée et forcée, en arrive à avouer le vilain rôle qu'elle était venue jouer et à se proclamer conspiratrice, conspiratrice repentante, mais enfin conspiratrice.

« C'est bien, dit Danton ; il y a en moi le patriote et l'homme sensible. L'homme sensible murmure : « J'aime Julia ! » mais le patriote crie : « Qu'on l'arrête ! »

C'est au patriote qu'on obéit, tout en plaignant l'homme sensible, et Julia prend la route connue de la Conciergerie.

Tout le monde s'y retrouve, c'est à savoir : Julia, Danton (c'est malsain ; mais quand on aime !) Robespierre et Fouquier-Tinville, qui sont là comme chez eux. Ceci, c'est le grand acte historique, comme il s'en doit rencontrer un dans tout drame révolutionnaire. On échange des considérations. On fait une fois de plus la philosophie de la Révolution française, et l'esquisse de la Révolution européenne. Finalement on arrête Danton, parce qu'il est accusé d'avoir malversé en Belgique, et surtout parce que quand Danton parle, si on ne l'arrêtait pas, il ne s'arrêterait pas lui-même.

« Voilà nos gens rejoints », et Julia commensale de Danton comme ci-devant. C'est Julia qui est ci-devant. Danton ne l'est que par assimilation. Dès lors, évasion projetée, comme vous pouvez croire. Jusqu'à présent l'histoire était mi-partie *Lion amoureux*, mi-partie *Chouans*, elle devient peu à peu

Chevalier de Maison-Rouge. Danton conspire l'évasion de Julia. Julia complote l'évasion de Danton. Il y a des combats de générosité. Pour se mettre d'accord, ils finissent par s'évader tous les deux.

Mais il y a un traître, le perfide Lavaux. Ce Lavaux, personnage historique, mis en lumière récemment et pour la première fois, je crois, par un historien très expert en matière révolutionnaire, M. Aulard, est un affreux gredin, ancien condisciple, si je ne me trompe, et à coup sûr ancien ami de Danton, et que la jalousie à l'endroit du succès de son ancien compagnon pousse à toutes les basses vengeances. C'est lui qui a jeté Danton dans le piège à loups ; c'est lui qui l'y retient, et fait échouer la « fuite à Varennes » du grand tribun.

Tant y a que Danton et Julia, sous le manteau couleur muraille de tous bons évasionistes, tombent droit dans le cabinet de Fouquier-Tinville qui leur tient les discours d'usage en pareille occasion du temps de la Révolution française :

« Je vous aime ; mais je vous arrête. Danton en disait autant pour Julia. Moi, j'en dis autant pour Julia et Danton. Il n'y a rien au monde que la logique et la patrie. Il y en a qui disent : « Sois mon frère, *ou* je te tue ! » Moi je dis : « Je suis ton frère, *et* je te tue. » Beaumarchais nous a appris les vertus de la copulative et de la disjonctive. »

Que faire ? Pressé dans ses derniers retranchements, Royer-Collard disait un jour : « Eh bien ! nous mourrons. C'est une solution. » Ce n'est pas une solution ; mais c'est un dénouement, et tout vous portait à croire, depuis le début de cette aventure, que c'était celui des amours de Danton et de Julia.

« Cette chanson est bien vieille » disait Fortunio. Un peu, je le reconnais. J'ai cité les *Chouans*, j'ai cité le *Lion amoureux* ; je pourrais citer *Patrie* ; j'en pourrais citer bien d'autres. Au fond tous les drames où il y a des femmes et des hommes politiques se ressemblent infiniment. « Lisez Catulle, écrivait Mérimée à son amie ; Catulle est intéressant. Il marque le moment dans l'histoire où les femmes commencent à faire faire des bêtises aux hommes. » Des femmes qui font faire des bêtises aux hommes politiques, voilà le fond de tous les drames politiques, et la forme n'en peut pas être variée infiniment. Remarquez que *Sertorius*, remarquez que *Sophonisbe*... mais je ne vais pas faire d'érudition par cette chaleur.

Disons simplement que pour ce genre de drames, il y a un cadre tout fait, dans lequel ils entrent tous, et qu'on ne peut guère modifier que dans des détails très secondaires. M. Hugues l'a compris et l'a pris ainsi, tout bonnement, sans se marteler la cervelle ; et il n'a pas eu tort. Il a voulu seulement, sur ce fond constant, éternel, et qui pourra servir bien souvent encore, tracer quelques caractères intéressants, et jeter quelques beaux discours d'une brillante facture et d'une langue riche.

Y a-t-il pleinement réussi? Je distingue. Danton

n'est pas mauvais, je l'ai déjà indiqué. Il est l'homme légendaire que nous nous représentons communément, l'homme essentiellement orateur, qui s'enivre de sa parole et de ses gestes et qui vit puissamment le rôle qu'il joue. Il est bien l'homme de la sensation présente et qui se jette dans cette sensation à corps perdu. Tout cela est assez bien vu. Seulement, au moment où le poète prend son Danton, et dans les circonstances où il le jette, il est très malaisé que Danton soit intéressant. C'est le Danton du déclin, déjà, le Danton dont le présent est tout amour, et qui n'est homme politique que rétroactivement, si je puis dire, et qui ne l'est que par les discours qu'il prononce. Des deux parties de Danton, l'une, ici, est actuelle et palpable, l'autre n'existe que par ressouvenirs, regrets, remords, et par l'apologie qu'il en fait.

Cela fait des discours politiques sur un roman, et rien de plus, ou bien peu plus. « La grande figure de Danton » en reste insuffisamment dessinée, quoique à peu près esquissée en ses grandes lignes.

Robespierre est assez bien compris, pour un Robespierre de théâtre, mais sans ampleur, sans les grandes proportions qu'un spectateur veut qui soient données à un personnage si important dans l'histoire, quand on le lui présente.

Fouquier-Tinville enfin est bien un peu manqué, ce me semble. Il est noble, généreux, stoïque et « Brutus sacrifiant ses enfants » dans le drame de

M. Hugues. C'est la vérité historique, me répondra-t-on. Je n'ai pas le loisir de faire les recherches suffisantes pour répliquer. Mais, entendons-nous ! entendons-nous ! Je vous accorde le Danton légendaire et parfaitement en désaccord avec l'histoire, le Danton qui aime une Julia au lieu d'aimer sa femme, que vous m'offrez ici. Je vous l'accorde sans réticences, parce qu'au théâtre, c'est en effet la légende en ses lignes confuses, et non l'histoire vraie, qui fait loi. Mais alors faites pour Fouquier-Tinville ce que vous faites pour Danton. Donnez-moi le Fouquier-Tinville commun, le *Tinvillis vulgaris*, que j'attends. Le Fouquier-Tinville de l'opinion courante est un plat gueux, un homme que Robespierre lui-même accusait de déshonorer l'échafaud. Il me faut ce Fouquier-là, ou il faut que tout dans votre pièce me prévienne que je vais avoir affaire à l'histoire, à la sévère histoire, à l'histoire inattendue, et non au roman historique. Il est certain que ce Fouquier a étonné fort.

Pour ce qui est des « beaux discours » je n'ai rien contre eux. Je les ai trouvés beaux. Ils ont du mouvement. Ils font jaillir de temps en temps de très beaux vers. La grande harangue où Robespierre annonce, et évoque, en quelque sorte, dans l'avenir, le César encore à naître, est une assez belle chose. Je l'avais jadis entendu débiter par M. Clovis Hugues lui-même, et elle m'était restée dans l'oreille. Elle est très brillante. C'est un beau morceau de rhétorique ; et le mot ici, n'est pas une critique ; car Robespierre était l'homme du monde le plus amoureux d'effets oratoires, et qui se plaisait le plus à recouvrir ses convictions profondes et tenaces du manteau troué des métaphores.

Je serais donc content des « beaux discours » n'était qu'il y en a trop et qu'ils sont trop longs. M. Hugues est un exubérant. Il ne brille point par la concision. Il devrait relire Saint-Just pour se corriger. Et voyez-vous la fatalité des tendances artistiques ? Saint-Just n'a point de place dans le drame. Il n'y figure pas. Il ne pouvait y figurer. Il n'y avait pas de place dans le *Sommeil de Danton* pour un homme qui évitait les périphrases et les circonlocutions, et qui « tranchait la chose d'un apophtegme à la laconienne. » Plût à Dieu qu'il n'eût eu que cette manière de trancher.

C'est donc un drame oratoire que nous avons eu mercredi à la salle des Nations. Je ne fais nul fi du drame oratoire. Je sais bien que Corneille... parfaitement. Mais les temps ont marché. Les goûts ont bien changé quelque peu. Il est bien probable que si Corneille revenait au monde, il aurait le même génie, et que, tout de même, il ferait ses drames autrement.

Le *Sommeil de Danton* va se promener en province. Il va courir après les Parisiens qui se promènent. Telle la montagne de Mahomet. La comparaison est juste puisque le *Sommeil de Danton* est une apothéose de la Montagne. Je lui souhaite et je lui désire bonne chance. Il ne peut inspirer que d'honorables sentiments. Il est plein de patriotisme. Il apprendra aussi aux jeunes politiciens à se défier des Valbrune, et de toutes les brunes, en général. C'est très bien. Ils nous les laisseront. Voilà un enseignement très salutaire. Les grandes leçons ne sont jamais complètement perdues.

XX

PALAIS-ROYAL. — *Les Joyeusetés de l'année,* revue en trois actes et sept tableaux, par M. Alfred de Saint-Albin; *le Bain de la mariée,* comédie en un acte, de MM. Astruc et Soulaine.

10 Septembre 88

Autrefois, cela s'appelait revue de fin d'année. Maintenant qu'on commence à jouer ces choses vers la fin du mois d'août, il faut bien les nommer *revue,* tout simplement. J'ai connu la revue en décembre, puis en novembre, puis en octobre; maintenant on fait revenir le Parisien des bains de mer pour assister à une revue.

On ne s'arrêtera point en ce chemin. On jouera la première revue de l'année prochaine le 3 août et on l'intitulera *Potache-Revue* ou *Revue-Monôme en cinq cents anneaux.* Puis l'année suivante on jouera la première revue le 14 juillet et on l'intitulera *la Revue du 14 Juillet,* naturellement. Ainsi de suite. Me demanderez-vous les causes de ce phénomène de de rétrogression? Il y en a de multiples et de considérables.

D'abord il faut compter l'impatience du public. J'en appelle à vous-même. Rappelez-vous que la dernière revue de fin d'année est jouée généralement vers le 15 juin. Du 15 juin au 15 août, cela fait deux grands mois. Est-ce que, dès le 1er août, vous ne sentez pas un malaise, une sensation indéfinissable de quelque chose qui vous manque? Est-ce que vers le 8 août, prenant conscience de ce que vous éprouvez, vous ne vous écriez pas : « Mon Dieu que l'année est lente ! Il faut attendre un mois encore pour avoir une revue ! » Oui, avouez-le, vous parlez quelquefois d'autre chose pour vous étourdir, mais vous ne pensez qu'à cela.

Il y a d'autres raisons, moins graves, importantes encore. Ce sont des raisons littéraires. Les auteurs sont beaucoup plus malins que vous ne pensez, et les directeurs sont plus malins encore que les auteurs ; et ils connaissent leur affaire ; et ils se sont aperçus d'une chose, c'est qu'entre une revue et une autre il n'y a jamais la moindre différence sauf, peut-être, à l'examen microscopique, et encore c'est discuté. Le seul moyen d'avoir une revue originale est donc d'être le premier à donner la revue. Je sais bien que la première revue de 1888-89 est exactement semblable à la dernière de 1887-88. Cela est vrai ; je ne conteste point là-dessus ; je ne songe pas à nier l'évidence. Mais la première revue de 1888-89 n'en n'est pas moins la revue qui, la première, s'appelle revue de 1888-89. Cela aussi est incontestable ; et ce n'est pas elle qu'on accusera d'être pareille aux autres revues de la même année ; ce sont toutes les autres de la même année qu'on accusera d'être identiques à elle. C'est un incroyable avantage.

Aussi les directeurs, en fait de revues, ne songent qu'à se gagner de vitesse. C'est un *sept-petites-chaises*. Ils remontent le cours du temps avec frénésie. Les gouvernements, comme a dit Montesquieu, tombent par l'excès ou par l'abandon de leur principe, ce qui fait qu'ils tombent toujours ; cette fureur d'être en avance finira par avoir le même effet que le défaut d'être en retard. Il faut s'y attendre. Quand le directeur du théâtre des Folies-Boulangères jouera le 1er mai 1905 la première revue de 1906, on assurera que sa première revue de 1906 n'est que la dernière revue de 1904. Il lui sera difficile de prouver le contraire. Tels les journaux du soir qui paraissent à 2 heures 3/4 ne sont pas des journaux du soir ; ce sont des journaux du matin en retard.

N'importe ; les directeurs entendent le cours du temps à leur fantaisie, et il n'y a que les gens de mon âge qui n'aiment point qu'on affecte de les vieillir. L'essentiel est qu'on se soit amusé au Palais-Royal. S'est-on amusé ?

Si l'on s'est amusé ! La question est inouïe. Si l'on s'est amusé le 7 septembre au Palais-Royal assistant à une revue ! Mais comment peut-on même songer à le demander ? Pensez donc que quand on joue une revue vers le 30 octobre, il y a déjà quelques Parisiens à Paris, quelques Parisiens appartenant au monde ordinaire, quelques Parisiens qui sont avocats, médecins, ingénieurs, dentistes, notaires, ambassadeurs. Ces gens-là font toujours semblant de s'amuser à une revue, parce que c'est une convention, mais parfois ils ne s'amusent pas, souvent ils meurent d'ennui, presque toujours ils sortent enragés. Au 7 septembre, au contraire, il ne peut y avoir, et il n'y a, dans la salle du Palais-Royal, rien, exclusivement, rien que du monde des théâtres, acteurs, actrices, ouvreuses et chroniqueurs dramatiques ; et ce monde là, vous le connaissez. Pour lui la tragédie est quelque chose, le drame une chose intéressante, la comédie une chose agréable, le vaudeville une chose suave ; mais la revue, c'est l'idéal. N'y a qu'ça, n'y a qu'ça !

La toile ne se lève pas. Il saisit l'allusion. Elle se lève, il saisit l'a-propos. La commère est grasse ; il se gondole. Elle est maigre ; il se tord. Un monsieur se mouche dans une loge. Le public voit là-dedans une « *scène dans la salle* », et applaudit à tout rompre. Je toussais un peu, hier, ayant fait trois cents lieues en vélocipède pour assister à la première revue de l'année. J'étais très regardé. On n'était pas sûr que je me fusse engagé dans la troupe du Palais-Royal ; mais on commençait à le croire. Je m'en suis allé un peu avant la fin. Je sentais que j'allais éternuer. Si j'avais éternué dans la salle, on m'aurait fait un succès. On aurait dit : « N'y a qu'lui ! »

Donc on s'est diverti de tout cœur, à la Revue de

M. de Saint-Albin. Etait-elle bonne, en effet? Quand je saurai distinguer une revue d'une autre revue, je me ferai un plaisir de vous le dire. Celle-là ne m'a pas paru plus mauvaise ni meilleure que les revues ont accoutumé d'être. Elle m'a laissé dans l'état ordinaire où me laissent les revues. Je ne me sens pas profondément modifié dans ma nature intime.

L'auteur a tiré un grand parti des œuvres politiques et oratoires d'un général célèbre. De temps en temps, une phrase connue de ce guerrier si extraordinaire qu'on l'appelle l'Homme de la guerre éclatait tout à coup. Ce que c'est que le théâtre! Ces phrases paraissaient burlesques. C'est tout à fait caractéristique.

Qu'ai-je remarqué encore? Dailly et Lavigne, Lavigne et Dailly. Dailly en Latude après trente-cinq ans de captivité est assez drôle. Il a une barbe de fleuve assez réjouissante. Il est vrai que, soit la barbe, soit la captivité, lui donne une difficulté extraordinaire d'articulation. Je n'ai pas entendu grand'chose à ce qu'il nous a raconté de la Bastille-Géraudel. Je suis sûr que j'y ai perdu.

Une assez jolie idée est celle du Bébé pour chemin de fer. Une petite femme aux mouvements saccadés de poupée Nuremberg s'avance au trou du souffleur. Qui êtes-vous? Je suis le bébé pour chemin de fer. On m'achète aux grands magasin du *Départ* avec les valises-accordéon et les malles en osier. On m'emporte dans le wagon. Aux bagages je ne servirais de rien. On me met à la portière à chaque station.

Comme cela, on est certain de rester seul dans son compartiment.

> « J'crie : Papa ! J'crie : Maman !
> Et j'empêch' de monter dans le compartiment.

C'est une petite observation assez heureuse. Cela m'a rappelé un petit voyage que je faisais dernièrement. J'étais avec une bonne maman et deux jeunes filles charmantes, mais un peu naïves, à ce qu'il m'a paru. Je n'en garde qu'un meilleur souvenir.

Ces jeunes filles n'avaient pas lu le *Monde où l'on s'ennuie*. A chaque station, désirant ne plus prendre de compagnons de route, elles se massaient à la portière : « Viens donc ! On croira que c'est complet. » Oui, mais elles étaient très jolies. A chaque station nous prenions un petit gommeux. Au bout d'une heure, nous étions huit. Elles n'y comprenaient rien. Peut-être faisaient-elles semblant de n'y rien comprendre.

Quoi encore ? Eh bien ! Lavigne, sans doute ! Lavigne est la cheville ouvrière, mettons artistique, pour ne pas désobliger une aimable femme qui est peut-être susceptible, de la Revue du Palais-Royal. Elle est toujours bien excentrique et bien personnelle. Elle est burlesque et elle trouve moyen de rester jolie. Elle est déhanchée et elle reste gracieuse. C'est très curieux. Elle nous a chanté une sorte de parodie de la fameuse chanson du « Sous-préfet dans sa sous-préfecture, » intitulée la « Sous-préfète, » qui est d'une nullité invraisemblable, et qui, dite par elle, a paru très divertissante. On fredonnait en sortant :

> J'y ai perdu mes dents, mes cheveux
> Dans ma soupe,
> Dans ma soupe,
> Dans ma sous-préfecture.

Bien entendu, on n'a pas oublié cette année de demander un succès à ce talent de parodie chorégraphique que Madame Lavigne avait révélé dans la revue de l'année dernière. Elle nous a donné avec une de ses plus jolies camarades, un pas de deux du plus haut goût accompagné des réflexions ordinaires des rats d'opéra sur les messieurs de l'orchestre. Le texte souligne les détails de la danse. C'est assez drôle.

Quant au « bataillon des jolies femmes, » pour parler le style sacramentel des comptes rendus de revue, je l'ai rarement vu aussi agréable. Il y avait là, dans toute la richesse et la pureté de leurs lignes, Descorval (ah! quelle taille)! Dézoder (ah! quelle galbe!) Gillette (ah! quel dessin!), et cette aimable Davray, retour de Saint-Pétersbourg (ah! quelle *Perspective!*), qui reparait à nos yeux ravis sous les traits du billet de banque de cinq cents francs! Elle a plus réussi qu'il ne fallait. Elle a mis dans le mille.

Et le caniche noir persécuté par M. Lozé, sous les traits de Madame Froment! Et le caniche blanc c'est à savoir la belle, la plus que belle, la jolie, la plus que jolie, la charmante del Bernardi, transfuge des Bouffes! Oh! le joli caniche! Comme il donne envie d'être son aveugle!

Pour tout dire, la Revue du Palais-Royal a été un régal des yeux peu ordinaire. Les costumes en sont tout à fait, mais tout à fait soignés. La Tour Eiffel (Descorval) est un pur chef-d'œuvre. Il est vrai que Descorval y met du sien. Mais le costume y est bien pour quelque chose. C'est avec des costumes comme ceux-là qu'on voit ce que des corps valent. Pardon! mais quand on sort d'une Revue!...

La Revue avait été précédée d'un petit acte intitulé bien ambitieusement comédie : *le Bain de la mariée.*

C'est un titre qui donne l'idée d'une comédie orientale. On se figure de grandes cuves de jaspe où ruisselle avec ces petits bruissements et froissements clairs qui sont déjà une volupté, l'eau parfumée des grands réservoirs. Et la sultane de demain arrive, indolente, entourée de ses compagnes serviles, officieuses ou jalouses...

Chassez ce rêve troublant d'un soir d'été. *Le Bain de la mariée* se passe dans un de ces établissements parisiens, bourgeois et incommodes où traînent si désagréablement dans l'air gras et tiède je ne sais quels souvenirs affadissants de gilets de flanelle. Quand donc aurons-nous (il y en a, mais si imparfaits encore) de vrais bains, de vastes et profondes piscines, à l'eau incessamment renouvelée, où l'on puisse largement s'ébattre d'une manière réjouissante et hygiénique? Toujours est-il que nous ne connaissons guère que les petits cabanons à becs de cygnes où nous pratiquons consciencieusement l'asphyxie pendant toute la saison, laquelle dure onze mois, où la Seine nous paraît trop fraîche. C'est dans une de ces maisons pénitentiaires que nous conduisent MM. Astruc et Soulaine. Les gens qu'ils nous y présentent sont bien singuliers.

C'est M. Pignolet et Mademoiselle Sophie. M. Pignolet doit épouser demain Mademoiselle Sophie; Mademoiselle Sophie doit épouser demain... naturellement. Et M. Pignolet vient aux bains, comme vous et moi, et Mademoiselle Sophie vient aux bains comme vous et tout le monde. Eh bien! ils vont se saluer et se diriger l'un du côté dames, l'autre du côté hommes? C'est ce que vous feriez, c'est ce que je ferais, c'est ce qu'il ferait. Mais non! Je vous dis que ce sont des gens singuliers.

Ils ont tous les deux une manie bien bizarre, une pudeur bien extraordinaire. Ils ont honte. De quoi? D'aller aux bains. D'aller aux bains? Pourquoi? Je n'en sais rien du tout. Ils sont comme cela. Ils vont aux bains en se cachant, comme certaines gens vont au mauvais lieu. Ils sont ainsi, tous les deux, ce qui double l'étrangeté de la chose. De quel diable de pays sont donc ces gens-là?

J'ai vu des choses bizarres à propos de bains. Par exemple j'ai vu de petites villes de province ou il n'y en avait pas. J'en ai vu où il y en avait; mais quand on y allait, et qu'on rencontrait un naturel, et qu'il

vous demandait où vous alliez, et que vous lui disiez :
« Je vais au bain ; » il s'écriait : « Vous êtes donc
malade? » J'en ai vu où un monsieur qui allait au
bain une fois par semaine était au bout de deux mois
accusé par la voix publique d'entretenir des relations
adultères, mais coupables, avec la directrice de cet
établissement. Un bain par semaine, c'était aussi
trop invraisemblable !

Mais c'était dans de très petites villes que se passaient
ces choses. A Paris, où dans n'importe quelle ville un
peu civilisée qu'un monsieur ou une demoiselle avec
sa maman ait honte d'être vu entrant aux bains, c'est
bien particulier. Enfin, nos deux fiancés sont ainsi
faits. Ils se rencontrent dans le petit salon d'attente :

« Monsieur !...

— Mademoiselle !...

— Vous venez aux bains !

— Moi ! jamais de la vie ! Pour qui me prenez-vous ?

— Cependant ?

— Je... J'attends quelqu'un qui y est... Lui, a cette manie... Je vous demande pardon de le connaître... Vieil ami d'enfance... Mais je romprai avec lui, je romprai... Il a des excuses, du reste. C'est un nègre, un prince nègre... Mais tout cela ne fait que blanchir, et même ça n'y réussit pas... Mais vous-même, Mademoiselle, si j'ose en croire les apparences, vous fréquentez les bains, ce me semble ?

— Moi, monsieur ! Quel soupçon ! Tâchez donc

d'être poli !... En voilà un insolent ! Oh ! ma mère !... Précisément ! C'est ma mère qui y est... Je l'accompagnais... Elle ne sort pas seule... J'étais avec elle. J'attends. Elle a cette habitude. Ne lui en veuillez pas ! C'est une sainte femme... Elle fait des aumônes... Je ne lui connais que ce vice-là. Comme disait l'assassin au président qui lui reprochait d'avoir coupé son père en soixante morceaux, chacun a son petit ridicule. »

Ainsi ils s'entretiennent. Et peu à peu l'affreux soupçon s'envole. M. Pignolet trouve moyen de prendre son bain sans que Mademoiselle Sophie s'en aperçoive et charge définitivement du méfait l'odieux prince noir. L'honorable mère de Sophie prend, pour sauver sa fille, le bain qui était destinée à la mariée. Les fiancés se convainquent mutuellement de leur innocence :

« Je savais bien, mademoiselle, que jamais une pareille pensée ne pouvait vous venir.

— Je pensais bien, monsieur, que si vous étiez dans un établissement hydrothérapique, ce ne pouvait être que par erreur.

— Évidemment !

— Cela va sans dire.

— Vous vous êtes lavé...

— Jamais, mademoiselle.

— De tout soupçon de ce genre.

— A la bonne heure !

— Moi de même.

— Il faut persévérer dans les mêmes principes et

dans les mêmes habitudes. Si jamais, quand nous serons mariés, vous avez l'idée de vous nettoyer le corps, c'est moi qui vous laverai la tête.

— Vous ferez bien. Il y a des gens qui disent qu'il n'y a pas de déshonneur à cela.

— Ce sont probablement des anarchistes.

— Je suis mal propre....

— Sans doute!

— ... à décider la chose, comme dit Molière ; mais pour ce qui est de moi, vous pouvez compter... (à part). J'y viendrai en cachette !

— (à part) J'y reviendrai à la sourdine ! »

Il n'y aurait plus qu'à marier deux jeunes gens si bien faits pour s'entendre, si Anita ne survenait point.

Anita est une ancienne de Pignolet. Anita poursuit Pignolet par la ville, et, connaissant ses habitudes, est venue droit aux étuves, comme on disait au moyen âge. Elle jette un froid. Elle fait l'effet d'une douche. A ce titre, elle est honnie par tous ces gens qui ont pour tout ce qui touche à l'hydrothérapie une répulsion si prononcée.

« Tu vois, ma fille, dit la mère de Sophie, quelles personnes on est exposé à rencontrer dans ces endroits-là. Voilà les connaissances que monsieur y a faites. Que ça te serve de leçon.

« — Belle-mère, dit Pignolet, cette demoiselle ne m'est de rien du tout. Elle vient ici pour son plaisir.

« — Quel drôle de monde ! Ces femmes se permettent tout. Elles entrent ici sans rougir. Oh! sainte mousseline de nos mères. »

Anita est bonne fille. Elle consent à ne pas troubler plus longtemps le bonheur d'un ménage. Du reste elle craint, non sans quelque raison, ces hydrophobes. Elle capitule. Elle reconnait qu'elle n'a aucune affaire avec Pignolet. Elle est venue aux bains, non pour en prendre un, ce serait trop invraisemblable, mais pour se rencontrer avec le prince nègre.

Elle a le goût de l'exotisme. Elle a lu beaucoup de Loti. La littérature a toujours perdu les femmes.

Mais où est-il le prince nègre? Ici on admire plus que jamais la délicatesse des auteurs. De tous ces personnages réunis aux bains, il n'y en a qu'un qui est entré dans une baignoire et qui y soit resté le temps normal.

C'est le seul qui soit convaincu d'aimer le bain et de n'en point rougir. Aussi — que la morale se rassure! — au moins ne se montrera-t-il point. Il n'affrontera pas nos regards. Il aura, du moins, la pudeur de dissimuler sa retraite. On annonce à la fin de la pièce qu'il s'est évadé, comme Latude, par une fenêtre. Anita court après avec entrain et espérance. Les deux fiancés balnéaires n'ont plus qu'à resserrer leurs nœuds un instant relâchés. Ils font des projets d'avenir. Ils auront une lune de miel gaie. Ils iront souper en cabinet particulier. Ils iront au Théâtre Libre. Dans une baignoire...

— Jamais! monsieur.

— C'est juste ! jamais je ne contrarie ma femme dans ses convictions religieuses. »

Cette petite pièce, bizarre en sa donnée générale, mais assez gaie par ci par là comme dialogue, a été joliment jouée. Nous retrouvons nos excellents acteurs du Palais-Royal avec plaisir, Mlle Clem joue Sophie avec les jolis yeux et le minois le plus engageant du monde. Mme Leroux est une bonne duègne. Quand Anita lui dit : « Je vous le jure sur mon honneur », elle répond très bien, avec une majesté très réjouissante : « Vous n'auriez pas autre chose sous la main ? »

Le garçon de bains, Adolphe, est joué par un débutant, M. Mondos, qui avait été distingué au concours du Conservatoire. Ses débuts sont bons, sans être très brillants. Dans un rôle plus important, il s'affirmera plus fortement. Il a un très bon physique. Comme on dit au théâtre, c'est « une nature ». Oh ! nature ! nature ! disait Molière.

Mesdemoiselles Froment et Bonnaud, l'une dans le rôle d'Anita, l'autre dans celui de la bonne, réjouissent fort les regards.

Somme toute, c'est un lever de rideau très acceptable. Je n'irai pas cependant jusqu'à demander qu'on décore les auteurs. En tous cas on ne devra pas leur donner l'ordre du bain.

XXI

Odéon. — *Crime et Châtiment,* drame en sept tableaux de MM. Hugues Le Roux et Paul Ginisty.

17 septembre 1888.

L'Odéon, pour sa réouverture, nous a donné un drame très impatiemment attendu tiré du roman russe de Dostoïevsky, qui est intitulé *Crime et Châtiment.* Je ne saurais trop recommander aux jeunes gens de lire attentivement les romans russes et de s'en défier comme du feu pour ce qui est d'en faire des drames. Le steppe a ses mirages comme le désert : le roman russe tout à fait contemporain fait à tous ceux qui ne sont pas du métier une singulière illusion : il a l'air de contenir une action et il a l'air de contenir des caractères. Erreurs. Il contient une série, une file d'actions et d'événements, les uns très intéressants, les autres insignifiants, mais d'action une, d'où un drame puisse aisément sortir tout fait, presque jamais. Inexpérience ou ferme propos, peu importe ; mais ces romans ne sont jamais composés. — D'autre part, ils semblent contenir des caractères, parce qu'on y trouve beaucoup et de très fine psychologie ; mais ce n'est pas du tout la même chose. Ils nous peignent des gens toujours, non seulement très complexes, mais très indécis, de pensée obscure et de conduite incertaine et incohérente. Ils nous décrivent des caractères de gens qui n'ont pas de caractère. C'est une partie de leur charme ; mais on comprend que cela est un danger extrême pour ceux qui sont tentés de mettre ces imaginations-là sur la scène.

Les Russes font indéfiniment des *Hamlets.* Il faut être très fort pour donner, sur le théâtre, à un Hamlet, seulement une apparence de vie. Shakespeare même y reste obscur, et, vous l'avouerez, et si vous ne l'avouez pas, cela m'est égal, un peu empêtré. Autrement dit, les Russes font des romans dont ils ne songent pas à faire des drames, et dont il est difficile de faire des drames.

Je dis seulement difficile ; car mon avis est que de tout et de n'importe quoi un homme de génie peut faire une chose dramatique. Seulement il y a des événements et il y a des caractères qui sont plus propres que d'autres à être mis sur le théâtre. Les histoires russes ne sont pas du tout de ce genre. Elles sont du genre opposé. Vous verrez que quelqu'un tirera une pièce de théâtre de *Guerre et Paix;* cela ne peut pas manquer. Je ne veux pas le décourager ; mais je lui conseille d'être seulement de la force d'Eschyle augmentée de celle de Racine. *Guerre et Paix,* évolue autour, non pas d'un seul mais de deux caractères dont l'intérêt est d'être énigmatiques ; cela fait certainement une difficulté.

Pour en revenir à *Crime et Châtiment*, c'était un roman très curieux, très fouillé, très inquiet, ennuyeux comme le steppe, le plus souvent, mais, par endroits, d'une puissance de pénétration psychologique et d'une finesse d'intuition morale extraordinaires.

Un crime vulgaire et ignoble dans un être très cultivé, qu'est-ce que cela peut donner ? Voilà ce que s'était demandé l'auteur. C'est une question très intéressante. D'abord comment l'homme cultivé, l'homme instruit, intelligent, très conscient, affiné même, religieux du reste, doué de qualités familiales, pourra-t-il arriver, à la pensée, au désir, et, sinon à la volonté, du moins à l'attraction hallucinante du crime ? Puis, le crime commis, quelles seront ses sensations, ses sentiments, sa révolution morale à lui, qui n'est pas une simple brute méchante ou cupide ? Par quelle série, chez lui particulière et particulièrement compliquée, d'états d'esprit et d'état de cœur passera-t-il ?

Dostoïevsky, avec des maladresses, des incertitudes et surtout d'insupportables longueurs, parfaitement inutiles quoi qu'on dise, s'était fort bien tiré de cette affaire. Son criminel était bien un criminel très particulier et très original. Il n'était pas un simple Troppmann. Il était un Troppmann très compliqué. Et il paraissait, somme toute, assez vrai. Et il avait pour nous (et voilà le grand point) cet intérêt d'être un de nous. Quand nous lisons les romans-feuilletons, si nous nous ennuyons si ferme, c'est que nous sentons trop que cela ne nous regarde pas. Ces épouvantables criminels, ogres pour grands enfants, sont si éloignés de ce que nous sommes, que nous ne les regardons que comme des marionnettes parfaitement indifférentes. Le jour où on nous dit : voici un homme d'éducation et même de moralité supérieure qui assassine une vieille femme pour la voler, nous nous disons aussitôt : à la condition que vous me convainquiez bien de la possibilité de la chose, elle va m'intéresser infiniment, parce que c'est moi que je vais regarder là dedans, avec curiosité, avec inquiétude et avec terreur. Mais on comprend quelle peine il faut que se donne l'auteur, quels soins minutieux pour nous construire un personnage qui soit bien, en effet, l'un de nous, avec notre tournure ordinaire d'esprit et notre habitude morale ordinaire, et qui soit en même temps, ou qui devienne, capable non seulement du crime, mais du crime bas, vulgaire et répugnant, du crime pour l'argent.

Dostoïewsky s'était donné cette peine et avait à peu près réussi dans cette tâche. Il avait expliqué, expliqué à satiété. Son livre, c'était surtout deux volumes d'explications.

Nos auteurs français se sont demandé ce qu'ils avaient à faire, et il semble qu'ils ont été embarrassés. Expliquer tout, c'était dangereux. L'impatience française, notre besoin d'action au théâtre, ces fantômes effrayants se sont dressés devant eux. Ils ont frémi.

Quatre heures de psychologie au théâtre, c'était une partie trop grosse à jouer. Ils n'ont pas osé. Et voici, ce me semble, ce qu'ils se sont dit : « La partie psychologique, si nous la retranchions, tout simplement? Est-elle si nécessaire? Notre bonhomme tuera parce qu'il est naturel de tuer quand une vieille femme qui vit seule a de l'argent, et qu'on n'en a pas. Il hésitera au moment du crime, parce qu'il est naturel que quand on lève le couteau sur une vieille femme on hésite un instant. Cela est arrivé à tout le monde. Après le crime il essaiera de se dérober aux recherches de la justice parce qu'il est naturel de désirer n'être pas pendu ; et il aura des remords ; et il finira par se dénoncer parce que les remords sont naturellement insupportables. A quoi bon tant chercher de raffinements ? La chose au fond est bien simple. »

La chose au fond est bien simple ; mais si elle est simple, elle est ennuyeuse, et si, compliquée, elle devient très difficile, elle n'est, aussi, intéressante qu'à la condition d'être compliquée. « La vieille femme veut avoir le magot du vieil homme. Le vieil homme, qui est plus malin qu'elle, l'attire dans sa maison précisément en irritant en elle le désir de voler le magot. Et aussitôt que la vieille femme est dans la maison du vieil homme, le vieil homme la fait étrangler par son domestique. » Voilà un drame simple. C'est *Athalie* réduite à son fond. Seulement Racine a mis quelques petites choses autour.

Les petites choses que Dostoïewsky avait mises autour de *Crime et Châtiment,* les auteurs français les ont à peu près retranchées. Ils ont retranché tout ce qui caractérise, tout ce qui spécifie, tout ce qui singularise, et ils n'ont conservé que les gros ingrédients d'un crime ordinaire. Dès lors ils ont été assez clairs, assez forts, assez vifs même, mais ils ont peu intéressé. Du drame de Dostoïewsky ils ont écarté le curieux et gardé le gros fait. Ils ont *dégagé le mélo.* Ils se sont aperçus qu'au fond de l'œuvre du romancier russe, qui du reste, lui-même, aimait déjà trop Eugène Sue, il y avait un drame de l'Ambigu, et ils ont trop cru que c'était là une belle découverte. C'était une petite trahison. Ce pauvre russe a une idée de roman assez vulgaire en son fond ; mais il l'habille très bien. Nos auteurs ont mis leur soin à la déshabiller. Il y a des cas où déshabiller c'est travestir.

Jugez plutôt ; voici leur histoire.

Un cabaret à Saint-Pétersbourg. Ivrognes de profession, étudiants, filles, un policier. Entre un étudiant pâle. C'est Rodion : « Rodion veux-tu avoir des répétitions ? — Non ! — Mais tu es pauvre ? — Oui ! — Hum ! il doit avoir une idée ! »

Le policier cause avec Rodion : « C'est vous qui avez publié un article sur le *Droit au meurtre ?* — Oui ! —Vous avez eu tort ! —Non ! — C'est un paradoxe ! — Non ! — Farceur, va !... Homme à surveiller. Il doit avoir une idée. »

Voilà le premier acte. Du caractère de Rodion, rien.

C'est un homme qui rêve assassinat, et qui est maladroit, voilà tout.

Second acte : le crime. Vieille recéleuse assassinée sans les moindres précautions par Rodion. Ce Rodion est un scélérat ; mais surtout il est nul. Je ne m'intéresse pas du tout à ce Rodion. Je ne m'y intéresse ni moralement, ni intellectuellement. Je n'y vois ni un *semblable* égaré, ni je n'y vois un *cas* curieux. Ce n'est même pas un fou ; plût à Dieu que ce fût un fou ! ça m'a l'air d'un simple imbécile.

Troisième acte : Rodion dans sa famille. On lui parle de sa mère. Il pleure. « Il aime tant sa mère ! » Je ne gouaille pas. Voilà enfin quelque chose, quelque chose d'assez vulgaire, mais un petit point qui m'intéresse un peu. C'était avant le crime que Rodion eût bien fait d'aimer sa mère, d'abord pour ne pas être criminel, ensuite pour qu'il y eût un conflit de sentiments qui eût piqué ma curiosité ; mais enfin c'est quelque chose, dont les auteurs tireront peut-être parti. — Le policier arrive. Naturellement. Il arrive tout droit. Le criminel s'est désigné même avant le crime. Il a fait des aveux préalables. Ce policier n'a pas besoin d'être fort. Il emmène Rodion.

Je suis palpitant ? Pas du tout ! Comment le serais-je ? D'intérêt de curiosité ? Nullement. Le policier sait son métier, Rodion est maladroit comme on ne l'est pas, la chose est claire. Rodion sera pendu dans huit jours. D'intérêt moral ? Nullement. Rodion est insignifiant. Il a tué presque sans hésitation, il a volé, il est pris. C'est Jean Hiroux, moins les facéties. Qu'on le pende et que ce soit fini. Qu'est-ce que cela me fait ?

Quatrième acte : Chez le juge d'instruction. Plus intéressant. Rodion se défend. Il se défend mal, mais il se défend. Toutes les fois qu'un homme défend sa vie contre les gens de justice, quand même je n'ai aucune sympathie pour le criminel, cela fait un jeu qui me pique un instant. Et puis il y a là un type de juge idiot qui est gros, et même énorme, mais d'un grotesque assez drôle. Rodion se débat, non pas contre le juge, qui est une huître, mais contre le policier qui rôde par là, et aide le juge sans en avoir l'air. Du reste il est de plus en plus maladroit. Il se dénonce dans chacune de ses dénégations. Il se livre dans chacune de ses forfanteries....

Ici les auteurs m'arrêtent pour me faire remarquer que je suis un imbécile, comme font toujours les auteurs. « Ne voyez-vous pas que c'est cela qui est intéressant, s'écrient-ils. Ce Rodion c'est un criminel proprement dit, d'abord, et, comme tel, il défend sa vie. Mais en même temps, c'est un homme de classes supérieures, un raffiné et un orgueilleux qui est fier d'avoir commis un crime avec adresse (Hum !) et qui ne peut s'empêcher de narguer le policier qu'il méprise. Arrêtez-le donc votre criminel ! Vous n'êtes pas de force ! — Et en même temps, c'est un être d'éducation supérieure, de moralité héritée et acquise. Il a commis le crime ; mais sa conscience cultivée d'enfant de bonne famille est toujours là qui se réveille et se redresse ; et les remords commencent, qui lui dictent les imprudences, et ses fanfaronnades sont déjà des formes d'aveux, et sous ses défis percent déjà des confessions. »

D'accord, répondrai-je ; mais alors c'est mal fait ; car cela ne se voit pas clairement. Oui, d'une part Rodion assassin soupçonné qui se défend, d'autre part Rodion assassin repentant qui brûle sans s'en rendre compte, de se livrer, je comprends très bien cela. Seulement, comme c'est compliqué, il fallait distinguer nettement les éléments divers. Ce qui serait amusant, et ce qui serait vrai, ce serait Rodion, toutes les fois qu'il est aux prises avec le policier, ne songeant qu'à se sauver, dominé par l'instinct de conservation et devenant très adroit et très retors, comme il arrive, en ces occasions, aux plus bornés ; — et Rodion, toutes les fois qu'il est seul, dominé par l'instinct de repentir, songeant vaguement à l'aveu, impatient du poids qui l'étouffe, cherchant instinctivement le policier sans trop savoir dans quel but ;—pour recommencer à se défendre très habilement dès qu'il lui parle.

Voilà ce qui eût été très difficile, mais très digne d'être tenté, et, sans doute très intéressant. Tout cela vous le mêlez dans une seule scène, où l'on ne sait jamais si l'intention de Rodion est de se sauver ou de se perdre. Rodion ne devient pas plus intéressant qu'auparavant. Il n'est que plus obscur. Il était nul, il devient incohérent. Je reste froid.

Cinquième acte : le revirement. Le revirement ! ah ! voilà où l'on récolte ce qu'on a semé, et voilà où, quand on n'a pas semé grand chose, on ne récolte rien. Les auteurs comptaient beaucoup sur deux scènes : la scène du remords et la scène de l'aveu. Les scènes de remords sont toujours belles ou tout au moins saisissantes. Mais elles le sont plus ou moins en raison de la connaissance plus ou moins grande que nous avons des personnages. Or vraiment de Rodion, de ce Rodion qui s'annonçait comme si complexe et si profond, nous ne connaissons rien. Aussi, quand il revient au logis de la vieille femme assassinée, avec sa sœur (pourquoi avec sa sœur ? inexplicable, et ne sert à rien), nous ne voyons dans ce mouvement rien de très émouvant, rien de plus que ce *réflexe* observé chez tous les criminels qui les ramène aux lieux du crime ; et la scène d'hallucination, où Rodion revoit la vieille femme se dressant devant lui et criant vengeance, ne paraît que déclamatoire à la façon du cauchemar du *Maître d'école* dans le caveau, d'Eugène Sue.

Et de même la scène de l'aveu (sixième acte) qui pouvait être si curieuse. Il est entendu que Rodion devait finir par avouer ; mais il est entendu aussi que tout ce qui détermine les actes, c'est-à-dire ce qui est intéressant, c'est ce dont les auteurs nous priveront. La scène à faire, c'était celle où Rodion sent définitivement que le silence lui devient impossible, qu'il faut qu'il parle, la scène où l'instinct de conservation lutte une dernière fois contre l'instinct de repentir et finit par succomber. C'est cette scène que les auteurs évitent. Rodion arrive brusquement chez Sonia, une pauvre petite prostituée qui s'est réduite au déshonneur pour soutenir ses parents qu'elle ne pouvait plus nourrir par son travail. J'en reparlerai. Il arrive, recule quelque temps devant le terrible aveu, et enfin se décharge de l'effroyable poids dont il est accablé. Mais cela ne suffit point. Sonia le lui fait comprendre. Il faut avouer à la justice, et il faut expier pour redevenir pur, et pur pour redevenir calme. Sonia joue ici le rôle que jouait, ou qu'aurait dû jouer, le père de l'assassin dans la *Puissance des Ténèbres.*

Les auteurs comptaient évidemment beaucoup sur cette scène. Il me semble qu'elle a peu porté. Les scènes de ce genre ne sont que les explosions de forces vives lentement et longuement entassées, et jusque là les auteurs n'avaient rien entassé, ou peu de chose ; et, de plus, cette scène peu préparée m'a paru assez mal conduite. Que vient faire Rodion ? Il vient avouer parce qu'il ne peut plus contenir son secret. Mais avouer à qui ? A Sonia. Pourquoi ? Évidemment parce qu'il l'aime. Quand le remords n'est encore qu'un secret qui pèse, et non pas encore un besoin de réhabilitation, il veut s'épancher dans un cœur ami. Si ce cœur ami est un cœur droit, il épurera le remords en le recevant, il en fera un vrai repentir, un besoin de cette « salutaire médecine de l'âme » dont parle Platon, et qui est le châtiment. Ce qui serait naturel, à mon sens, ce serait donc ceci :

« Sonia, j'ai un secret qui m'étouffe. J'ai... j'ai tué. — Malheureux !... etc... Mais pourquoi est-ce à moi que tu viens dire?... — Pourquoi?... C'est vrai, pourquoi?... Parce que, je le sens à cela même, parce que tu es le seul être que j'ai aimé, etc. »

La scène dans la pièce que nous avons vue hier suit l'ordre inverse : « Sonia, j'ai besoin de te voir... je... ah! Sonia, je ne te l'ai jamais dit, je t'aime. — Quel bonheur! Moi, la femme perdue! Tout le passé s'efface, etc. — Oui, mais j'ai assassiné une vieille femme. — Misérable... » Et elle a horreur de lui, et il n'en faut pas moins revenir à la scène d'amour, et vous sentez bien que c'est le diable pour faire le raccord.

Et vous sentez bien aussi que tout cela est confus et louche, qu'on ne sait pas si l'on a affaire à une scène d'amour ou à une scène de confession, et que l'impression est incertaine et trouble, ou plutôt qu'il n'y a presque point d'impression produite.

Le septième acte c'est Rodion se déclarant à la justice et se préparant à aller en Sibérie où il écrira la *Maison des morts*, consolé par Sonia, qui le suivra.

On voit assez ce que j'entendais quand je disais que nos auteurs avaient réduit l'œuvre de Dostoïeswky, déjà trop inspirée de notre boulevard du Crime, à un simple mélodrame. Le policier qui a du flair et qui est amoureux de son métier, — l'assassin orgueilleux de son crime et qui gouaille la police, — l'assassin qui revient au lieu du crime, comme poussé par une force supérieure, — l'assassin qui revoit sa victime dans une hallucination, — la fille publique au cœur de vierge, ange de la prostitution, Fleur-de-Marie, — le tapis franc, — le remords, — l'aveu ; tout ce magasin de 1840, qui nous semblait un peu vieux en 1860, que ce bon Victor Hugo reprenait naïvement (ou en très bon commerçant) dans les *Misérables,* en le recouvrant des pourpres de son grand style, que ces bons Russes reprennent dans un sentiment d'admiration enfantine, mais en y ajoutant certaines qualités de psychologie curieuse et rare ; il nous revient de Russie, sans psychologie et sans pourpre, et n'est plus qu'un drame d'Eugène Suë, ni meilleur ni pire qu'un autre, et qui se laisse écouter sans peine, mais sans vive émotion ni chatouillant intérêt.

On pouvait se rattraper sur le « personnage sympathique » de Sonia. Mais les auteurs ne l'ont pas assez soigné. Elle est un peu incohérente, elle aussi. Elle s'est prostituée pour donner du pain à sa famille ; et à ce titre elle est une sainte et une martyre ; admettons. Mais quand Rodion vient lui dire : « Je t'aime, » remarquez donc qu'elle lâche la prostitution, mais aussi sa famille, avec une désinvolture extraordinaire. Il faudrait pourtant s'entendre. Ou le métier qu'elle fait, étant donné le but, est ce qui la rend vénérable ; et et alors, il n'y a pas à dire, qu'elle continue de le faire ; — ou le métier qu'elle fait est très vilain et c'est en cessant de le faire qu'elle remontera dans l'azur; et alors pourquoi voulait-on que, tout à l'heure, je l'admirasse de faire le métier qu'elle faisait? Tout cela n'est pas clair du tout. En un moment de colère Rodion lui dit : « Tu te dévoues pour ta famille. Et sans doute ta petite sœur Poletcka se dévouera aussi? — Oh ! non ! non ! pas cela ! oh ! mon Dieu !... » Mais remarquez donc, mademoiselle, que si vous partez pour la Sibérie, avec Rodion, pour être l'ange du bagne, c'est le tour de la petite Poletcka... J'aime bien qu'on se dévoue; mais j'aime bien aussi qu'on ait le sens commun dans ce pauvre monde.

Il y a donc bien des incohérences dans ce drame un peu brusqué, un peu bousculé, insuffisamment arrangé et surveillé, bien des incohérences, remarquez-le qui, si j'ai bonne mémoire, sont parfaitement déjà dans Dostoïewsky, mais chez lui, échappent dans les longueurs des développements, ici au contraire, rapprochées et serrées et pressées, éclatent, sautent aux yeux. Le public fera moins attention que nous à ces inexpériences, et sera, je crois, touché des bons ferments de saine et robuste émotion populaire, dont le drame et suffisamment pourvu. Il s'attendrira, sur Sonia la dévouée, et Rodion le repentant, et, après tout, c'est l'essentiel. *Crime et Châtiment* fournira probablement, une honorable carrière.

XXII

Comédie-Française : Reprise de *François le Champi*, comédie en trois actes, de George Sand.

21 Septembre 1888.

Nous avons revu à la Comédie-Française ce fameux *François le Champi*, qui flottait dans les souvenirs des plus vieux d'entre nous (j'en suis, pour vous servir) comme une gracieuse idylle faite pour être jouée en quelque Trianon par une Marie-Antoinette au doux parler et au beau sourire, plutôt que comme une pièce de théâtre faite pour retenir longtemps le grand public.

Nos souvenirs ne nous trompaient pas. George Sand avait le démon du théâtre ; elle adorait la rampe, les comédiens, les comédiennes, quelques directeurs, et les marionnettes. Elle avait un théâtre chez elle, à Nohant, qui avait dans ses préoccupations, à en juger par sa correspondance, une beaucoup plus grande place que le roman qu'elle écrivait, la *Revue des Deux Mondes* et son éditeur. Notez ce point qu'elle est, depuis Voltaire, si je ne me trompe, le seul littérateur qui ait un théâtre chez lui et qui fasse jouer la comédie devant ses pénates.

Pour les auteurs dramatiques les plus férus de leur métier encore est-il que le théâtre est l'usine tenue à une distance honnête de la maison, la fabrique où l'on va souvent, mais qu'on tient suffisamment à l'écart et qu'on laisse le moins possible pénétrer dans le privé. George Sand voulait sentir le théâtre tout proche de sa salle à manger. Elle invitait ses amis à dîner, c'était le prétexte, et à voir jouer la comédie, c'était le but. Elle était théâtromane.

Et avec cela elle n'entendait guère le théâtre, et était infiniment peu douée de ce côté-là. Ses maladresses à la scène sont une chose très remarquable. *Claudie,* nonobstant cette merveille du premier acte, en est un exemple, *Cadio* en est un aussi, *François le Champi* en est un autre. Pour le *Marquis de Villemer* je crois bien que c'est un peu Alexandre Dumas fils qui l'a fait.

Vous vous souvenez de ce ravissant roman de *François le Champi.* Vous vous en souvenez, je ne sais trop. Au dix-septième siècle, aux jeunes gens qui lisaient la *Clélie,* un bon vieillard pouvait dire : Vous vous souvenez de l'*Astrée.* S'ils s'en souvenaient ! A cette époque les romans avaient plus d'une saison. On les relisait. Les générations se les passaient les unes aux autres. C'étaient des meubles de famille. La Fontaine disait, de d'Urfé, ce que volontiers je dirais des *Confessions d'une jeune fille :*

Étant petit garçon je lisais son roman ;
Et je le lis encore avec la barbe grise.

Et il en pouvait parler à Racine, voire même à Mlle de Fontanges. Les Racine d'aujourd'hui et les Fontanges de maintenant ont-ils lu *François le Champi ?* Remontent-ils plus loin dans le passé confus que *Fromont jeune* et *l'Abbé Mouret ?* J'ai de grands doutes là-dessus. Et *par ainsi*, comme dit Mme Blanchet, faut-il bien que je raconte un peu *François le Champi.* Ah ! misère, raconté par moi, ça va être une jolie chose !

Mme Blanchet est une jeune femme douce, bonne, un peu triste, d'une vingtaine d'années. Son mari fréquente un peu trop chez la Sevère et fait tort au « bien ». Le moulin va mal et l'écurie est un peu botteuse. De bon courage et de grande résignation, Mme Blanchet travaille et prie le bon Dieu. Un matin, de très bonne heure, traversant la « brande » mélancolique, dans les brouillards légers qui fument en tournoyant sur les ruisseaux, elle descend au lavoir, répand son linge sur les pierres plates et prend en main le battoir lourd. Un enfant de dix ans, malingre et souffreteux, la regarde de l'autre côté de l'eau : « Qui que tu es, mon petit gars ? Je n'ai pas souvenance de toi dans le pays ? — Je m'appelle François. — François de quoi ? — De rien. François. J'ai point de maman, ni de papa. Ils m'appellent le Champi. — Tu as froid ? — Oui. — Tu as faim ? — Oui. — Tu as la fièvre ? — Je ne sais pas. (Il l'avait toujours.)

— Veux-tu que je sois ta maman ? — Oh ! Oui ! — Pourquoi ? — Parce qu'ils disent comme ça qu'il n'y a pas meilleure que vous depuis le pays des bois jusqu'au pays des blés. — Et si je suis ta maman, tu seras bien sage ? — Je ne sais pas ; mais je vous aimerai toute ma vie. »

Mme Blanchet amème le Champi chez elle, en grand émoi et grande peur d'être battue. Elle réussit à le garder. Il devient grand et fort, bon laboureur, bon meunier et qui sait bien soigner les bêtes. Mais comme il va sur ses dix-sept ans, solide et beau comme un jeune chêne, maître Blanchet, qui ne l'a jamais aimé, se prend de jalousie à son endroit et trouve que Mme Blanchet l'aime trop. Il est chassé. Le peu de prospérité de la maison s'en va avec lui. La Sévère ruine Blanchet. Et puis Blanchet meurt. Mme Blanchet, son petit garçon Jeanic, et sa jeune belle-sœur Mariette restent seuls, fort mal en point. Car Mme Blanchet est souffrante et lasse, Mariette légère et un peu coquette, Jeanic, trop jeune. Il y a une odeur d'huissier dans le logis.

Qui est-ce qui revient tout à coup ? C'est le Champi. C'est un homme maintenant. En quelques jours il le montre bien. Il remet l'ordre dans les affaires, travaille pour quatre, déjoue les ruses de la Sévère toujours attachée aux débris de sa proie, ramène à la raison cette petite tête folle de Mariette, qui heureusement a un bond fond, et devient le maître en n'ayant l'air que d'être le serviteur dévoué, parce que l'homme qui a le courage, l'esprit et la bonne conscience, commande là où il se trouve, et que c'est son droit.

Et cela est bien, mais ça fait jaser. Mme Blanchet est encore une jeune femme, elle a trente ans, le Champi est un homme, et un grand et bel homme. Vous pensez ce qu'on en dit. Ils s'aiment tous d'eux, mais sans voir clair dans leurs cœurs. Pour Mme Blanchet, François est toujours « son pauvre petit Champi; » pour François Mme Blanchet est toujours « la dame, » toujours « notre maîtresse. » Mme Blanchet voudrait donner Mariette comme femme à François. La jalousie même de Mariette éclaire celle-ci sur le véritable sentiment qui rapproche à leur insu Mme Blanchet et François. Et l'étonnement avec lequel François accueille l'idée d'épouser Mariette l'éclaire lui-même. Et les méchants qui les calomnient et les bons qui les convient à s'aimer franchement autant qu'ils s'aiment sans oser s'en apercevoir, tout le monde, d'une pression bienveillante ou involontaire, amène Mme Blanchet et François à tomber aux bras l'un de l'autre. — Ils s'épousent, et cette histoire prouve que recueillir un pauvre Champi, cela amène la bénédiction du bon Dieu dans une maison.

Elle est adorable cette histoire. Elle a la saveur rustique, la douceur triste du Berri, le parfum des « brandes, » la longuerie sinueuse et molle des « traînes, » et aussi la bonne odeur du travail, de la patience, du dévouement obstiné et doux, et encore ce grain de finesse tranquille du paysan français, si aimable quand elle est au service du bon droit et du bon cœur. Elle est de l'enchanteresse enfin, de celle qui a mis le plus de vérité humaine, quoi qu'on en dise, dans l'idylle villageoise, ayant eu cette bonne fortune, du reste, d'avoir étudié le paysan dans la région de France, où, avec ses défauts, qu'elle n'a point célés, il a le moins de sauvagerie et le plus de sens droit et juste.

De cette charmante églogue, elle a fait un petit drame touchant encore, mais un peu confus et assez maladroit. Et d'abord, la faute en est au temps où elle écrivait; elle n'a pas osé mettre tout bonnement son histoire sur la scène dans toute sa suite. L'enfance du Champi est une partie nécessaire de ce petit drame, comme elle l'était du roman. Il faut que nous ayons vu le pauvre imbécile brutal qui fut Blanchet; il faut que nous ayons vu le petit François, « frère aîné » du plus petit Janic et déjà le protégeant, « fils aîné » de dame Blanchet, et la consolant, essuyant ses larmes, et lui disant : « Allez, quand je serai grand, notre maîtresse, vous ne pleurerez jamais. » Il le faut, pour que nous désirions le retour du Champi, pour que nous l'attendions comme le sauveur, pour que, le revoyant transformé, devenu homme, nous nous disions : « Et maintenant, c'est autre chose. Maintenant ils vont s'aimer d'amour. Et comment la transformation d'un sentiment en un autre, par le renversement des rôles, le protégé devenant le protecteur, se fera-t-elle bien, cela va être très intéressant. »

Un acte-prologue nous montrant François à treize ans, Janic à cinq, dame Blanchet à vingt-trois, était, ce me semble, indispensable. Mais à l'époque ou Mme Sand écrivait ce drame, on croyait qu'il fallait toujours qu'un drame fût un roman « réduit à sa crise, » et *François le Champi* à la scène débute au retour de François, c'est-à-dire à François dont nous ne connaissons rien.

Eh bien, soit! même à prendre les choses ainsi, il y avait encore moyen de s'en tirer à peu près. Blanchet est mort; La Sévère rôde, Mariette va coquetant. On se dit dans la maison que tout va mal, et l'on murmure : « Ah! si le Champi était là. Il avait dix-sept ans quand il est parti. Il s'annonçait bon ouvrier. Il aimait la maison. Il aimait la dame. Il aimait Janic. Quel dommage. Ah! quel dommage! » Et l'on ne dit que cela, absolument que cela. Il ne faut pas dire autre chose. Il faut que nous ne voyions pas le Champi d'abord, et que nous ne songions qu'à lui comme à la bénédiction de la maison dans le passé, et sans doute, son salut dans l'avenir. Quand il arrivera nous l'aurons attendu, nous l'aurons désiré et nous le connaîtrons.

Au lieu de cela, une scène où l'on ne voit que dame Blanchet malade, et Mariette devant son miroir, puis très vite François, c'est-à-dire non pas François, mais je ne sais qui, en limousine, qui entre, ne dit pas son nom (pourquoi pas?) s'assied dans la cheminée et a l'air d'un rôdeur de chemins. La servante, Mariette le prennent pour un voleur... Mais, nous aussi ! Une impression pénible et bizarre s'empare de nous, dont nous ne nous débarrassons que très lentement, ce qui aura son effet sur toute la représentation, si nous n'avons pas, préalablement, lu le roman. Or, au théâtre, *je n'ai jamais lu le roman*, jamais.

Toute cette exposition, du reste, est manquée. Trois ou quatre pistes y sont ouvertes, qui ne mènent à rien. Le Champi y est annoncé comme un madré. Il ne sera qu'un énergique dans le reste de l'ouvrage. Il a une scène de coquetterie avec la Sévère. On se dit : « Très joli. Il va rendre la Sévère amoureuse de lui, pour entrer dans sa confidence, et, plus tard, la démasquer. » Plus tard il ne la démasquera nullement ; ce sera le neveu de la Sévère, le gros rustaud de Jean Bonnin qui le démasquera. Alors pourquoi la piste du premier acte ?

Il est encore, en ce premier acte, question d'une fameuse quittance à retrouver qui semble devoir être le pivot de l'intrigue. On ne parle que de cette quittance, dans ce premier acte. A partir du second, oncques plus n'ai ouï parler de cette quittance. Tout cela est bien mal mené.

Le fond même de l'ouvrage est, je ne dirai point manqué, ce serait injuste ; je ne dirai pas escamoté, tant le mot est mal à sa place quand il s'agit de cette bonne, franche, sincère et ingénue George Sand, il est « lâché, » je ne vois guère d'autre terme. Le fond de l'ouvrage, c'est sans doute ceci : Deux êtres honnêtes et droits qui s'aimaient d'affection calme et profonde, mais non passionnée, en viennent à s'aimer d'amour, l'âge s'en mêlant, et les circonstances, et, chez l'un la défaillance délicieuse d'un cœur de trente ans qui n'a jamais connu l'amour et qui a bien pâti, chez l'autre l'ardeur saine et la saillie vigoureuse d'un tempérament énergique uni à une âme vigoureuse et dévouée. Comment la transformation se fera-t-elle ? Qu'est-ce qui les éclairera sur le véritable état de leur cœur, que moitié ils ignorent, moitié, par pudeur et respect, ils se dissimulent ? C'est une surprise de l'amour. C'est du Marivaux sans marivaudage qu'on attend, qu'on désire et qui doit être, puisque c'en est.

L'évolution se fera devant nos yeux dans les entretiens qu'ils auront ensemble. Ceci d'abord, et avant tout. — Et puis, si vous avez une Mariette que dame Blanchet songe à faire épouser à François, elle nous sera très utile. Une certaine hésitation chez dame Blanchet au moment même où elle a cette idée, puis trop d'empressement à pousser ce dessein, pour se défendre elle-même contre une résistance intime qu'elle sent vaguement, me semblent indiqués, comme disent les médecins. — Et aussi Mariette devra voir plus tôt que tout le monde le vrai des choses, et à la jalousie qu'elle sentira à l'égard de dame Blanchet, deviner tout, et en devinant tout et s'échappant à le dire, le faire soupçonner à dame Blanchet à François.

François, dame Blanchet et Mariette, voilà donc les forces actives de ce petit drame. Tout le reste est matière inerte. François, dame Blanchet et Mariette doivent toujours être en scène et conspirer toujours à ce résultat attendu : Dame Blanchet et François arrivant à se comprendre.

Eh bien, ce n'est pas cela du tout. L'évolution des sentiments de dame Blanchet et François, François et dame Blanchet en face l'un de l'autre, Mariette aidant au jeu, voilà ce qui tient le moins de place dans *François le Champi*. Cela ne donne guère qu'une scène ou deux. Dame Blanchet parait à peine. J'étais toujours à me dire : « Mais où est donc dame Blanchet ? » Et ce qui fournit de matière, ce qui occupe sans cesse la scène, ce sont les ruses de dame Sévère, où j'avoue n'avoir pas compris grand chose, et la petite pièce à côté, c'est à savoir les amours de Mariette et de Jean Bonnin. Cette pièce c'est plutôt *Mariette et Jean Bonnin* que *François le Champi*. A la vérité le rôle de Mariette est joli, quoique mollement dessiné, et celui de Jean Bonnin, ce gros paysan un peu épais, à qui peu à peu l'amour donne beaucoup d'intelligence et de finesse, est excellent. Il n'en est pas moins que tout cela, je le sens, j'en ai l'intuition et j'en ai la gêne, « tient de la place, » et une place qui pouvait, qui devait être occupée par quelque chose de beaucoup plus ingénieux, de beaucoup plus délicat, de beaucoup plus dramatique, par quelque chose enfin qui est la chose où je m'attendais et qui m'intéresse.

Et cependant il y a des parties excellentes dans ce petit drame. Mariette cédant à Jean Bonnin, que la Sévère lui jette à la tête, non *parce que*, mais *quoique*, lui cédant juste au moment où las de toutes les finesses de sa tante, Jean Bonnin la démasque, se repent de l'avoir écoutée et se montre à Mariette ce qu'il est, un bon garçon plein de cœur et de dévouement, cette scène épisodique, qui devient la scène principale, est délicieuse. Et elle est d'une vérité! « J'suis point fâché que vous soyez riche, pour sûr. Faut point de menteries. Mais devenez pauvre, mademoiselle Mariette, vous verrez si je ne vous épouse point. » On était ravi. On avait raison. C'est cela, c'est tout à fait cela. Et du reste, comme ç'a été joué! Ce Féraudy devient un grand artiste. Il *compose* un rôle, à l'exemple de son grand maître Got, avec une patience minutieuse, un concours habile de tous les petits moyens, une suite surveillée et maintenue, en un mot il *compose*, avec une science désormais sûre d'elle-même et accomplie. On a accroché une longue, longue, presque inconvenante ovation à un mot qu'il a dit excellemment. On n'a pas eu tort. Mais c'est tout le rôle, depuis la première entrée jusqu'à la dernière syllabe, qui est une petite merveille de justesse, de vérité et de mesure.

A côté de lui Mme Baretta est une coquette de village, excellente fille au fond, d'une grâce bien aimable et bien fine. Est-ce qu'elle n'assombrit pas légèrement ? Deux ou trois fois je ne sais quelle nuance de désespoir m'a semblé de trop.

Mᵐᵉ Pierson fait regretter que son rôle soit trop court. On n'a pas, mieux qu'elle, la bonté, la douceur triste, l'amour tendre et encore maternel dans sa mélancolie et son abandonnement lassé. Je m'en allais en répétant le long des boulevards le vers divin de notre cher Vigny :

> Avec ton pur sourire amoureux et souffrant.

Si vous ajoutez que Mᵐᵉ Fayolle a composé un rôle de vieille servante avec une réalité sans réalisme très savante et très forte, vous jugerez que cette représentation a été une belle soirée de plus au glorieux actif de la Comédie-Française.

XXIII

Ambigu. — *Roger la Honte,* drame en dix tableaux, de MM. Jules Mary et Grizier.

1ᵉʳ octobre 1888.

Roger la Honte est une succession de drames plus ou moins intéressants, les uns plus, les autres moins, mais dont aucun ne laisse languir l'attention. Combien y en a-t-il? Trois, quatre, cinq? Nous ferons l'addition quand nous serons au bout; c'est plus simple.

Vous connaissez ce procédé ordinaire des assassins ou des simples filous qui consiste, quand on leur pose la fameuse question : « D'où tenez-vous cet argent? » à répondre, en se faisant prier, et en rougissant : « Je le tiens d'une personne qu'il m'est impossible de compromettre »; et vous savez le beau parti que tirent de cette explication facile les avocats qui savent leur métier. Généralement le fameux : « Je le tiens d'une femme » est jeté aux jurés par un personnage hirsute et délabré « fleurant plus fort mais non pas mieux que rose ». Il n'en fait pas moins son petit effet. Il ébranle. Il fait réfléchir. Il n'y a pas un juré, les jurés étant hommes qui connaissent la vie, qui ne se dise qu'en pareille affaire il n'y a jamais rien d'invraisemblable. Généralement ils admettent les circonstances atténuantes pour se tirer de doute, et condamnent le beau monsieur à perpétuité.

Ceci posé, supposez un homme qui s'appellera Luversan et qui voudra mal de mort à Roger Laroque pour diverses causes inutiles à énumérer. Il construira la petite machination suivante.

« Laroque a été l'amant de Mme de Noirville. Il l'a même un peu entretenue, si j'ose m'exprimer ainsi, et il lui a « prêté » une petite somme de cent mille francs. Depuis, par estime pour M. de Noirville, qu'il a appris à connaître, par retour d'affection pour sa propre femme, par dégoût peut-être, il a rompu avec Mme de Noirville, qui en est à le détester jusqu'à la rage.

» D'autre part Laroque, qui est commerçant, est mal dans ses affaires et va être exécuté sur la place commerciale de Paris, d'ici à demain, s'il ne trouve pas une centaine de mille francs.

» Eh bien ! voilà mon affaire. J'assassine, moi, un voisin de Laroque, un sieur Gerbier, qui a les cent mille francs chez lui. J'arrache à la fureur jalouse de Mme de Noirville un billet à Laroque où elle lui dira qu'elle lui rend ses cent mille francs. Ce billet, avec les cent mille francs que j'aurai volés chez Gerbier, je l'envoie à Laroque. Le voilà perdu. Car, à l'étonnement de tout Paris, le lendemain matin du jour du crime, il paiera partout. On le soupçonnera, j'aiderai aux soupçons ; on l'arrêtera ; on le questionnera sur la provenance des fonds. Cette réponse il ne voudra jamais la donner. Il répondra, et à peine : « Je tiens l'argent d'une femme ». Cette explication est trop célèbre pour faire un effet autre, désormais, que peu favorable. Mon homme est perdu.

» Ne négligeons rien du reste. On peut être vu. J'ai cette chance que, de taille et d'allure générale, je ressemble assez à Laroque. Habillé comme lui avec exactitude, si je suis vu, je passerai pour lui, et les présomptions morales tirées de l'argent imprévu et de l'obstination de Laroque à n'en pas dire la provenance feront le reste. »

Voilà la machination de Luversan. Elle est compliquée, elle est furieusement invraisemblable ; elle a bien des chances de clocher par quelque point. Mais elle est ingénieuse et elle se noue d'une manière assez adroite au cours des deux premiers actes. Mme de Noirville a fini, dans un moment de folie (qui malheureusement est plus encore un moment de bêtise qu'un moment de folie) par livrer le fatal billet ; Luversan a assassiné Gerbier, etc. Il a même réussi mieux encore qu'il n'espérait. Il a été vu, et il a été pris, en effet, pour Laroque. Et il a été pris pour Laroque par Mme Laroque elle-même et par sa petite fille.

Celles-ci attendaient Laroque qui courait Paris pour trouver l'argent qui lui manquait. De leur fenêtre, elles voyaient aller et venir chez lui Gerbier qui de-

meure dans la maison d'en face. Tout à coup elles
ont vu entrer chez lui un homme qui leur a semblé
être Laroque, et le crime s'est commis comme sous
leurs yeux.

Tout concourt donc à perdre le malheureux Laroque. On l'interroge ; il nie furieusement ; mais ne
peut expliquer d'où lui vient l'argent. On interroge
Mme Laroque ; elle dit n'avoir rien vu ; mais on lui
prouve qu'elle a dû voir, au moins entendre. On interroge la petite Laroque ; elle répond obstinément
« qu'elle n'a rien vu, rien entendu » ; mais on voit
bien que c'est une leçon apprise. Et tout cela mène
Laroque aux assises, et, par la même occasion, nous
y mène aussi.

Ici la plus heureuse péripétie de toute cette noire
aventure. M. de Noirville est avocat. Connaissant Laroque, parfaitement convaincu, d'une certitude morale
qui n'admet pas de réplique, de l'innocence de Laroque,
il vient, spontanément le défendre, et lui dit : « Cette
histoire de femme que vaguement tu laisses entendre,
et à laquelle, naturellement, on ne croit guère, moi,
parce que je te connais, j'y crois. A moi, ton avocat,
et à moi ton ami, pour moi et pour moi seul, dis le
nom de cette femme. J'irai la trouver, je la forcerai à
se dévouer pour te sauver, ou je trouverai quelque
chose ; mais à moi, avocat, pour tenter quelque moyen
ou pour trouver quelque ressource, sous le sceau du
secret professionnel, il me faut le nom de cette
femme. »

Évidemment la situation est forte, et la scène, si nette et si bien posée, ne pouvait être que puissante. Inutile de dire que Laroque parle moins que jamais. Noirville ne comprend pas cet excès de délicatesse, et il se décide à défendre, quand même, et comme il pourra, son ami.

Et nous voici devant le tribunal et le jury. C'est le cinquième tableau, le plus frappant de tout l'ouvrage, et celui qui fera courir tout Paris pendant quelques mois. Il est fort soigneusement disposé, avec un souci de réalité bien prise et de photographie qui satisfait les goûts réalistes d'une partie du public. Il est surtout très dramatique. Interrogatoire de divers témoins. Interrogatoire surtout de la petite Laroque, que le président questionne, qu'il fait questionner par son père, et qui, tant par son obstination à crier : « Je n'ai rien vu, rien entendu, » contre toute vraisemblance, que par son trouble et le martyre qu'on voit qu'elle subit sous les adjurations de son père, ne réussit qu'à perdre de plus en plus l'innocent.

Mais Mme Laroque? Où est donc Mme Laroque? « Où est votre mère, mon enfant? » demande le président. « Ma mère est morte, monsieur! » Grande émotion dans la salle et suspension d'audience.

Ici l'affreux Luversan, qui rôde, a peur d'avoir partie perdue et se décide à jouer un grand coup. Ceci est moins heureux que le reste. Pourquoi Luversan croit-il sa campagne compromise? Elle va très bien au contraire. La mort de Mme Laroque a produit une sensation ; mais non pas une sensation favorable à l'accusé. Que doit se dire le juré? Ceci, il me semble : « Mᵐᵉ Laroque a vu le crime, comme cela est à peu près prouvé par les débats. Elle n'a pas voulu accuser son mari ; et elle est morte de désespoir, ou elle s'est tuée. Laroque n'en est que plus coupable. »

Luversan ne raisonne pas ainsi ; il croit que son affaire devient mauvaise, et je ne sais pas pourquoi il le croit. Et quelle ressource nouvelle trouve-t-il? Celle-ci, qui est aussi mal imaginée que ses inductions de tout à l'heure étaient mal conduites. Il a trouvé jadis le moyen de soustraire une lettre de Mᵐᵉ de Noirville où sont les allusions les plus claires aux relations coupables qu'elle avait eues avec Laroque. Et c'est cette lettre qui est, selon lui, son arrière-garde, sa dernière cartouche. Cette lettre il va la faire parvenir à M. de Noirville et le transformer ainsi en ennemi et en accusateur de Laroque, d'ami et défenseur qu'il était.

Ce n'est pas très fort de sa part. Il sait que M. de Noirville est un honnête homme ; il doit craindre que M. de Noirville ne s'élève jusqu'à l'héroïsme, ce qui ne laisse pas d'arriver quelquefois aux honnêtes gens. Il doit craindre que M. de Noirville n'en défende pas moins Laroque, et peut-être beaucoup mieux, une fois qu'il aura vu enfin clairement le crime de Laroque vis-à-vis de lui, Noirville, mais aussi l'innocence de Laroque relativement à l'assassinat.

Eh bien, n'importe ! Le public n'a pas voulu voir

cette maladresse, et je sais joliment pourquoi. C'est que le public a toujours l'instinct du vrai drame, mais là, du vraiment vrai drame, qui consiste dans le conflit de sentiments contraires et très puissants dans le cœur d'un homme. Que Noirville soit éclairé, fût-ce par une sottise invraisemblable du traître, voilà ce que nous voulons. Que Noirville sache que son ami est son ennemi et son voleur d'honneur, et en même temps qu'il est innocent du crime, et que le mari trompé veuille se venger, et que l'avocat, convaincu de l'innocence de son client, veuille le sauver, et que tout cela fasse dans l'âme de Noirville une tempête épouvantable d'où il s'agit de savoir comment il sortira ; oui, voilà ce que nous voulons, et sur le reste nous passons facilement condamnation. Et c'est pour cela que nous pardonnons si facilement leurs maladresses à nos grands tragiques, parce que, en général, elles ont pour effet et pour rançon des luttes de sentiment de ce genre, que nous sentons bien qui sont le fond même et l'essence de l'art dramatique.

Et, en effet, ce qui suit est presque beau. Noirville est altéré ! Il chancelle sous le coup. Il revient auprès de Laroque et l'accable d'injures... La cour rentre en séance. La parole est donnée à maître Noirville. Que va-t-il faire ? Nous voilà en pleine tragédie, et c'est de très bonne tragédie.

Noirville est extrêmement pâle. Il se recueille. Il descend au fond même de sa conscience ; puis, blanc comme un mort, mais le front haut, il commence :

« Laroque est innocent. L'histoire de femme qu'il a donnée à entendre est vraie. Elle est horriblement vraie. Et le nom de cette femme, ce nom qu'il ne veut pas dire, je le dirai. Cette femme, c'est... »

Mais la tension trop violente de la volonté a brisé cet homme déjà souffrant. Il s'arrête comme étranglé, porte la main à sa gorge et tombe. — Il est mort. — Laroque est condamné.

Voilà le premier drame. Malgré quelques longueurs, il n'est pas loin d'être excellent. Il est bien combiné, bien conduit, bien coupé, et, malgré une extrême complication, parfaitement clair. Il est tout à fait digne d'être vu. Les personnes qui aiment les drames bien faits iront voir *Roger la Honte* et s'en iront après ce *cinquième* tableau. Le reste est pour les estomacs exigeants.

C'est un autre drame, suivi d'un autre, et tous deux assez vulgaires. Nous tombons dans le Rocambole. Pour ceux-là je serai court.

Laroque a été au bagne, il s'est évadé, il revient chercher sa petite fille qui est restée à la garde de vieux parents. Luversan qui le guette depuis son évasion tente de le faire arrêter. Fort à point, et par suite de combinaisons enfantines, on procure à Laroque les papiers d'un Américain mort qui avait précisément une fille du même nom et du même âge que la petite Laroque (c'est si naturel !) et le forçat Laroque devient M. Letnner, et la petite Laroque devient Mlle Letnner. C'est le deuxième drame. Il est innocent et un peu ridicule. Il semble avoir amusé le public populaire. Passons.

Troisième drame. Douze ans après. Laroque-Letnner est devenu très riche. Il se retrouve à Ville-d'Avray en présence de Mme veuve de Noirville qui y vit avec son fils. Ce jeune homme devient amoureux de Mlle Letnner. Eh bien! qu'ils se marient! Non! la petite Laroque-Letnner n'a pas oublié, comme son père le croit. Elle sait qu'elle est Laroque, encore que Letnner. Elle sait qu'elle est la fille d'un assassin. La fille du bandit n'épouse pas M. de Noirville. Tortures du père. Comment prouver à sa fille qu'il est un honnête homme. Il n'y a que Mme de Noirville qui puisse en effet le prouver. Touchée par le repentir elle finit par l'affirmer au moins et par vaincre les résistances de Mlle Laroque-Letnner. Allons! tant mieux! Mais tout cela est d'un faible intérêt.

Et le châtiment du traître? Oui, le châtiment du traître, il nous le faut. Il formera le dernier tableau, que, j'en préviens loyalement le public, je ne suis pas sûr d'avoir compris. Ou les grandes qualités de clarté que nous avons louées plus haut ont abandonné les auteurs sur la fin de leur œuvre, ou mon attention, fatiguée par cinq heures de séance, m'a abandonné moi-même. Laroque-Letnner attire Luversan dans ce qu'on me permettra d'appeler un guet-apens moral. Il lui donne rendez-vous dans cette maison même où douze ans plus tôt a été assassiné Gerbier. Luversan s'y rend, en quoi il me semble ingénu, et reconnaissant la disposition des lieux, le mobilier rétabli dans son état primitif par Laroque, il pâlit, tremble et se dénonce par son trouble.

Et puis après ? Cela fera-t-il preuve devant la justice ? C'est précisément ce que, remis de la première surprise, Luversan dit à Laroque : « Sans doute, répond Laroque ; mais j'ai maintenant pour moi Mme de Noirville. Elle vous dénoncera. Tenez, la voilà ! » — « Si c'est comme ça ! vlan ! » crie Luversan, et il envoie à Laroque une balle de revolver. C'est Mme de Noirville qui la reçoit. « Ah ! c'est ainsi hurle Laroque ; eh bien ! à toi Luversan ! » Et il lui envoie une balle de revolver qui le tue net.

Ma foi, je ne sais, mais je ne vois guère là un dénouement. Ce pauvre Laroque qui pendant treize ans a été tenu pour assassin, l'est devenu précisément, et voilà tout. Il va repasser en cour d'assises avec la seule consolation que ce sera pour le vrai motif, et cette autre que ce sera sous le nom de Lettner au lieu que ce soit sous le nom de Laroque.

Légitime défense ! Soit ; cependant son affaire n'est pas très bonne. Mais je répète, ou de ma faute, ou de de celle d'autrui, je ne suis pas sûr d'avoir bien compris.

Ce drame, en sa première partie au moins, est un des meilleurs que nous ayons entendus depuis longtemps. Il aura un très grand succès. L'acte de la cour d'assises est un des plus saisissants que je sache, et il approche même de la manière, sinon du ton, du grand théâtre tragique. Il fait honneur à MM. Jules Mary e[t] Grizier.

La pièce est du reste montée avec beaucoup de soi[n] et très honorablement jouée. Montal, dans Jean La[-]roque, a de la chaleur et ne dit pas toujours faux[.] Gravier, dans Noirville, a de la tenue et, parfois[,] presque de la grandeur. Perricaud et Fugères, dan[s] des rôles mal venus de premier et second mari d'un[e] même femme, par suite de divorce, et qui n'en son[t] pas moins les meilleurs amis du monde, se tiren[t] d'affaire agréablement. Mais il faudra couper un pe[u] dans cette comédie bouffe mêlée au drame, qu'il m[e] semble bien que le public a trouvé un peu grosse [et] par-ci par-là désobligeante. La promiscuité résultan[t] du divorce ne sera pas prise de très bon air par l[e] public français d'ici longtemps.

Les femmes sont convenables, et même Mme Harri[s] a plu, malgré l'horreur de son rôle, sous les cheveu[x] blonds de Mme de Noirville jeune et les cheveux blanc[s] de Mme de Noirville vieille. Les auteurs ont donné u[n] énorme développement au rôle de l'enfant, la petit[e] Suzanne Laroque. Ils n'ont pas eu tort, parce que[,] remarquez-le, c'est, avec M. de Noirville, le seul rô[le] sympathique de la pièce. Cependant il ne faut pa[s] abuser des enfants au théâtre. Le charme qu'o[n] éprouve à les voir ne dure pas très longtemps. Asse[z] vite la sensiblerie dont ils sont les représentants na[-]turels devient un peu fade. Il faut dire que la petit[e] Breton, qui joue ce rôle de Suzanne, a, hélas ! un trè[s] grand talent de comédienne. Je constate le talent, quel qu'il soit, chez un enfant de douze ans, et surtout le talent dramatique, avec loyauté, et avec la plus profonde douleur morale, la plus immense pitié, la plus intense « religion de la souffrance humaine » qu'il me soit donné d'éprouver.

XXIV

ODÉON. — *Athalie,* avec les chœurs de Mendelssohn.

15 octobre 1888.

L'académie nationale de musique de la rive gauche a donné hier soir l'opéra de Mendelssohn connu sous le nom d'*Athalie.*

Il y a bien longtemps que je brûlais en silence, comme les étoiles de Sully-Prudhomme, de dire mon opinion sur *Athalie* aggravée des chœurs de Mendelssohn, et je suis bien heureux, du reste, qu'il soit trop tard. Autrefois mon opinion aurait pu avoir une influence sur les populations. J'aurais pu, en disant au juste mon avis sur cette combinaison, détourner jusqu'à dix personnes d'aller voir *Athalie,* et, pour Racine, j'en aurais été désolé. Aujourd'hui je n'ai rien de pareil à craindre. L'opinion est faite. Elle est établie sur des bases solides. L'opinion est qu'il y a quelque chose, écrit par un vieux poète du nom de Racine, qui est un prétexte très honnête à entendre une très belle musique de Mendelssohn. C'est ainsi qu'on vient voir *Athalie.* Tout ce que je pourrai dire ne changera certes rien aux dispositions du public, et je n'ai nullement à me gêner. Donnons donc notre impression, ancienne et nouvelle, et de plus en plus confirmée, en toute tranquillité de conscience, comme quand on se parle à soi-même. Mettons que je parle à la postérité. C'est la même chose.

Mon opinion est que les proportions matérielles du poème d'*Athalie* si admirablement mesurées par Racine, sont complètement altérées et renversés par la partie musicale, de la manière que Mendelssohn l'a entendue. Ce n'est point en effet, comme vous savez, simple accompagnement discret, docile et respectueux de paroles, c'est tout un opéra que Mendelssohn a écrit sur le livret des chœurs d'Athalie. Ils plient sous le faix. Un chœur d'*Athalie*, avec le système d'allongements, prolongements, répétitions et retours qu'a adopté Mendelssohn, dure environ un quart d'heure après un acte qui a duré dix minutes. Lisez chez vous *Athalie* dans ce système, vous verrez l'effet. *Athalie* se dilue et se noie. Dans la *Clé* de Labiche, un personnage demande : « Qu'est-ce qu'une femme qui se *galvaude ?* — Monsieur, c'est une femme qui s'éparpille. La baronne est une femme qui s'éparpille. » *Athalie* s'éparpille continuellement. On en suit de loin en loin de vagues traces. On court après à travers la forêt musicale. Elle est comme mangée par les triples croches.

> On n'en retrouve plus que des débris douteux
> Que des chœurs dévorants se disputent entre eux.

L'effet est excellent pour le public, qui, certes, ne vient pas là pour entendre Racine, mais pour se gorger de Mendelssohn ; mais si, par hasard, ce que je ne suppose que pour parcourir le champ des hypothèses, il se rencontrait, égaré là, quelqu'un qui fût venu pour entendre *Athalie,* il se trouverait tout à fait dérouté, dépaysé, je dis plus, persuadé que le poème de Racine est singulièrement disproportionné et bizarrement boiteux.

Pour vous rendre compte de ce que je regrette et de ce que je désirerais, faites attention à la scène de prophétie de Joad au troisième acte. Joad parle, déclame si vous voulez, chante, mais dans le sens littéraire du mot. Il ne musique pas. Il ne roucoule point. Il ne dit pas : « Cieux écoutez, cieux écoutez, cieux écoutez... ma... voix ! » Il parle mélodieusement, voilà tout, et la musique seulement l'accompagne, le soutient, le double, court en grondant ou en gémissant sous sa voix, sans la couvrir.

L'effet est très grand à mon sens et à mes sens, du moins, et le mouvement de la pièce, qui est une pièce dramatique, on semble l'oublier, n'est pas ralenti. Voilà, à peu près, ce que je voudrais partout, et si j'ose me porter garant pour un homme que j'ai peu connu, voilà bien à peu près ce me semble ce que rêvait Racine lui-même.

A la prendre en soi et sans insister davantage sur la place démesurée qu'elle s'accorde, la musique de Mendelssohn m'a toujours paru assez belle, distinguée même, et parfois presque originale, mais vraiment aussi peu inspirée de la poésie de Racine qu'il soit possible. Il m'a toujours semblé qu'elle élève le contre sens à la hauteur d'une institution. Il faut excepter, bien entendu, la fin du chœur du troisième acte : *Un cœur qui t'aime,* qui est un air de cantique charmant, une mélodie simple, douce et gracieuse, tout à fait appropriée aux paroles. Mais presque tout le reste ! Mon Dieu, si l'on faisait le moins du monde attention au *livret,* si l'on se souvenait, seulement un peu, des vers de Racine, si l'on avait cette distraction, comme la musique paraîtrait, le plus souvent, exprimer juste le contraire du sens général et de la pensée de Racine !

Mendelssohn est parti d'une idée très contestable, quoique historique. Il s'est rappelé que les Hébreux dansaient devant l'arche, et il a mis sur *Athalie* une musique presque continuellement dansante. Je fermais les yeux de temps en temps et il m'était impossible de me figurer les jeunes Juives autrement que battant la terre d'un pied libre, comme parle Horace. C'est une impression singulière. Il y a quelque part un « *Dis-moi, Sion...* » d'un mouvement si joyeux qu'il m'a rappelé à l'instant : « *Dis-moi Vénus...* » Cette *Athalie* sur une musique d'opéra-comique est une chose bien inattendue.

Mais, encore une fois, ceci est une opinion particulière. Le public ne bronche pas ; et comme il ne vient pas pour *Athalie,* mais pour Mendelssohn, il a bien raison. Je crois seulement qu'il serait bon désormais, et l'épreuve étant faite, de retrancher la tragédie de Racine. Elle fait un peu tort à la musique. Elle ne s'en inspire pas du tout. Elle n'en reproduit pas le caractère. Elle fait dissonnance avec elle. Elle n'en a pas la gaîté facile, l'entrain, la verve joyeuse. Elle ne donne jamais l'impression d'un allegro militaire. Elle gâterait Mendelssohn si elle était écoutée. Il est vrai qu'on l'écoute si peu ! Encore un peu trop peut-être. C'est désormais un surcroit inutile au moins qu'il faut élaguer.

Si nous voulons bien encore nous en occuper, par tradition ou convenance, nous dirons qu'elle a été jouée d'une manière qui fait beaucoup d'honneur à l'Odéon. Je ne crois pas qu'*Athalie* fût mieux jouée nulle part ailleurs, sauf si Mounet-Sully se mettait un jour en tête de nous donner Joad, ce que, pour ma part, je souhaite ardemment. *Athalie* est jouée à l'Odéon avec conscience, correction et talent.

C'est Albert Lambert qui joue Joad. Je ne vais point, n'est-ce pas, m'étonner de n'avoir pas trouvé en lui l'idéal de Joad. Joad est un des rôles les plus terribles de la scène française. C'est un personnage si grand et si complexe qu'on n'en a jamais fini avec lui. Il est bon, il est tendre, il est perfide, il est féroce, il est mystique, il est illuminé, il est habile. C'est un prêtre, un père, un soldat et un conspirateur. Il faudrait rendre quelque chose de tout cela. Ce n'est pas commode. M. Albert Lambert a fait la part du feu. Il a laissé de côté tout l'aspect conspirateur et chef de parti. Il a fait de Joad un grand prêtre décoratif, solennel et majestueux. Il l'a tourné tout à fait au classique. Dans ces limites, il l'a bien joué. Il l'a de l'autorité, de l'ampleur de geste et de la magnificence, simple encore et grave, dans la diction. Voilà qui est bien. Les passages de force sont un peu trop atténués. Décidément, M. Lambert n'est pas assez féroce où il faut l'être. Il a maudit faiblement Nathan.

> Les chiens à qui ton bras a livré Jézabel
> Déjà sont à ta porte, et demandent leur proie !

cela n'a pas sonné assez terriblement dans sa bouche ; et de même

> Tu ne peux m'échapper
> Et Dieu de toutes parts a su t'envelopper !

n'était pas d'une sauvagerie assez savoureuse, d'un délire de vengeance satisfaite assez puissant. Avoir rêvé quinze ans d'égorger une Médicis ou une Catherine II, et y réussir, cela vaut un petit éclat de joie triomphante que Racine, discrètement encore, a très suffisamment indiqué, et qu'il faut accuser franchement à la scène. En général, du reste, *Athalie* a été joué trop « à la douce » comme dit Richepin dans *Monsieur Scapin*. C'est l'influence émolliente et dulcifiante de cette musique...

Mᵐᵉ Tessandier n'a qu'un très petit rôle... —

Qu'est-ce que vous me dites là ? Athalie, petit rôle !
— Allez voir *Athalie* à l'Odéon, et vous verrez si, *Athalie*, durant quatre heures, grâce au système musical, le rôle d'Athalie ne paraît pas tout petit, tout petit, réduit à rien, si vous n'êtes pas toujours à vous dire : « Mais Athalie ne paraît jamais ! »

Donc Mme Tessandier avait à se montrer quelques courts instants sur la scène, et elle a fait de presque de tous ces instants des régals pour les amateurs de grande poésie tragique. J'aime tant Mme Tessandier, on le sait, j'ai tant poussé, de mes faibles forces, à ce qu'elle entrât enfin à la Comédie-Française, où sa place était marquée depuis longtemps, parce qu'elle y était vide, que je suis bien à l'aise pour dire franchement le fort et le faible sur sa création d'hier. Le faible, c'est le cinquième acte. Qu'avait donc Mme Tessandier à ce moment-là ? Elle était gauche, elle manœuvrait lourdement. Est-ce si difficile à jouer, cette scène-là ? La bête traquée qui se tord, se renverse et cherche à mordre, et crie sous la dent, c'est une situation où les effets doivent être faciles. Toutes les agonies, dit-on, sont faciles, et l'agonie morale doit donner matière à de très beaux effets. Mme Tessandier ne les a pas trouvés.

Tout le reste de son rôle a été très distingué. Elle a admirablement joué le fameux *songe d'Athalie*. On a bien eu la sensation qu'elle *voyait* encore, là devant elle, sous ses yeux, à ses pieds, l'affreux charnier que le tendre Racine n'a pas craint de décrire si crûment.

Comme il a le génie pittoresque, ce Racine, avec tous les autres ! Comparez, pour ce qui est de la *vision*, du relief vigoureux des choses, le songe d'*Athalie* et le songe de *Polyeucte*. Comparez ; moi je n'ai pas le temps aujourd'hui. On n'aura jamais assez montré tout ce qu'il y a de Shakspeare dans Racine.

De même Mme Tessandier a été très belle dans l'interrogation du petit Joas. C'est merveilleux comme elle le regarde ! J'étais horriblement mal placé, dans une espèce d'angle de placard. Mais Mme Tessandier regarde si bien, de toute son attitude, de tout son élan en avant, de tout son corps penché et tendu, que je voyais, sans les apercevoir, ses yeux enfoncés dans les yeux de Joas, et derrière la leçon apprise et récitée, cherchant la vérité qu'elle soupçonne, qu'elle sollicite, qu'elle évoque, qu'elle voudrait arracher de cette petite cervelle fermée, têtue et rebelle. Mme Tessandier est une grande artiste. Comme nous l'avons vu pour une autre consciencieuse et intelligente comédienne — pourquoi ne pas nommer Mme Pierson ? — elle gardera à la Comédie-Française toutes ses grandes qualités. Elle en acquérera de nouvelles. Elle se perfectionnera d'un progrès continu et sûr. Elle deviendra une « mère tragique » de premier ordre. Cet emploi est un des plus beaux de notre théâtre français, nos tragiques ayant eu beaucoup de goût, à cause du temps où ils vivaient, à peindre les vieilles reines ambitieuses ou vindicatives, et en général les vieilles femmes avec leur psychologie si riche, si abondante et si curieuse. La carrière de Mme Tessandier se trouve donc ainsi largement ouverte et comme indéfinie.

On pourra, grâce à elle, faire reparaître au Théâtre-Français de beaux ouvrages qu'on laissait trop dans l'ombre. Dites donc ! Quelle Cléopâtre (de *Rodogune*), quelle Agrippine ! Et aussi, à côté de Mounet-Sully, quelle Jocaste ! L'entrée de Mme Tessandier à la Comédie-Française est un petit événement dramatique.

Mme Antonia Laurent était bien agréable à côté d'elle, et faisait un joli contraste, celui, du reste, qu'a voulu Racine qui savait bien la scène. Sa jolie tête entourée de voiles blancs, elle était charmante, avec sa belle voix mouillée et douce. Quelle aimable jeune femme, et bien disante, et bien faite pour ces jolis rôles de demi-teintes ! Elle avait l'air d'une religieuse de bonne famille et de grande race, d'une nonne de Port-Royal, d'une « mère Angélique » dans sa jeunesse. Peut-être pas assez grand air, cependant. Je dis religieuse de grande famille. Elle ne doit pas oublier qu'elle est du sang des rois. Joad, ne l'appelle que « princesse » gros comme le bras. Il est aristocrate comme un Arnaud, ce Joad. Que Mme Antonia Laurent y fasse attention.

Mme Segond-Weber a retrouvé un succès sur le théâtre de ses anciens triomphes dans le rôle de Zacharie. Elle a dit le récit de l'entrée d'Athalie dans le temple avec vigueur et éclat.

A tout prendre, *Athalie* a été une très belle représentation qui fait honneur à l'Odéon. La foule s'y était portée, et s'y portera de plus en plus. Je sais bien que ce sera pour Mendelssohn ; mais, qui sait, on attrapera peut-être un vers de Racine par ci par là, sans le vouloir.

XXV

Théâtre de Belleville : Le *Juge d'instruction*, drame en cinq actes de M. de Marthold. — Théâtre-Déjazet : La *Garçonnière*, vaudeville en trois actes de M. Médina.

29 octobre 1888.

M. de Marthold, déjà connu par quelques traductions et adaptations de pièces étrangères, vient de donner au théâtre de Belleville, un drame qui n'est pas sans défaut, mais qui doit attirer sur lui l'attention des directeurs parisiens. Ce drame a de très grands mérites, dont le principal est la netteté et la simplicité du plan. J'y ai trouvé un vrai parti pris d'éviter ces surcharges d'incidents inutiles, soit comiques, soit lugubres, qui sont d'usage, comme on sait, dans tous les drames populaires, et qui n'ont jamais eu pour effet que de retarder « l'instant du repos », pour parler Béranger, jusqu'à deux heures du matin.

M. de Marthold sait où est le *drame*, il y tend, il y marche tout droit, et ne s'occupe pas d'autre chose. Toute son œuvre, avec ses imperfections, a quelque chose de franc et de direct qui m'a beaucoup plu, et qui semble avoir ravi le public ; car j'ai vu des drames réussir plus brillamment, mais je n'en ai pas vu qu'on ait écouté d'une manière plus soutenue.

Jacques est comme le pupille de M. Savernier, le juge d'instruction ; il est le fils d'un vieil ami du juge ; le juge l'a presque élevé, l'a aidé et conseillé à ses premiers pas dans la vie, il est l'enfant de la maison. Il vient de perdre toute sa fortune dans la faillite Jackson ou Fericourt et M. Savernier lui cherche une position. Il la lui trouve ; il s'agit d'aller représenter en Amérique les intérêts d'une grande maison industrielle ; la situation est très belle. Jacques ne refuse pas tout à fait, mais il n'accepte pas absolument. Il oscille. S'il oscille, moi je ne sais pas pourquoi, mais vous qui êtes habitué à la mélodramaturgie, vous le savez parfaitement ; c'est qu'il aime Mme Savernier. Cela ne pouvait manquer. Les pupilles sont faits pour aimer les femmes de leurs protecteurs, et les femmes des protecteurs pour aimer les pupilles de leurs maris.

Mme Savernier ne faillit nullement à ce devoir. Elle aime Jacques. Voilà pourquoi Jacques oscille.

Du reste, ni Mme Savernier, tout en aimant Jacques, n'a été jusqu'au crime, ni Jacques, en aimant Mme Savernier, n'a poussé jusqu'à l'adultère. C'est précisément pourquoi il oscille. S'il avait aimé Mme Savernier dans toutes les formes, il n'oscillerait pas : il partirait évidemment pour l'Amérique.

Cependant que vont faire les deux amoureux en présence de cet incident qui les sépare ? Car, que Jacques refuse d'aller en Amérique, ce ne sera qu'un délai. Il faudra bien qu'il aille un peu plus tard quelque part. On peut perdre sa fortune à Valenciennes ; mais on ne refait pas sa fortune à Valenciennes. J'ai oublié de dire que nous étions à Valenciennes. Du reste cela n'a aucune importance.

A force de s'exciter par ces réflexions amères, les deux amoureux finissent par se décider à fuir. Ils gagneront la Belgique, comme de simples généraux en retraite. Ils passeront la frontière, en même temps que d'autres bornes. A eux l'espace !

Vous qui aimez des femmes de juges d'instruction, ne fuyez pas, quand vous pourrez faire autrement ; car il arrive des choses bien désagréables dans ces escapades. Jacques et Pauline n'ont pas fait deux lieues qu'ils s'arrêtent dans une auberge pour y reprendre haleine. Mais cette auberge est malheureuse. Il s'y passe, juste au moment où ils y entrent, de fâcheuses choses. Un Anglais qui a sur lui huit cent mille francs, comme c'est la coutume des Anglais en voyage, après s'être abominablement grisé, est en train d'être jugulé par son ami et compagnon de voyage, le sieur Michal.

Nous le savons, nous, qui avons les confidences de Michal. Mais Jacques et Pauline n'en savent rien. Ils sont tranquilles, sauf quant à la conscience ; ils reprennent haleine, tout en sentant les premières atteintes du remords. Jacques même, qui est régulier en affaires et qui met beaucoup d'ordre dans sa conduite désordonnée, profite des vingt minutes d'arrêt

pour écrire à M. Savernier une petite lettre : « M. le
juge, ceci est une confession. Je vais commettre un
crime infâme... » Il en est là de sa correspondance
quand il lui tombe un homme sur le dos. C'est l'Anglais, assassiné au premier étage, qui dégringole
l'escalier, un couteau dans le cœur, et qui vient expirer aux pieds de Jacques, écrivain français. Sur
quoi Pauline, un peu secouée (vous le seriez à sa
place, madame, n'est-ce pas ?) saute par la fenêtre,
et Jacques la suivrait, n'était que Michal survenant
l'arrête et, combinant rapidement un système de
défense, s'écrie :

« Vous venez d'assassiner cet homme, mon ami
James Kobb !

— Allons donc !

— Pourquoi vous sauviez-vous ?... Vous et votre
complice !... Tenez ! pourquoi cette lettre ? Une lettre
où vous vous accusez par avance « d'un crime infâme » !
Vous avez assassiné mon ami pour le voler ; votre
complice a emporté la somme, et vous le suiviez !

Sur quoi Jacques est arrêté par les gendarmes.

Tout cela n'est pas invraisemblable ; ou plutôt
l'invraisemblance, muse utile et indispensable des
mélodrames, n'y est pas suffisamment déguisée ; mais
c'est acceptable après tout, et nous voyons poindre
un vrai drame. Le drame c'est Jacques se refusant à
dire qui était son « complice », ce qui le sauverait,
pour ne pas « trahir le secret de celle qu'il aime » ;
c'est Pauline poussée par sa conscience à dire la

vérité sur les raisons de la présence de Jacques dans l'auberge, et hésitant, naturellement, à sauter ce pas; c'est le juge d'instruction enfin, quand il saura tout, et ce qu'il pourra bien penser, dire et faire quand il saura tout.

Et cela fait trois situations, c'est-à-dire trois actes, et nous sommes à la fin du second, et le drame doit en avoir cinq, et vous voyez que le drame est bien fait. Il est fort bien fait.

Le troisième acte, c'est donc Jacques en présence de Savernier.

« Vous me paraissez coupable. Cette lettre à moi adressée, selon toute apparence, est l'œuvre d'un criminel qui perd la tête, mais non pas moins d'un criminel. Vos hésitations à accepter la situation honorable que je vous procurais s'expliquent à cette heure, et se tournent en présomption contre vous. Vous aviez déjà un autre projet. Enfin, et tout ce qui précède ne serait presque rien, enfin vous étiez, sans raison supposable, dans cette auberge perdue, à une heure de nuit; vous y étiez avec quelqu'un qu'on a vu s'enfuir, et ni vous ne voulez dire pour quelle cause vous y étiez, ni ne consentez à nommer la personne qui vous accompagnait. Nommez-la, pour que l'enquête se complète, à votre avantage peut-être; nommez-la ! Je vous somme de la nommer !... Voyons ! Jacques, nomme-la moi donc ! »

Jacques se tait. Qu'on l'assomme, il ne dira rien. La situation a été mise une centaine de fois au théâtre;

mais elle est toujours saisissante, et dans le drame de
M. de Marthold, elle est très bien posée, et la scène
est menée d'une main ferme, avec une grande sûreté.
Et Mme Savernier ? La voici. Quatrième acte. Je vous
dis que la pièce est coupée et distribuée selon toutes
les règles. Mme Savernier n'a pas envie de parler.
Dame ! Mais elle ne peut se taire. Elle plaide pour le
jury ; elle donne les raisons de sentiment : « Mais
M. Savernier, songez à tout le passé de Jacques ! C'est
l'enfant le plus pur, le plus loyal ! Il n'a pas du premier
coup... Quelques crimes toujours précèdent les grands
crimes... »

Puis s'exaltent peu à peu, et en disant plus qu'elle
ne veut dire : « C'est épouvantable ! Voleur, bandit,
assassin ! Je n'entends que ces mots. On reproche tout
à Jacques, excepté la vérité ! »

Sursaut du juge d'instruction. « Excepté la vérité ! »
Le juge d'instruction ne laisse pas tomber un tel mot
dans le chiffonnier. Cette femme sait la vérité. Il regarde
fixement Pauline. Et ici M. de Marthold nous
prouve qu'il est un vieux routier du théâtre. Ici suspension
de la scène. Quelqu'un, un notaire, vient
déranger M. le juge. M. le juge l'écoute, les yeux
toujours fixés sur Pauline, lui répond, sans perdre
Pauline des yeux, l'éconduit, le regard en arrière
cherchant Pauline, et tout le redoublement d'anxiété
que produit l'importunité de l'attente pèse sur la salle.
Je vous dis que c'est très bien fait.

Et, le notaire parti, M. Savernier, revenant vers

Pauline, reprend tranquillement la phrase que Pauline a déjà oubliée : « Excepté la vérité ! Quelle vérité donc, madame ?

— Quoi donc ? Je... Qu'est-ce que j'ai dit ?

— Excepté la vérité ! Vous savez la vérité. Je l'attends. »

Et la scène file. Et vous entendez bien que Pauline, harcelée, finit par dire : « C'était moi qui étais avec Jacques dans l'auberge ! C'était pour ne pas me nommer qu'il....

— Ah ! je comprends tout. Ah ! les misérables ! »

Et ici le revirement, comme bien vous pensez : « Ainsi vous me trompiez, tous deux, moi le mari, moi le bienfaiteur. Et vous croyez que cela se passera ainsi ! Vous croyez que moi, juge, ayant toutes les preuves juridiques de l'assassinat commis par Jacques, je vais, en me déshonorant, pour le seul plaisir de ne pas me venger, faire connaître la vérité vraie ! Allons donc ! Jacques sera condamné, sur les preuves que j'ai là, sur cette lettre de lui qui l'accuse, sur la déposition du témoin Michal. Il sera condamné. Il montera sur l'échafaud. Aussi bien, il l'a mérité. Vous avez cru le sauver, peut-être tout à l'heure, en vous dénonçant. Vous êtes naïve ! Il est mort ! »

Et nous comprenons que le troisième drame, le plus dramatique des trois, commence. Qui va l'emporter, dans Savernier, de la colère du mari trahi ou de la conscience du juge ? L'homme ou le magistrat, qui va vaincre ? L'homme ou le magistrat, qui sera brisé ? Quelle moitié de lui mettra l'autre au tombeau ? C'est ce que nous dira le cinquième acte.

Il n'est pas très bon le cinquième acte. Voyons ! Il me semble ceci : l'homme tout seul, seul avec lui-même, dévoré de colère et de rage vindicative, s'entretiendra de sa fureur et répètera à satiété : « Je puis le tuer, j'en ai le droit. Je suis le mari trompé. Je puis le tuer, j'en ai le pouvoir. Je n'ai qu'à laisser aller les preuves juridiques. Je le tuerai. » Puis le magistrat se réveillera : « Ces preuves sont fausses. Je suis prévaricateur. » — Oui ; mais comment le magistrat se réveillera-t-il ? Il nous faut une circonstance, un incident, quelque chose qui aille brusquement réveiller au fond de la conscience de Savernier le sentiment du devoir professionnel. Il faut, par exemple, qu'il rencontre le regard droit et loyal d'un autre magistrat, qu'une parole d'un confrère qu'il respecte sonne profondément dans son cœur, et que sous ce regard, qu'à la secousse de cette voix grave, il baisse les yeux et finisse par s'écrier : « Je ne peux pas ! Je mens ! Je sais que Jacques n'est pas l'assassin. »

Il serait, par exemple, très vraisemblable que, dans son cabinet, dans le silence où s'élaborent les mauvais desseins, jusqu'au jour du jugement, Savernier entassât et arrangeât les preuves contre Jacques ; puisqu'à l'audience, devant les robes rouges et devant le Christ, le juge d'instruction, comme dompté, déclarât la vérité. C'est la scène, à peu près, de *Roger la Honte*. Si vous ne voulez pas nous mener en plein tribunal, supposez, comme je disais tout à l'heure, un magistrat qui à nos yeux représentera la justice tout entière, et devant qui Savernier sentira faiblir et défaillir son mauvais dessein.

Eh bien, c'est juste le contraire, ou l'inverse, dont M. de Marthold s'est avisé. Le magistrat nous l'aurons, mais c'est *devant lui que Savernier sera le mari qui veut se venger*, et c'est tout seul et dans un monologue que Savernier redeviendra le juge esclave du devoir. Ce notaire, que Savernier a si peu écouté au quatrième acte, ce notaire revient : « Monsieur Savernier, j'apporte une contribution à l'affaire James Kobb. Michal, le témoin Michal m'a confié ce matin huit cent mille francs. (Il est idiot le témoin Michal ! Enfin !) Et ceci me paraît louche. J'ai cru qu'il y avait là un indice...

— Nullement ! Monsieur ! C'est une chose parfaitement indifférente. Le dossier de Jacques est complet. Tout l'accable. Laissez-moi tranquille.

— Cependant monsieur. Votre devoir !...

— Vous n'avez pas à me l'apprendre. Laissez-moi tranquille.

— *Je ne vous ai jamais vu ainsi*, monsieur le juge d'instruction. Rentrez en vous-même !

Il n'y rentre pas, il met le notaire à la porte. Dès lors que voulez-vous que je croie ? Ou que Savernier penchera décidément pour la vengeance, et je l'ai cru ; ou que quelque chose ou quelqu'un de plus fort que le notaire viendra lui donner un second assaut, et secouera sa conscience. Ni l'un ni l'autre. Savernier reste seul, et c'est seul, sans impulsion, et après avoir résisté à l'impulsion, qu'il se retourne de lui-même, qu'il se retourne à la force de son propre poignet. Je n'ai pas bien compris ce rétablissement.

Et le dénouement? — Eh bien, je l'ai dit. Le troisième drame est fini. Le devoir professionnel a vaincu. — Mais qu'arrive-t-il de tous ces gens-là? — Ah! le dénouement matériel, le dénouement des faits? Nous y tenions peu, puisque, en somme, le conflit des sentiments avait produit trois actes très dramatiques et était arrivé à sa solution satisfaisante; mais enfin il en fallait un. Seulement il n'y en avait pas. Michal sera guillotiné, Jacques ira en Amérique; mais Savernier et Pauline, qu'en faire? Rien; ils resteront en face l'un de l'autre. C'est un bonheur détruit, et voilà tout. Pour que la chose soit moins malheureuse, l'auteur s'est arrangé, vous l'avez vu, de manière à ce que l'adultère n'ait pas été consommé. Cela lui permet de laisser Pauline et Savernier ensemble, et de ne tuer ni l'un ni l'autre; mais Savernier est frappé à mort, et ne dissimule pas qu'il sent sa fin prochaine. Elle sera consolée par cette pensée qu'il a traversé la plus rude épreuve peut-être qu'un magistrat puisse rencontrer, qu'il a été tenté, et qu'il n'a pas failli.

Ce drame vigoureux, net, marchant bien, vite, sans remplissage (sauf au commencement du second acte — à abréger) sans mélange de burlesque, très clair et très bien coupé, écrit d'une langue saine, à peine, par ci par là, un peu prétentieuse, méritait le succès très chaud qu'il a obtenu, et méritait, certes, d'être joué dans un théâtre plus important que celui de Belleville.

Ce n'est pas à dire qu'il y ait été mal joué. Taillade a eu deux scènes tout à fait excellentes, celle avec Jacques, celle avec Pauline, et a eu une très grande allure depuis le commencement jusqu'à la fin de son rôle, assez long et assez lourd. Il a obtenu un succès personnel éclatant. M. Richard, dans son rôle sacrifié de Jacques, se tient fort bien. M. Lyonnet joue le traître sans violences et sans grimaces, en acteur très consciencieux. Mme Boyer ne laisse pas d'être touchante dans le personnage de cette pauvre Pauline. Sa perruque seule est trop blonde pour une femme de tempérament. Les femmes de tempérament ont pour fonction d'être brunes. Si elles ne sont pas brunes, ce ne sont pas des femmes de tempérament. Il est vrai que si la perruque eût été brune, jamais on n'aurait pu croire que Pauline fût sortie matériellement vertueuse de son escapade. Alors il fallait une perruque châtain foncé. C'est ce qu'on appelle un moyen terme; c'est ce que dans la langue classique on appelait un tempéramment.

J'engage fort les amateurs de théâtre à faire le voyage de Belleville. C'est du reste une rue amusante le soir que la rue de Belleville. Quelque chose de frétillant et de joyeux qui met en très bonne humeur. J'ai découvert Belleville hier soir. Ne craignez rien, ne craignez rien ; ne sautez pas, je vous en prie, à la colonne suivante ; je ne découvre Paris que pour moi seul, je n'en fais pas de la copie. Et du reste Déjazet m'appelle.

C'était un très joli sujet que celui de *la Garçonnière*, et, sans en tirer tout le parti qu'il aurait pu, M. Médina s'en est tiré lui-même, ce qui est déjà quelque chose. Vous savez ce qu'on appelle une garçonnière. C'est l'appartement de Folleuil, de l'illustre Folleuil de Gyp, un joli appartement de garçon riche et un peu artiste (on appelle artiste à Paris tout homme qui séjourne de temps en temps deux heures à l'hôtel Drouot), un appartement commode et discret, adroitement aménagé pour recevoir et renvoyer une femme qui a des ménagements à garder, un appartement où Baronnette (voir *Jean de Thommeray*) s'écrie : « La mère !... Par où s'en va-t-on ? » et trouve en un clin d'œil « par où qu'on s'en va », un appartement enfin de « vrai homme à femmes » ou de « faux homme à femmes », pour faire une allusion discrète à une distinction nouvellement établie, à laquelle la pureté de ma conscience m'oblige, du reste, à déclarer que je ne comprends rien.

Ce peut être un entresol (jamais plus haut, les femmes étant des créatures logiques qui n'aiment pas à monter quand elles tombent) ; ce peut être, ce doit être même un rez-de-chaussée, d'où le nom donné par le *Gil Blas* à toute une catégorie bien intéressante de la jeunesse française ; ce peut être tout un hôtel, et alors c'est le rêve réalisé sur la terre. M. Médina à qui l'espace ne coûtait rien, non plus qu'à la Providence, a choisi le petit hôtel, et un petit hôtel donnant sur trois rues, ce qui est le comble du rêve, c'est à savoir sur la rue Bellechasse, la rue du Respiro et le passage Doré, je me trompe peut-être sur un ou deux points, mais ce n'est pas une affaire.

Et sur chaque rue le petit hôtel a une porte, et chaque porte a une clef, et, certes pour une garçonnière bien organisée, voilà une garçonnière bien organisée. Cependant M. Philippe, heureux propriétaire de la garçonnière, va se marier avec Mlle Taquinet, et n'a plus besoin de sa garçonnière. « Tu n'en as plus besoin, lui dit Finaudin, donne-moi la clef, pour un petit rendez-vous »; et Philippe lui donne la clef de la rue Bellechasse. « Tu n'en as plus besoin, lui dit Valfleury, donne-moi la clef, pour une petite réconciliation »; et Philippe lui donne la clef du Retiro. « Vous n'en avez plus besoin lui dit son beau-père, donnez-moi la clef, pour une petite rupture définitive, mais délicate. » Et Philippe lui donne la clef du passage Doré.

Inutile de vous dire que, le même jour, à la même heure, qui est celle du berger, se rencontrent dans la garçonnière M. Finaudin flirtant avec Mme Valfleury, M. Valfleury coquetant avec Mme Finaudin, et M. Taquinet, le beau-père, rompant précisément avec l'ancienne maîtresse de son propre gendre, qui est une femme de l'école éclectique.

Tout cela est un peu trop symétrique pour être bien pittoresque et un peu trop prévu pour être très gai. Cependant la fin d'acte (c'est l'acte II) est assez plaisante. Par suite d'une certaine combinaison d'incidents, M. Taquinet se trouve affublé des trois femmes en jeu, formant avec lui un groupe sympathique, au moment même où sa femme (seule, oh! seule!) pénètre à son tour dans la garçonnière. M. Taquinet n'est pas sans éprouver un léger embarras.

Bien entendu, avec une candeur d'égoïsme qui le fait grand comme un élément, il rejette toutes les responsabilités sur son gendre, et rend par là le mariage impossible. Comment ce mariage impossible redevient-il réalisable et se réalise-t-il en effet, je ne sais pas trop. Ma mémoire, ici, est infidèle. Elle se dérobe à ses devoirs. Mais que les âmes tendres se rassurent! M. Philippe épousera Mlle Taquinet, et il vendra sa garçonnière. Il en fait la déclaration solennelle. Sur quoi Finaudin, Valfleury et Taquinet s'écrient en chœur: « Je l'achèterai. » — Tout cela est assez bien troussé et assez vif. C'est un succès pour Déjazet. C'est très capable d'amuser pendant deux heures à la condition de ne pas être très difficile.

XXVI

COMÉDIE-FRANÇAISE. — *Pépa*, comédie en trois actes, de MM. Henry Meilhac et Louis Ganderax.

5 novembre 1888.

Pépa est un très agréable essai de comédie réaliste... Mon Dieu, je dis la chose comme je la vois, n'est-ce pas, et il me serait assez difficile de la voir d'une façon, et de la dire d'une autre. Donc, à mon avis, *Pépa* est une petite comédie réaliste où l'on sent, je ne dirai pas l'effort, car aucun effort ne se sent dans ce petit ouvrage, mais le ferme propos de ne dire rien qui ne soit la vérité même ; non pas la vérité prise dans les bas-fonds de l'animalité humaine, la vérité prise, au contraire, dans un monde assez élevé et assez raffiné, mais la vérité, cependant, rien que la vérité, dans la nuance exacte, la mesure juste, la ligne précise.

Un homme de beaucoup d'esprit et de goût, M. Stappfer, disait un jour aux étudiants qui suivaient son cours : « Il y a toujours moyen de rajeunir une citation trop connue, c'est de la faire exacte. » Je me figure MM. Meilhac et Ganderax causant ensemble et échangeant ces paroles ailées : « Il y a un joli sujet de comédie ; c'est le divorce. — Très neuf, en effet ! dit le plus sceptique des deux. — Un peu traité, il est vrai, par tout le monde ; mais il y a un moyen de le rajeunir, c'est de le montrer tel qu'il est, ce dont on ne semble pas s'être avisé. On a fait le vaudeville du divorce, le roman du divorce, et peut-être le drame du divorce ; ou n'en a pas fait la comédie. Vous connaissez la vraie définition de la comédie, c'est *ce qui se passe entre personnes de condition moyenne ;* et pas autre chose. Vous vous souvenez de ce qu'en disait le bon Corneille, qui a fait les premières comédies vraiment françaises : « Faire rire sans personnages ridicules » ; c'est-à-dire sans personnages outrés et grotesques, sans procédés conventionnels, et aussi, sans doute, sans supposition d'incidents extraordinaires et de combinaisons burlesques du hasard. Faire rire, sourire plutôt, par la seule vérité bien saisie par nous, promptement, vivement et aisément saisie par eux. — Vous allez bien, vous ! vous jouez la difficulté. — Voulez-vous faire une partie. — Tout de même ! »

Ils l'ont faite. Elle est infiniment intéressante à suivre. Ce qui se passe, ce qui doit se passer entre deux époux divorcés qui ne sont ni des grotesques, ni des coquins, ni des vicieux, ni des détraqués, ni des fantoches, mais des gens comme vous et moi, dans un monde peut-être un peu plus brillant, et sans aucune espèce de circonstance extraordinaire, ou seulement accidentelle, ou seulement inattendue, voilà ce qu'ils nous ont donné.

Ils ont mis un peu de fantaisie, et un peu trop, à mon gré, *autour*, mais bien *autour*, et comme accessoire, cadre, vignette ou cul de lampe ; mais le fond et le centre de leur petit drame, leur drame lui-même, pour mieux parler, c'est ce que je dis. C'est du pur et simple réalisme, observé dans un monde qui use de linge, et traité par des gens d'esprit. Cela le distingue du réalisme courant, je le reconnais, mais ce n'en est pas moins du réalisme dans toute la précision du terme.

Deux époux se séparent, et dans le premier moment de l'irritation, poussent même jusqu'au divorce. Qu'est-ce à dire dans le cours ordinaire des choses ? C'est-à-dire que monsieur, qui est un brave homme, mon Dieu, et même capable de délicatesse, a eu quelques maîtresses par ci, par là, dont le seul tort, dans l'espèce, a été d'être un peu trop retentissantes. C'est l'histoire de tous les divorces.

Et madame ? Eh bien madame est une bonne femme, un peu vive, un peu nerveuse, parfaitement irréfléchie et capable d'un bon coup de tête, à l'occasion. C'est le portrait de toutes les femmes.

Et elle a commencé par aimer son mari, parce que « nous commençons toutes par là, » comme dit l'autre ; et elle l'aime encore, vous le savez bien et vous n'en doutez pas, puisqu'elle divorce. Si elle ne l'aimait pas, ce n'est certes pas à cette solution qu'elle songerait. C'est l'état d'âme de toutes les femmes, ou à peu près.

Et elle a eu un petit adorateur sans conséquence qui lui faisait une petite cour sans audace et sans péril pendant que son mari courait le soir le bal et la nuit les brelans. C'est l'histoire de tous les ménages.

Et c'est dans ces conditions que le divorce a eu lieu, et je disais bien que c'est l'histoire de tous les divorces.

Or ça, que va-t-il se passer? Il peut ne se passer rien du tout. Cependant Mme de Chambreuil, c'est la divorcée, a eu un petit adorateur. Supposez, et certes c'est la plus légère, la plus mince, la plus ténue des suppositions nécessaires pour qu'il y ait une pièce, supposez que, partie habitude prise (car où irait-il, maintenant, passer ses soirées?) partie amour, amour-goût, comme disait Stendhal, partie délicatesse, et sentiment que ce n'est pas très distingué d'avoir fait la cour à une femme mariée et de l'esquiver quand elle devient libre, le petit adorateur continue d'adorer, d'une piété douce, et soit amené peu à peu à demander la main de Mme de Chambreuil. Voilà juste où commencera la ligne sinueuse, mais sûre, qui finira par ramener Mme de Chambreuil à son mari.

Car on déteste un « ancien mari » quand on ne le compare qu'à lui-même, quand on dit : « Cet homme que j'aimais tant, et si aimable en effet d'abord, ce qu'il était devenu pour moi, vers la fin! »; mais quand, forcément, on le compare au second, à l'homme qu'on voit avec des yeux de femme et non plus avec des yeux ou des souvenirs de jeune fille, comme le premier reprend ses petits avantages ! J'en appelle à toutes les veuves remariées.

Le petit adorateur, donc, M. de Guerche, perd quelque chose, déjà, de sa bonne situation, dès qu'il s'agit de faire de lui un mari. Mme de Chambreuil lui a dit : « oui, » mais bien raisonnablement, avec un calme profond. Ah ! quelle affection solide ! Mauvais signe.

Et maintenant qu'une circonstance mette en présence réelle, face à face, l'ancien mari et le nouveau fiancé...

Vous m'arrêtez. Vous me dites : « Ah ! une circonstance ! voilà du vaudeville, ou du drame. Les circonstances interviennent. Nous nous éloignons du réalisme. — Mais non ! mais non ! Cette circonstance n'est pas une circonstance. Mme de Chambreuil a besoin de son ancien mari pour une dernière formalité, voilà tout. Catholique, elle veut être déliée de ses premiers vœux par la cour de Rome. Elle a besoin de M. de Chambreuil pour obtenir de lui qu'il déclare à la cour de Rome que son consentement avait été surpris, ce qui permettra au pape de déclarer le mariage nul. Voilà tout. Objectez-moi autre chose.

En attendant, M. de Guerche est là, dans le salon de Mme *ex*-Chambreuil, et M. de Chambreuil est annoncé. La position est délicate. « Pourquoi vous trouvez-vous là ? » dit Madame de Chambreuil à M. de

Guerche. Voyez-vous où il en est le nouveau fiancé ? Il est déjà gênant. On ne sait où le mettre. Et s'il reste, il va être ridicule. Dès que l'ancien mari survient, voilà son lot. Je ne ponterai déjà point avec M. de Guerche.

Les deux hommes se rencontrent, se parlent, l'un très à l'aise, très tranquille, avec une nuance de familiarité protectrice, l'autre horriblement gêné et partant grincheux, et partant désagréable, et le sentant, et par conséquent un peu burlesque. C'est la vie même, cela. Faites tout ce que vous voudrez, jamais vous ne ferez qu'en cas pareil le « premier » ne soit pas très à l'aise et le second très embarrassé, et que cela ne donne pas, aux yeux de la femme, quels que soient les torts du premier, une immense infériorité au second.

D'autre part quelque chose va arriver nécessairement qui doublera les avantages de monsieur le premier, comme on dit au Palais. Monsieur le premier va éprouver à l'égard de son... substitut un petit mouvement de jalousie qui le poussera, sans s'en rendre compte, à être très aimable, très homme du monde et très gracieux avec son ancienne femme. Le sentiment d'émulation, à son insu même, opérera. Il tiendra, sans s'en aviser formellement, à se montrer sous son meilleur jour. Pour peu qu'il soit naturellement agréable il le sera tout particulièrement à ce moment-ci. Tout donc, et sans effort de personne, et par un effet naturel de la situation, contribue à rendre

19

le second ridicule et le premier très regrettable et, au besoin, très acceptable. Après une entrevue des deux hommes devant la femme et une conversation de la femme avec l'ancien mari, soyez sûr qu'il y a de grandes chances pour que la femme soit peu pressée de conclure ce second mariage qui a été l'occasion de ces entrevues. C'est ce second mariage qui était l'occurrence la plus propice pour permettre au premier de se renouer.

Nous avons tous, dans le cœur de la femme qui nous aime, un rival terrible, c'est le premier qui a fait battre son aimable mamelle gauche. Quand ce premier n'a été qu'un Tircis en l'air, héros de roman, rêve de la quinzième année, ce n'est pas une affaire. Quand ç'a été le hussard du *Monde où l'on s'ennuie*, bleu et argent, qui était bête comme son sabre, et qui n'a fait que passer, comme l'éclair d'un glaive, cela va encore. Quand ça été un fiancé, mais qui a disparu depuis bien longtemps, ne prenons pas trop d'ombrage. Quand ç'a été un mari, mais qu'il est mort, c'est plus grave; cependant il ne faut pas se désoler. Mais quand ç'a été un aimé, un amoureux, un fiancé, un mari, et qu'il n'est pas mort, et qu'il revient, et qu'il est là, et qu'il n'est pas devenu chauve, comme dans le *Post-Scriptum*... Ah! mes amis, nous ferons bien de prendre promptement notre chapeau.

C'est ce qui arrive à ce pauvre M. de Guerche. Il n'y comprend rien, M. de Guerche, mais il sent bien qu'il perd du terrain. M. de Chambreuil a été très conciliant, très accommodant; il a parfaitement accepté son petit rôle dans la pièce à jouer « en cour de Rome ». Il a parfaitement promis d'écrire, de déclarer qu'il y eu surprise et maldonne dans son premier mariage. « Soyez libres, mes enfants, soyez libres. » Et malgré cela et à cause de cela, M. de Guerche sent qu'il perd du terrain. A cause de cela, en effet; car, devant tant de bonne volonté, que voulez-vous que dise Mᵐᵉ de Chambreuil, si ce n'est : « *Il* est très bien élevé, *il* a très bon caractère, *il* est bien gentil », et, à chaque mot de ce genre que dit Mᵐᵉ de Chambreuil, c'est, pour le pauvre de Guerche, autant de points à démarquer.

Pour qu'il soit décidément éliminé que faut-il? Rien que le concours naturel des choses, rien que la scène d'explications que doivent avoir tôt ou tard les deux anciens époux, qu'il est impossible qu'ils n'aient pas; car on ne se rencontre point entre anciens époux, je suppose, non plus qu'entre anciens amants, sans se dire quelques petites choses désagréables, et quand des gens qui se sont aimés en sont à se dire des choses désagréables...

Elle arrivera donc, la scène du dépit amoureux, elle arrivera après ces premières approches et ces premières escarmouches qui ont déjà, sans qu'elle s'en doute, très sensiblement entamé les résolutions nouvelles de Mᵐᵉ de Chambreuil, et après lesquelles Mᵐᵉ de Chambreuil est admirablement préparée à donner au dépit amoureux sa conclusion classique et traditionnelle.

Tout cela n'est-il pas la vérité pure et simple; la vérité moyenne, la vérité pour gens qui n'ont ni grandes et fatales passions, ni grands vices ni grandes vertus; en un mot n'est-ce pas la réalité?

Aussi, quand le pauvre de Guerche reviendra, après la scène de retour sur le passé, de récriminations, de reproches et par conséquent de pardon, et qu'on lui dira : « Vous savez ! Tout cela nous a simplement appris que nous avions eu tort de nous séparer. Dispersez-vous dans l'espace ! »; il ne sera point étonné, il n'aura point de cruelle surprise. Il n'est point sot; il y avait déjà quelque temps qu'il s'y attendait.

Mais que deviendra-t-il, lui? Il pourrait ne rien devenir; il pourrait n'être que le réconciliateur sans le vouloir, l'instrument du destin. C'est un rôle honorable qui ne manque pas d'un certain caractère auguste et que nous avons tous joué plus ou moins, dont nous nous serions très bien passé, s'il faut tout dire. Les auteurs ne l'on pas voulu. Non point, je crois, par souci de compliquer l'intrigue; ils ne semblent pas en avoir eu cure; mais par ce même soin de reproduire la réalité des choses dont j'ai parlé et dont je les félicite. Ils se sont dit, eux aussi : « Et de Guerche? De Guerche ! Il fera comme finissent par faire tous les de Guerche. Il en épousera une autre. — Eh bien ! faisons lui en épouser une autre. Soyons vrais complètement. — Cela ne le rendra pas un peu antipathique? — Nullement. Songez donc. S'il aimait Mme de Chambreuil depuis sa séparation seulement, et s'il en épousait une autre, ce serait une petite girouette assez déplaisante, ou un très vulgaire coureur de mariage au-dessous de cette vérité moyenne où nous voulons rester. Mais il a fait la cour à Mme de Chambreuil avant sa séparation, quand elle était mariée, et c'est précisément pour cela qu'il est un homme avouable en finissant par en épouser une autre. On sent bien que s'il a offert sa main à Mme de Chambreuil après son divorce, c'est un peu par amour, oui, mais seulement un peu par amour; c'est surtout par délicatesse, parce qu'il l'a légèrement compromise; c'est par bonté de cœur, parce qu'il la voit abandonnée, isolée, embarrassée, sans un bras d'homme où elle se puisse appuyer. Dans ces conditions, il peut très bien avoir une foule de sentiments très gentils pour Mme de Chambreuil et cependant ne pas l'aimer profondément, et même, sans bien s'en douter, aimer à côté quelqu'un, une jeune fille, une amie de Mme de Chambreuil. (Nous l'appellerons *Pepa*, si vous voulez. Pepa est un joli nom.) Et quand les deux anciens époux, réconciliés malgré lui et à cause de lui, le laisseront là comme un valet de cœur écarté, il pourra très bien, sans être odieux le moins du monde, tourner les yeux vers Pepa, qui en aura de fort doux pour lui. Il suffira que M. de Chambreuil lui dise : « Ouvre donc les yeux, nigaud, c'est celle-là que tu aimes. » Il aura été honnête homme, et galant homme, et vrai tout le temps; et nous y gagnons ceci qu'il ne sera pas ridicule jusqu'à la fin, ce qui est essentiel, parce que ce n'est pas un vaudeville que nous voulons faire. »

Et c'est en effet comme cela que les auteurs ont mené les choses. M. de Guerche épousera Pépa. M. de Chambreuil, qui est un malin, dès son retour, dès son premier pas dans le salon de sa femme a tout de suite vu que c'était là le joint. Il s'est arrangé de manière à pousser de Guerche vers Pépa du même coup qu'il rapprochait sa femme de lui-même. Il a fait la cour à Pépa. C'était un coup de maitre. C'était faire lever la jalousie et par conséquent la conscience de l'amour dans le cœur de de Guerche; c'était éveiller le même sentiment, à peu près, dans le cœur de Mme de Chambreuil; c'était faire dire à celle-ci : « *Il* se fait aimer. *Il* est encore capable de se faire aimer. *Il* est aimable. » Le scélérat connait son affaire, et il arrive ainsi, tout doucement à toutes ses fins. Nous avons ici quelque chose qui est comme un *ami des femmes* ou M. de Ryons serait le mari lui-même, et travaillant pour lui.

Tout cela fait une très aimable comédie, et je ne me lasse pas de le répéter une comédie *vraie*. Cette vérité en est le principal et le plus vif attrait. Je suis très loin, on le sait, de mépriser un bon vaudeville où l'amusement nait de combinaisons ingénieuses, d'incidents bizarres et inattendus; mais une histoire qui n'est que l'histoire, et qui semble se faire toute seule, et où tout provient de la seule succession naturelle et comme nécessaire de sentiments qui sont ceux que nous avons tous, c'est peut-être plus difficile à faire, et en tous cas, c'est d'un intérêt captivant, insinuant et intime, qui me prend tout entier et m'enveloppe, comme si j'étais un de ces gens-là. Je ne détesterais pas être un de ces gens-là, du reste. Par exemple si j'étais M. de Chambreuil, j'épouserais une seconde fois Mme Bartet. Une seconde fois ! Comprenez toute la valeur de ce mot. C'est un raffiné, ce Chambreuil.

Deux écueils à ce genre de théâtre qui n'est que la réalité bien observée et mise sur la scène. Le premier c'est que l'intérêt, je dis l'intérêt vulgaire, l'intérêt de curiosité, dont il faut tenir compte, puisque nous sommes au théâtre, et devant des Français, est, presque forcément, moins vif. Nous sommes très intelligents, nous autres spectateurs, et puisque ce que vous nous présentez est si vrai, est si bien pris dans le cours ordinaire des choses, mon Dieu, il est probable que nous allons deviner ce qu'il va être, que nous allons savoir d'avance comment les choses se passeront, et qu'il y aura peu d'imprévu. C'est forcé.

Il y a en effet peu d'imprévu dans la pièce de MM. Meilhac et Ganderax. La froideur relative avec laquelle le troisième acte a été écouté vient de là. Ce troisième acte, si joliment fait, d'ailleurs, nous le connaissions, en gros, à l'avance. Nous le voyions venir. S'il avait été autre que celui que nous voyions venir, il aurait été faux ; s'il était tel que nous le voyions venir, il n'était pas inattendu. Ma foi, quand on a fait du réalisme, je ne vois guère le moyen de sortir de là.

L'autre écueil consiste en ce que la vérité du fond, dans une pièce réaliste, exige une incroyable, une formidable vérité dans le dialogue. C'est là qu'il ne faut pas de fantaisie : elle sonne faux immédiatement. Cet écueil-ci, par exemple, les auteurs l'ont admirablement évité. Tous ces gens-là disent ce qu'ils doivent dire à merveille. Les mots vrais éclatent à chaque instant. Pas de mots d'auteurs, pas de traits. Des mots qui sont des traits de caractère, ce qui vaut mieux, ou pour mieux dire des mots qui sont des traits de vérité, des détails de réalité. Ah! l'entrée de M. de Chambreuil chez sa femme, quelle bonne entrée! Le domestique l'annonce. Il paraît, et en passant devant le domestique : « *Bonjour, Auguste!* » Il est chez lui. Il est nécessairement chez lui. Rien ne peut faire qu'il ne soit pas chez lui. « Bonjour, Auguste ! » Jamais je n'ai vu, avec un mot si simple, une situation si bien posée, et toute une réalité si bien éclairée d'un seul trait. La salle a comme bondi de joie.

De même, il cause avec sa femme, son ancienne femme. On est froid. On discute les conditions dans lesquelles peut se faire en cour de Rome l'annulation du mariage. « C'est le conseil, dit Mme de Chambreuil, que me donne Mme de Chavigny — Mme de Chavigny! s'écrie Chambreuil, celle qui est si bien avec Folleuil. Est-elle toujours bien avec Folleuil? — Toujours ; mais plus du dernier bien. Figurez-vous, mon cher... »

Ils s'oublient, ils *potinent*, ils se disent : « Mon cher » ; ils se parlent à voix étouffée, en camarades. Ils sont mari et femme. Rien ne peut faire qu'ils ne soient pas mari et femme. Puis, brusquement, rappelés à leurs rôles de plaideurs, redevenant tout raides et parlant d'une voix blanche : « Nous disions, Monsieur, qu'en cour de Rome... » Ah ! comme c'est cela !

Et le dialogue entre Chambreuil et de Guerche ! Ce petit ton protecteur de l'ancien mari, qu'il cherche à éviter, car il est homme du monde, mais où il retombe toujours, par la fatalité de la situation ! Il y a des trouvailles de vérité dans ce dialogue-là : « Tu faisais la cour à ma femme quand nous étions mariés... Si, si, tu lui faisais la cour. Tu m'as même bien intéressé. Je me disais : il n'arrivera pas. Je me trompais. Tu arrives... Tu n'arrives pas... (geste qui signifie : en triomphateur)... tu arrives (geste qui signifie : tout doucement, par les petits chemins)... mais enfin (avec bonhomie) tu arrives ! » Je ne crois pas qu'il soit possible d'attraper le ton vrai de la conversation mondaine avec plus de sûreté.

Et les mots inconsciemment spirituels, les seuls qui soient spirituels, les mots qui ne sont que vrais pour celui qui les dit et qui sont infiniment drôles pour celui qui les entend ! Vous savez dans quelle situation est M. de Guerche, relativement à Mme de Chambreuil, et qu'on ne peut démêler si c'est plutôt par délicatesse ou plutôt par amour qu'il demande sa main : « M'aime-t-il vraiment dit Mme de Chambreuil ? Qui sait? Il est si honnête homme qu'on ne peut pas savoir s'il est sincère. »

C'est une très jolie comédie, une comédie de connaisseurs, qui n'aura peut-être pas l'acclamation de la foule; mais qui sera reprise, revue, relue, bien longtemps par les amateurs de vérité, les gourmets de peintures de mœurs et ceux qui aiment l'esprit français.

Elle a été jouée à ravir. Mme Bartet, avec son élégance, sa distinction, sa grâce un peu triste, était admirablement faite pour nous représenter une charmante madame de Chambreuil. Mlle Reichemberg a donné à Pépa une vivacité espiègle et une mutinerie enjouée qui étaient délicieuses. Quelle mignonne cervelle d'oiselle il doit y avoir dans cette jolie tête ! M. Le Bargy, dont le rôle n'était pas commode, a été très convenable et très digne, et même a eu, au premier acte, dans une déclaration sans le savoir qu'il fait à Pépa quelques accès vraiment émus. M. de Féraudy, dans un rôle assez mal venu de rastaquouère, père de Pépa, a dessiné une silhouette originale. Mais le triomphe de la soirée a été pour M. Febvre. C'est lui qui sait ce que c'est que la vérité vraie, mais, là, criante, dans le dialogue, le geste, l'allure, la pose. Un miracle! Il a dit les trois « *tu arrives!* » de manière à en faire tout un poème.

XXVII

THÉATRE LIBRE : *Rolande,* drame en quatre actes,
par M. Louis de Gramont.

12 Novembre 1888

Le Théâtre-Libre s'est relevé de l'échec par lequel il avait débuté cette année. Il a donné une pièce très contestable, infiniment contestable, mais qui n'est pas indifférente, où l'on sent des qualités déjà acquises et qui surtout fait concevoir d'assez grandes espérances pour l'auteur. Il convient de s'y arrêter un peu.

Rolande était annoncée depuis quelque temps (avec cette indiscrétion dans l'éloge préalable et la glorification avant la lettre, qui doit, j'en suis sûr, être pour les auteurs un rude supplice, mais qui est malheureusement passée dans les mœurs) comme la rélévation même de l'art nouveau, et comme quelque chose qui se pourrait appeler le *Cid* du naturalisme. La « formule » nouvelle tout entière y était trouvée, et la révolution dans l'art dramatique était accomplie. J'ai donc assisté à ce 89 artistique avec le recueillement convenable et j'ai écouté de toute mon âme, ainsi qu'un initié aux mystères. Je donnerai mon impression en toute naïveté, comme à mon ordinaire. Je n'ignore pas qu'à juger les chefs-d'œuvre on se juge soi-même, et que c'est sa mesure à soi que l'on donne ainsi, et qu'à la fin de ce feuilleton, que je commence en tremblant, j'ai les plus grandes chances d'avoir démontré à l'univers attentif ma profonde imbécillité. Mais tout coup vaille, et je m'y résigne. Il ne faut pas croire que les critiques soient incapables d'héroïsme.

Rolande est la fille de M. Montmorin, ancien capitaine de vaisseau, directeur au ministère des relations transatlantiques. M. Montmorin, vous avez lu Balzac, c'est le baron Hulot. Homme intelligent, homme distingué, homme de courage, homme d'honneur; mais « les femmes, les femmes, les femmes, n'y a qu'ça, » comme dit l'opérette. Inutile d'insister. La psychologie du baron Hulot, comme celle, du reste, de tous les personnages de l'école naturaliste, est très vite faite, étant très sommaire, ce qui m'est désagréable, mais ce que du reste, j'accepte parfaitement. Il ne m'est nullement pénible de voir les écoles modernes (dans Balzac c'est déjà très sensible) « fermer le cercle » et revenir, après trois siècles, tout simplement aux personnages simples, tout d'une venue, sans la moindre complexité et définissables d'un seul mot, de l'école classique primitive en ses premiers commencements. Dieu me garde d'y voir de l'impuissance, et ma charité me persuade d'y reconnaître plutôt le grand art. Je pourrais dire qu'après trois cents ans de littérature,

une analyse plus minutieuse de caractères ou de
« tempéraments » un peu plus complexes me paraîtrait naturelle ; mais je ne proscris rien, et qu'un
homme soit une seule passion qui marche tout droit,
encore que ce soit rare, c'est très possible, cela se
rencontre, cela peut être décrit et suivi avec intérêt ;
et j'accepte.

Donc M. de Montmorin n'est qu'une passion unique
et qui va droit devant elle comme une force incoercible.
Il se définit d'un seul mot que vous connaissez parfaitement. Pour parler avec une grande élégance, c'est
le personnage principal d'une phallophorie. Au premier acte, sa femme meurt. Elle se meurt des chagrins
que la cruelle manie de son mari lui a causés. Elle a
une maladie de cœur à sa dernière période. Sa fille
Rolande est à son chevet. La mère mourante et qui
se sent mourir, explique à sa fille les nouveaux devoirs
qui ne vont pas tarder à peser sur elle. Les passions
de M. de Montmorin sont de celles qui ruinent la
fortune, le crédit et l'honneur d'une maison. Rolande
aura pour devoir de protéger et de sauver l'honneur
de la famille et du nom. Une surveillance continuelle
à exercer sur son père et une lutte perpétuelle à soutenir contre lui, voilà le triste héritage de la pauvre
fille

Cette scène a été très vivement critiquée. Ces scabreuses confidences d'une mère à une fille ont paru
désobligeantes. Je ne suis pas, ici, avec les critiques.
Je trouve la scène trop longue, mais non pas mauvaise.

La mort imminente rend tout grave, et sanctifie tout. Ce testament doit être dicté, et il ne peut l'être que par la mère à la fille aînée. Il est nécessaire, et il a, pour moi, quelque chose de poignant et de tragique. Il n'y a pas là de quoi rire.

Je crois seulement qu'il aurait pu être plus court. Rolande n'est pas sans tout savoir, ou à bien peu près, et la mère n'est pas sans savoir qu'elle sait. Des larmes de la mère surprises par la fille quand M. Montmorin rentrait si tard, ou ne rentrait pas, un regard échangé, et ces deux femmes se sont comprises. Et, aujourd'hui, un simple : « Tu sais ce qu'est ton père... — Oui, ma mère ! » suffisait très bien. Mais enfin l'auteur a voulu insister pour nous bien enfoncer dans l'esprit, à nous public, quelles sont les obligations cruelles et inévitables qui pèsent désormais sur la tête de Rolande. Il n'y a pas grand chose à dire.

Cependant M. Montmorin paraît. Il parle avec la plus grande affection à sa femme ; mais on comprend qu'il revient de chez Mme Rixdal. Sa femme s'endort. Une petite bonne, nouvelle dans la maison, survient. M. Montmorin lui fait immédiatement une petite cour très vive. Mme Montmorin se réveille au moment où Rosalie se laisse embrasser par M. Montmorin, et frappée de ce dernier coup, elle tombe morte.

Voilà le premier acte, qui est le meilleur, vigoureux, bien mené, bien coupé, tombant bien, avec une précision un peu concertée, mais habile. On sent là une main ferme.

Au second acte, M. Montmorin, plus libre désormais, veut recevoir chez lui madame Rixdal. Mademoiselle Rolande n'admet pas cela, et la lutte commence. Rolande a déjà chassé Rosalie. Elle chassera madame Rixdal, si celle-ci ose se présenter. Scène violente entre le père et la fille. Madame Rixdal se fait annoncer. Rolande consent à la recevoir, mais au bout de cinq minutes la met à la porte avec éclat. Fureurs de Montmorin. A partir de ce moment on sent que ni l'un ni l'autre ne céderont.

Sur quoi, nommons les choses et les personnes par leur nom, il le faut « en naturalisme », une entremetteuse, l'honorable madame Mitaine, vient faire à M. Montmorin, qu'elle connaît depuis longtemps, ses petites offres de service. Une enfant charmante, quinze ans, fille de bons ouvriers qui la battent autant qu'il convient pour la jeter promptement dans le mauvais chemin. C'est une occasion bien avantageuse. Monsieur peut voir, du reste ; la petite passera dans un quart d'heure sous un prétexte quelconque.

Eh bien Monsieur verra. Que la petite se présente.

La petite se présente en effet. C'est un immonde petit « trottin ». Elle a un langage à faire rougir la teinture de tournesol. M. Montmorin est très émoustillé, et déclare pour se justifier « que c'est Rolande qui l'aura voulu ». Je ne vois pas trop en quoi Rolande a voulu pareille chose. Mais ce que les chansonniers appellent le cœur a des raisons que la raison ne connaît pas.

Quatrième acte : *le guet à pens*, comme dans les drames. Mme Mitaine a loué, pour les amours plébéiennes de M. Montmorin, un affreux appartement garni où elle lui a dressé une petite embûche. Vous êtes prévenu que « la petite » n'a pas quinze ans. Elle n'en a que quatorze et demi. Aux termes du code les parents de Zizine ont barres sur elle et sur son séducteur. On fera donc « chanter le vieux ». On surviendra au moment propice et on lui fera signer des papiers, vous savez, de bons papiers. C'est ce qui a lieu. Le père respectable et l'aimable frère de Zizine bondissent, au moment que vous savez, d'une retraite obscure, et brandissent pour soixante mille francs de feuilles timbrées sur la tête de l'ancien capitaine de vaisseau, qui fait mine de tout casser, mais qui cède quand il s'aperçoit qu'en signant il pourra « garder la petite ». Le baron Hulot est au plus bas. Et voilà le quatrième acte. Comment une aventure qui comporte environ trois minutes d'horloge fait-elle la matière de tout un acte, vous le verrez plus tard.

Cependant M. Montmorin est ruiné, d'une part, et d'autre part fugitif et déshonoré ; car, comprenant très bien que les bons parents de Zizine vont renouveler quotidiennement la petite opération, il s'est sauvé avec sa « conquête », a tout abandonné, maison, famille, ministère, cercle et Boulevard, et se cache à Chevreuse, ou autre lieu. Le père de Zizine se fait payer les papiers, mensuellement, par la pauvre Rolande, qui est à bout de ressources, et qui finit par lui déclarer la vérité, qui est qu'il n'y a plus un seul louis dans la maison. « Très bien, réplique l'honorable industriel. Vous êtes naïve. Vous vous imaginez que je ne sais pas où est monsieur votre père. Je le sais parfaitement. J'y cours, flanqué d'un commissaire. Et en police correctionnelle M. Montmorin, le respectable M. Montmorin! »

Il part. Rolande reste, toute pâle, fixe les yeux sur un revolver, qui pend à une panoplie, marche, d'un pas raide, vers l'instrument de mort, le glisse dans son manchon, et sort.

Et nous voilà à Chevreuse, où Montmorin, en quelques mois, a glissé à la dernière abjection. Sa fille survient, et en quelques mots le met au courant. Cette fois c'est le déshonneur, le déshonneur définitif, sans remède. « Pas de remède! Pas de ressource! » s'écrie le pauvre homme. « Non, le commissaire arrive. Le voici au bout du chemin. — Pas de ressource! Pas de salut! répète le malheureux. — Il y a celui-ci! » répond Rolande, et elle lui tend le revolver.

Montmorin le prend. Dès qu'il l'a pris, sa fille se traîne à ses genoux pour le supplier de ne pas s'en servir. Montmorin lui réplique par un grand discours sur les devoirs de l'implacable honneur, si bien que j'ai cru qu'il allait suspendre le revolver à une branche de lilas. Il finit cependant par se faire sauter *complètement* la cervelle, ce que tous les déshonorés ne savent pas faire, et la pièce est finie.

Vous voyez bien qu'elle n'est pas sans mérite. Elle

est nette, elle est solide, elle est vigoureuse. Elle est horriblement vulgaire, mais elle a un fond de vérité, et elle est assez fermement conduite. Ce n'est pas l'œuvre du premier venu.

Ce qui y choque, c'est d'abord un parti-pris, une gageure d'incongruité dont le public a droit de se plaindre, parce que ce parti pris n'est pas niable. Je ne demande pas qu'on adoucisse et qu'on atténue. Je demande qu'on n'en mette pas plus qu'il n'en faut, exprès, de ferme propos, avec insistance et redoublement, dans le seul but de m'être désagréable et de me faire crier. Il est telle pièce du Théâtre-Libre, aussi hardie et peut-être plus forte que *Rolande*, où il n'y avait pas une grossièrté de langage. L'auteur n'avait pas cru en avoir besoin. Il semble que l'auteur de la pièce actuelle tienne infiniment à me blesser, moi, public, pour « se payer ma tête », comme disait Saint-Just, et comme dit Polyte. « Voilà une inconvenance, et cela te gêne, je te connais. En voilà une autre. Elle est inutile, je le sais bien, mais en voilà une autre, pour le plaisir de t'agacer. Et en voilà une encore, plus « raide » ! Et en voilà dix autres. Quel nez tu fais ! C'est ce que je veux. *Ah ! tu finiras bien par hurler, misérable !* Je ne sais pas ce que j'ai fait pour qu'on tienne tant à me faire hurler. Mon Dieu ! je hurle, puisqu'on y tient, je hurle. Quel plaisir cela peut-il bien vous faire que je hurle. Mais il est évident que cela fait plaisir à l'école, que cela fait partie de son esthétique. C'est une esthétique singulière.

Enfin hurlons ! Voilà un auteur bien satisfait maintenant.

Pas si satisfait peut-être ; car il y a quelque chose à remarquer. C'est que le public ne hurle pas. Il applaudit en gouaillant. C'est beaucoup plus grave. A chaque gros mot c'est un trépignement d'enthousiasme de la part de « l'école » ; mais c'est un applaudissement un peu trop joyeux de la part du gros public ; ce sont des « Ah ! ah ! elle est bonne celle-là ! », où il entre un peu trop de bonne humeur, et peut-être un respect insuffisant à l'égard de l'œuvre. Je voudrais être applaudi comme *Rolande* l'a été au premier et au dernier acte ; mais non pas comme elle l'a été au troisième. J'affirme qu'il y avait une nuance ; je connais assez le théâtre pour certifier qu'il y avait une forte nuance. Il faudrait prendre garde à cela. Car ce troisième acte, l'acte du « guet à pens » s'il peut être un acte, et assez long, c'est que c'est celui que l'auteur s'est réservé, non pas pour être naturel, mais pour faire du naturalisme, ce qui est, comme vous le savez, assez différent. Il est fait presque tout entier d'une longue conversation entre Mme Mitaine, le père que vous savez, et le frère que j'ai eu l'honneur de vous présenter. Cet entretien retarde l'action, et prend une place qu'aurait pu prendre le vrai drame, un peu étriqué, qui n'est autre que la lutte entre Rolande et son père. Il est très inutile, mais il est si répugnant que l'auteur a cru devoir y insister avec quinerie, et comme rageusement. Tous ces gens-là tiennent des propos énormes dans un langage que j'aimerais autant ne pas apprendre. Et l'on se traîne dans ces bas fonds, et l'on s'y envase: et l'on s'y... ennuie, vous m'entendez bien. Je ne vois pas du tout à quoi cela est utile dans la scène. C'est trop évidemment pour l'esthétique nouvelle et pour le plaisir de me faire protester. Oui, oui, je comprends cela, et combien cela doit pénétrer de joie un auteur naturaliste, que je proteste. Mais en attendant le drame s'arrête, ou il dévie, et nous sommes à cent lieues de l'étude psychologique, seule intéressante, d'un libertin qui s'effondre, et d'une fille courageuse qui lutte.

Cela même pourrait aller contre le but que l'auteur poursuit, s'il en poursuit un. En sortant du troisième acte, un de mes contemporains, qui est éminemment « 1848 » et qui collabora au *National* d'Armand Carrel, me disait :

« Je suis indigné. L'impertinence de ces aristocrates me révolte. Voilà une pièce où tous les bourgeois, tous les richards, sont à peu près honnêtes, et où il n'y a que les gens du peuple qui soient d'affreuses canailles. C'est le contraire qui est vrai. Relisez *le Peuple* de Jules Michelet. Dans cette pièce, je vois Mme Montmorin une sainte; Mlle Montmorin une héroïne; M. Montmorin un libertin, mais un homme d'honneur qui se brûle la cervelle pour avoir commis un délit grave, mais qu'il ne savait pas qu'il commettait, puisqu'on l'avait trompé sur l'âge de la jeune fille. C'est un homme vicieux, ce n'est pas un gredin; il a même de la grandeur. Et je vois Zizine, la fille du peuple, qui est une horrible gueuse, le frère de Zizine qui est un misérable immonde, le père de Zizine pour qui il n'y a pas de nom. C'est affreux. On excite, sur les théâtres, la bourgeoisie au mépris du peuple, qui devrait nous être donné en modèle. C'est affreux. L'auteur doit être un rédacteur de la *Quotidienne.* »

Je crois que mon vénérable contemporain prenait un peu le change ; mais il avait quelques apparences pour lui. J'ai eu des peines étranges à le détromper. J'ai du reste la loyauté de faire savoir au monde que j'y suis parvenu, mais que le loup me happe, si je sais par quels arguments.

Pour laisser là les tendances et les manies d'école qui sont choses dont il faut parler, mais dont la postérité se souciera très médiocrement, et pour en revenir à la pièce proprement dite, elle est d'un bon ouvrier, sans doute, et je vous prie de croire qu'il y en a des preuves, dont une est que je m'en occupe si longuement ; mais je ne voudrais pas qu'un homme, qui a certainement un avenir dramatique devant lui, estimât qu'il n'a plus rien à apprendre. Il s'en faut de beaucoup. Je répète que la pièce est claire et assez forte. J'ai même dit qu'elle était assez bien conduite. Mais sur ce point il y a à dire.

Vous avez remarqué sans doute que Balzac, dans sa peinture de l'avilissement progressif du baron Hulot, avait mené peu à peu et par degrés son triste personnage de l'amour des femmes de son monde, à la fréquentation des femmes du demi-monde, puis à la cohabitation avec une fillette de faubourg, enfin à je ne sais quel marchandage avec une servante, au lit de mort même de sa sainte femme. Il me semble qu'il avait raison. Ne croyez point que ce fût par respect pour la loi classique de « progression ». C'était par amour de la vérité. Les Hulot, dans la réalité (le savons-nous assez, mon Dieu !) suivent vraiment, d'un progrès fatal, cet escalier de dégringolade. M. de Gramont fait du Balzac, mais à rebours, et Dieu me garde de dire que c'est pour le démarquer, mais il procède à rebours, voilà tout ce que je veux dire, et il a tort.

Il nous montre, au premier acte, le dernier acte de Balzac, l'amour ancillaire, le dernier degré, et au chevet de l'épouse mourante ; après quoi il semble bien qu'il n'y ait plus rien. Il commence par la dégradation complète. — Puis, au second acte, il nous montre un Montmorin amant d'une femme du monde. Voilà un Hulot qui se relève au lieu de s'abaisser. Je ne comprends pas très bien. — Puis mon Hulot a un caprice pour une petite grisette, trop jeune. Voilà une rechûte, mais une rechûte qui ne le met pas encore aussi bas qu'il était d'abord. Puis enfin, au lieu que le baron Hulot tombe dans le gâtisme, ce qui, en bon naturalisme, et en bonne vérité, est le seul dénouement vrai de l'histoire, et Balzac le sait bien, au lieu de cela, Montmorin se relève par le suicide, et, en définitive, sauve l'honneur de son nom par un acte énergique qui est celui que les prévaricateurs, les tripoteurs, les voleurs de grand monde accomplissent quelquefois, mais que ni les buveurs d'absinthe, ni les vieux érotiques n'accomplissent *jamais*. — Voilà une courbe qui n'est pas bien tracée, un graphique qui est faux.

C'est à peu près sauvé par une certaine habileté de main que je reconnais, et qui n'est pas sans m'avoir fait concevoir de très grandes espérances pour M. de Gramont. Mais c'est faux, mon cher naturaliste, tout simplement.

Et savez-vous ce qui en résulte? C'est que cette pièce, qui, matériellement et au regard superficiel, est bien faite, au fond n'est pas faite du tout. C'est que nous avons, non pas *Vie et aventures de M. Montmorin*, mais quatre Montmorin très différents, malgré certains raccords qui ne sont pas pour tromper les yeux des vieux renards. Nous avons quatre *tableaux*, non une pièce vraiment suivie.

Premier tableau : un vieux libertin, soixante-dix ans, sa femme meurt, il embrasse la bonne, guenille humaine.

Second tableau : libertin du grand monde, quarante ans, veuf, aime une femme du monde, en est aimé, gêné devant sa fille, rudoie sa fille et s'échappe à jurer comme un païen quand elle le gêne. Nul rapport avec le tableau n° 1.

Troisième tableau : libertin de la grosse bourgeoisie, cinquante-cinq ans, suit les petites ouvrières, patte d'oie libidineuse, relations avec les entremetteuses, trente mille francs par mois de dépenses stupides. Aucun rapport avec les deux tableaux précédents.

Etc., et ainsi de suite. Nous pourrions, je crois, pousser jusqu'à cinq. Mais cessons le jeu.

Sur quoi M. de Gramont m'envoie promener et me dit : « D'abord, de progression artistique, n'en parlons pas. C'est du classique. Balzac était encore vieux jeu en cela. La nouvelle école ne connaît pas ces vieilleries. Ensuite ce n'est pas un Montmorin roulant successivement par toutes les phases du libertinage que j'ai voulu faire. C'est un Montmorin ayant *ensemble et à la fois* toutes les formes du libertinage, aimant à la fois Mme Rixdal, Rosalie, Zizine et même sa femme. Ce personnage existe, je l'ai vu et je le peins.

Eh bien, je ne crois pas que ce soit très vrai cela, et, en tout cas, je ne crois pas que ce soit la vraie manière de peindre un grand vice. Vous n'avez pas donné au spectateur l'idée que je viens de vous supposer, et, l'eussiez-vous donnée, c'est votre œuvre elle-même que vous ruiniez. Le vice ainsi éparpillé et éclectique, non plus suivant sa voie directe et de plus en plus fangeuse vers l'abjection absolue, mais dispersé, multiforme, à la fois élégant et ignoble. Ce vice là *n'est pas un vice ;* c'est un travers amusant, c'est une manie bouffonne, il donnerait une comédie dix-huitième siècle, non un drame. Et, non, décidément, ce n'est pas là ce que vous avez voulu faire. Ce que vous avez voulu faire, c'est bien ce que je pensais d'abord, c'est bien le vice progressif et à décadence, et c'est ce que vous avez mal fait. Il ne reste pas de Montmorin une idée nette, et de la pièce qu'il soutient tout entière, une impression forte.

J'ai assez dit toutes les qualités, que, malgré ces réserves, je trouvais dans ce drame, pour qu'on sache que je tiens désormais le talent de l'auteur en très sérieuse considération.

XXVIII

Odéon. — *Don Juan*, avec conférence de M. Jules Lemaitre.

19 novembre 1888.

L'Odéon a donné jeudi matin *Don Juan*, avec conférence de M. Jules Lemaitre. Vous pensez si M. Jules Lemaitre était heureux d'avoir à nous entretenir de l'œuvre sinon la plus forte, du moins la plus originale et la plus extraordinaire de Molière. Il était ravi, et c'est une excellente condition pour ravir les autres ; à quoi il a parfaitement réussi.

C'est une chose en effet bien particulière et bien curieuse, à tous égards, que ce *Don Juan*. Nous sommes en 1665, Molière est en pleine vogue, mais non pas en pleine gloire. De chef-d'œuvre il n'a encore donné que l'*Ecole de Femmes*. On attend beaucoup de lui, mais il a des rivaux contre lesquels il faut lutter pied à pied.

Il faut attirer la foule, la vraie foule, au théâtre de Molière. Voilà que les confrères réussissent, un peu trop, avec je ne sais quelle diablerie originaire d'Espagne et qui arrive en France après avoir passé par l'Italie. C'est l'*Homme de pierre*, ou l'*Athée puni*, ou le *Libertin foudroyé*, ou *Don Juan*. Eh! bien, on va leur en donner, un *Don Juan*.

Et Molière, très vite, au grand galop, écrit une pièce de drame, une tragi-comédie irrégulière, presque absolument irrégulière. Changements de lieux, mélange du tragique et du bouffon (je ne dis pas mélange du tragique et du comique, choses qui ne peuvent guère s'unir ; mais mélange du tragique et du bouffon, choses qui s'unissent, au contraire, assez aisément ; vérifiez), intervention de l'élément féerique et diabolique, *Deus ex machina*, etc., etc.

Il n'observe que l'unité de temps, ou plutôt il ne l'observe nullement, comme je vais le montrer tout à l'heure ; mais il fait semblant de l'observer. Il prend, là-dessus, quelques précautions. Il donne de fausses indications — je dis fausses — pour ménager la poétique du temps. Il fait dire à dona Elvire, au quatrième acte : « *Vous me voyez bien changée de ce que j'étais ce matin*, » et à don Juan au cinquième acte : « *Je ne suis plus le même d'hier soir.* » A la rigueur il peut soutenir contre un d'Aubignac que, du naufrage du premier acte au coup de foudre du cinquième, il n'y a que vingt-trois heures cinquante-cinq minutes. Mais sauf ce tempérament, et qui est tout à fait *pro forma*, il ne se gêne point. Il y va hardiment. Il jette dans une pièce qui ne rentre dans aucune catégorie connue, toute une vie humaine.

Et c'est là la grande originalité de *Don Juan*. Pour

renouveler ce personnage, dont tant d'autres s'étaient emparés avant lui, Molière a l'idée de faire, en le traitant, ce que le théâtre français ne se permettait quasi jamais, ce que le théâtre grec (*Œdipe-Roi*) et Shakespeare seuls se permettaient souvent, une *évolution de caractère*.

Un caractère bien défini et d'une grande unité et simplicité, c'est bien ; un caractère bien défini et complexe, mais dont la complexité est très intelligible au spectateur (*Arnolphe*, *Harpagon*), c'est mieux ; mais un caractère qui évolue, qui change sous les yeux du spectateur, et cela d'une manière logique, rationnelle, naturelle, qui n'est pas le même au cinquième acte qu'au premier, et de telle sorte que le spectateur voie très bien pourquoi il n'est pas le même à la fin qu'au commencement (*Hamlet*, *Macbeth*) c'est singulièrement intéressant. C'est tout une biographie sur la scène ; c'est l'intérêt d'un roman avec l'intérêt d'une œuvre dramatique concentrés dans un seul ouvrage, si l'on réussit. Voilà ce que Molière a tenté dans son *Don Juan*.

Seulement, c'était toute la poétique du temps bouleversée. Il n'y a pas d'évolution de caractère possible en vingt-quatre heures, ou du moins c'est une chose bien difficile. C'est au prix d'efforts inouïs et de quelques invraisemblances que Corneille a pu en faire..... combien? deux, l'une dans *Polyeucte*, l'autre dans *Cinna* ; et Racine... combien? une, dans *Britannicus*. Boileau défend qu'un personnage, « enfant au premier acte, soit barbon au dernier. » C'est pourtant le seul moyen, ou à peu près, de le montrer changeant de caractère sous nos yeux. Eh bien, tout en prenant certaines précautions de forme, osons hardiment mépriser le précepte d'école; faisons un *Don Juan* qui, quoi qu'il en dise lui-même, n'ait pas du tout le même âge au premier acte et au dernier acte, qui « ne soit plus le même d'hier soir », ce qui, pour qui sait entendre, signifie qu'entre hier soir et ce soir, vingt ans, en vérité se sont écoulés; un don Juan qui ait dix-huit ans au premier acte et quarante au dénoument. Le personnage deviendra, de conventionnel et quelconque qu'il était, infiniment réel et riche de vie.

Je le montrerai, d'abord ivre de jeunesse florissante et audacieuse, « homme que la beauté ravit partout où il la trouve et qui cède facilement à cette douce violence dont elle nous entraine... qui voit dans les inclinations naissantes des charmes inexplicables... et qui se sent un cœur à aimer toute la terre »; — et ensuite, je le montrerai dur et tyrannique, raffiné en machinations perfides et soucieux de créer le malheur autour de lui pour en jouir, parce que le libertinage aura produit en son âme son effet ordinaire, qui est de dessécher et de tarir la source d'aimer; — et enfin, je le montrerai hypocrite, parce que si l'insensibilité mène à la méchanceté, la dernière forme de la méchanceté, devenue exquise et savante, est l'hypocrisie.

Et ainsi, ce fait d'expérience que les anciens libertins deviennent de faux dévots, les diables des ermites et les sacripans des Tartufes, sera mis sous les yeux et expliqué, parce qu'il sera présenté dans toute sa suite. Les divers changements d'une âme et les terribles dépravations qu'y met peu à peu un vice triste, c'est à savoir le mépris de l'amour, seront exposés dans leur ordre et dans leur développement successif jusqu'à leur conclusion nécessaire ou tout au moins probable. L'histoire d'une âme aura été écrite.

Si l'on me fait observer qu'à ce compte je devrais blanchir les tempes de *Don Juan* au cinquième acte, ma foi! tant pis; je ferai observer que cela n'est point nécessaire en un siècle où tout le monde porte perruque.

Mais, cependant, quel sera le *fond permanent* de mon *Don Juan?* Car il faut un fond permanent. Non seulement, il en faut un, nonobstant phases, modifications successives et évolutions; mais *c'est de lui que les évolutions dépendent;* et c'est lui qui fait que, si variées qu'elles soient, encore elles sont telles et non pas telles autres.

Eh bien, le fonds permanent de mon *Don Juan*, ce sera la méchanceté, dans le sens vrai du mot, le goût du mal.

Mon *Don Juan* sera « le méchant ». La postérité dira que ce n'est pas Grasset qui a écrit *le Méchant*, mais que c'est Molière. Mon *Don Juan* ne sera pas le simple homme à bonnes fortunes, petit sujet à laisser aux garçons de lettres. Il ne sera pas l'épicurien artiste, l'homme qui veut faire de sa vie une œuvre d'art, en la remplissant du plus grand nombre de sensations fortes et variées qu'elle puisse contenir. Cet homme là a trop de prudence et de mesure dans le tempérament : vieux, il deviendra gourmand, et collectionneur d'estampes ; ce n'est pas mon homme. Il ne sera pas l'adolescent fougueux et déchaîné, toujours nez au vent, flairant les parfums d'amour qui passent dans l'air. Cet homme là devient à cinquante ans un faiseur de madrigaux surannés et en même temps un frôleur de petites servantes, type indigne de moi.

Le mien sera ce jeune cheval échappé un peu, peu de temps, à la première phrase, à mon premier acte seulement, mais non pas plus longtemps, et encore quand il parlera de « son cœur à aimer toute la terre » son valet lui fera remarquer qu'il dit cela « comme une leçon apprise par cœur ». Déjà, à mon premier acte, mon don Juan n'aura du jeune étourdi impétueux, qu'un souvenir ; — mais très vite, je le représenterai comme « le méchant », comme l'homme qui se plaît au mal, parce que le mal est amusant, comme l'homme, ainsi que dira Rousseau, « qui épie les motifs cachés des actions des autres avec un secret plaisir d'y voir la corruption de leurs cœurs » ; comme l'homme qui trouve les hommes vils et qui prend plaisir à les trouver tels ; comme l'homme que le mal moral divertit; comme l'homme qui dit, non seulement : « les sont ici-bas pour nos menus plaisirs » ;

mais « le mal est ici bas pour notre amusement »; comme l'homme qui, non content de voir le mal et d'en jouir, se plait à le faire naître pour en jouir mieux, et passe de l'observation à l'expérimentation; comme l'esprit satanique de la négation, qui dit non seulement « *Je suis l'Esprit qui nie sans cesse* »; mais : « et je prouve que j'ai raison de nier. »

Je le vois d'ici. Il rencontre deux jeunes époux. Leur tendresse mutuelle lui donne « de l'émotion, de la jalousie, du dépit », et il s'écrie : « Je me figure un plaisir extrême à pouvoir troubler leur intelligence. » Il rencontre un pauvre, il lui trouve des sentiments religieux. « Oh! oh! dit-il, voilà qui ne tiendra pas contre un louis d'or. » Et il offre le louis à condition que le pauvre blasphème. Il est corrupteur par goût de créer le mal, qui est une chose très amusante, et le malheur, qui est une chose très bouffonne. Il faut s'amuser un peu dans le monde. et il n'est plaisir que de mépriser. Il y a du ragoût. C'est divertissement de grand seigneur.

Impudeur, impudence, sécheresse de cœur, scepticisme, méchanceté, art de corrupteur, mépris des hommes, de Dieu, des morts et du malheur dont on est cause, tout cela tranquillement, sans phrases, avec une impertinence froide de gentilhomme ; voilà, sans doute, le coquin complet.

Il y manque le raffinement suprême : l'hypocrisie religieuse. Il y doit venir ; il y viendra. C'est trop joli pour qu'il n'y vienne pas, quand il sera un peu vieux, un peu dénué. La dernière force, c'est l'adresse ; et le dernier blasphème, c'est le mensonge dévot, et la dernière méchanceté, c'est la perfidie. Ce qu'Emile Augier n'a pas manqué de donner à d'Estrigand comme dernier *avatar*, Molière ne pouvait oublier de le donner à *Don Juan*, sans qu'on puisse accuser Molière d'avoir imité Augier, ce qui est peu probable. Toujours est-il qu'ils ont tous deux raison. « L'homme fort » devient Tartuffe quand il s'affaiblit, quand le brillant et la présomptueuse saillie de la jeunesse s'atténuent. Et il a, sous cette nouvelle forme, des jouissances d'homme fort et de méchant mille fois plus délicieuses qu'auparavant. Il méprise plus que jamais, il nie plus que jamais, la forme suprême de la négation étant l'ironie et le rôle joué, il fait le mal plus que jamais, avec le bénéfice de la sécurité et le ravissement intime de se sentir considéré. C'est le triomphe !

Triomphe tel que, contre lui, il n'y a plus de recours humain, et qu'il faut que les morts sortent de leur tombe et que le ciel tonne pour avoir raison du roi de ce monde.

Ainsi s'est fait dans le cerveau de Molière, s'est composé et échafaudé ce type superbe du mal sur la terre, du mal complet, car il est charmant et séducteur. Ainsi s'est déroulée devant le regard du grand comique l'histoire d'une âme, qui part du mépris de l'amour pour arriver peu à peu au mépris de toutes choses humaines et divines. Ainsi s'est dressé en pied le portrait de l'*homme supérieur sans âme*, caractère immense et profond, d'infinies proportions, qui va de Chérubin à Tartuffe, et depuis Lovelace jusqu'à Néron.

Mais, pour le mettre sur la scène, il fallait bousculer toute la poétique de l'époque et faire pour lui un drame irrégulier et fantastique, qui étonne, qui déroute, qui déconcerte, qui se présente à de très bons esprits comme une sorte d'énigme, que du reste (il faut tout dire) Molière n'a pas assez poussé, où il a laissé des choses à expliquer, des raccords à faire, ces transitions à rétablir, qui, précisément pour des causes, n'est que plus intéressant à démêler, à étudier et à comprendre.

M. Jules Lemaitre a dit tout cela (ou des choses très analogues) avec sa finesse d'analyse, sa pénétration psychologique, son art exquis de descendre sûrement au fond des âmes avec une lanterne, sans en avoir l'air, sans peser, sans rester, avec une apparente nonchalance, et sans quitter jamais le ton d'une conversation mondaine. Je suis de ceux qui croient que les grands créateurs d'âmes n'ont écrit que pour être ainsi expliqués, illustrés, ravivés. *Ut conferentia fias.* Ils n'ont pas perdu leur temps.

XXIX

PALAIS-ROYAL. — *Le Parfum,* comédie en trois actes, de MM. Blum et Toché.

26 novembre 1888.

L'impression générale qu'on emporte du *Parfum,* de MM. Blum et Toché, est un peu incertaine. On se sent en présence d'une comédie de valeur, d'une pièce vraiment originale et de deux hommes de beaucoup d'esprit ; et l'on se dit en même temps : « D'où vient donc que ce n'est pas tout à fait ça ? » Dans ce cas, qui se présente de temps en temps au théâtre, il n'y a qu'une chose à faire. Il faut revoir la pièce. C'est précisément ce que je vais faire. Je vais la reprendre ici d'un bout à l'autre en la suivant de près et en ravivant en moi les impressions successives qu'elle a produites sur mon esprit. L'œuvre, du reste, est assez sérieusement faite pour mériter qu'on l'analyse complètement.

M. Montesson est un savant qui a découvert le bacille dentaire et le choléra des cochons de lait et qui est aimé de sa femme, de cet amour mêlé de vénération pour la science qui a quelque chose de superstitieux. Déjà un détail bien observé, oui, et qui sent la bonne comédie. Mais hâtons-nous.

Avec lui habitent, d'abord sa femme, bien entendu, puis son pupille et filleul Théodule, puis son préparateur Paul, et enfin la jolie et accommodante femme de chambre Adèle. Et en face de chez lui demeure son vieil ami, autre savant, Poupardin, un peu jaloux, un peu curieux, un peu indiscret, qui a trop souvent un regard trop investigateur pour les cornues de Montesson, et qui, du reste, est traité par Mme Poupardin, son épouse, en simple cornue. Voilà l'état des choses.

Or Théodule est l'amant de la femme de chambre Adèle ; Paul, le préparateur, est l'amant de Mme Poupardin, de l'autre côté de la rue ; et M. et Mme Montesson s'adorent, encore que M. Montesson ait quelquefois un coup d'œil, de simple observateur, pour le menton à fossette de Mlle Adèle. Or, ce jour-là, M. Montesson a été au congrès scientifique qui se tient à Versailles pour la destruction des cancrelats, et, revenu pour dîner, il annonce qu'il y retourne, probablement pour toute la nuit. Entre temps il montre à sa femme et à M. Poupardin, qui est venu le voir, un admirable parfum qu'il vient de composer et qui détrônera toute la parfumerie Rimmel dès qu'il aura fait son apparition. « Flairez-moi cela. — Nous ne sentons rien du tout. — Moi non plus. Il faut qu'il refroidisse. Mais dès qu'il sera refroidi ! Tiens, Sylvanie, porte-le dans ta chambre ; tu en aspireras les premiers effluves. — Oui, mon ami. »

Et Montesson repart pour Versailles, et Poupardin se dispose à se rendre à la soirée du ministère, et Théodule se dispose à gagner la chambre d'Adèle dans le pavillon au fond de la cour, et Paul « se met en devoir » de rendre une visite à Mme Poupardin pendant toute la soirée du ministère. Quant à Mme Montesson, elle ne songe qu'à rentrer dans son appartement bien tranquillement. Mais au moment où elle ouvre sa porte, une odeur épouvantable se répand dans toute la maison. Il a refroidi le parfum ; il a refroidi, et il se dégage avec férocité. Il est à en mourir et il ferait reculer une invasion. « M. Montesson s'est trompé, dit Sylvanie, et me voilà chassée de chez moi. Que faire ? Adèle, préparez-moi une chambre dans le pavillon, à côté de la vôtre. Dépêchez... Et si mon mari revient au milieu de la nuit ?... Eh bien ! un mot ici, en évidence, pour qu'il sache où je me suis réfugié. Voilà qui est fait. » Adèle, un peu dérangée par cet incident, laisse certain signal qui doit prévenir Théodule de ne pas venir au pavillon. Paul file chez Mme Poupardin, et la scène reste vide.

Nous nous attendons à voir tomber le rideau ; mais voici venir M. Poupardin, qui, en cravate blanche, avant de se rendre au ministère, fait un tour chez son savant confrère pour tâcher de découvrir le secret du fameux parfum. Il ne découvre rien, si ce n'est que la maison est inhabitée, et grâce à l'invention nouvelle de Montesson, paraît parfaitement inhabitable. La toile tombe.

Le lendemain !

Le lendemain paraît d'abord un bien beau jour. Mme Montesson s'est levée d'une humeur charmante. Elle a eu une surprise bien agréable pendant la nuit. Son mari, sans doute, est rentré de Versailles et a trouvé le mot d'avertissement laissé par elle, car il l'a rejointe au pavillon ; et il a été très aimable, silencieux, un peu absorbé, mais très aimable, beaucoup plus aimable qu'il n'est d'ordinaire.

Théodule s'est levé bien guilleret. Adèle a été exquise, silencieuse, un peu absorbée, un peu étonnée même, ce semble, mais exquise. Cette maison respire la joie. Mme Montesson et Théodule se félicitent mutuellement sur leur bonne mine.

Tout à coup, une dépêche pour Mme Montesson : « De Versailles. Madame Montesson. Paris. Ai passé la nuit ici. Très bonne santé. J'arrive Montesson. » La foudre dans un ciel serein ! Mme Montesson est foudroyée. Si M. Montesson est resté à Versailles, qui donc, Seigneur, est entré chez elle ? Qui donc, hélas ! a été aimable ? Et dès lors, nous sommes dans l'*Œdipe-Roi* de la gaudriole. On cherche le fatal secret, le secret plein d'horreur.

« Mais, marraine, dit Théodule, vaguement inquiet, où avez-vous donc couché cette nuit ?

— Dans le pavillon, la chambre à côté d'Adèle. Le parfum de ce Versaillais m'avait chassé de la mienne.

— Dans le pavillon ! (s'écrie Théodule, qui n'a pas

aperçu hier soir le signal d'Adèle, et qui a été au pavillon) dans le pavillon ! C'est évident ! Je me suis trompé de chambre ! Je me suis trompé d'Adèle. Marraine ! Marraine ! pardonnez-moi. »

C'est ici le moment critique pour les auteurs. Ces deux criminels par inadvertance que vont-ils faire, et que vont-ils se dire ? Des gens de bon sens en auraient fini en cinq minutes : « Théodule, personne n'est coupable ; mais vous comprenez que je ne puis plus vous avoir devant les yeux. Un prétexte, et quittez la maison. Vous reviendrez quand vous aurez soixante-treize ans. Au revoir ! »

Des gens stupides, et par conséquent plus vraisemblables, entreraient dans une colère bleue : « Vous aviez bien besoin de prendre Adèle pour maîtresse ! C'est idiot ! On ne prend jamais sa maîtresse dans la maison qu'on habite. Il est trop facile de se tromper dans l'obscurité. Vous êtes un gredin. — Vous avez bien besoin de changer de chambre ! On ne fait pas ça. C'est s'exposer ! Une chambre de bonne, c'est un lieu de réunion. Une femme honnête ne va pas dans ces endroits-là. Vous n'êtes pas une femme honnête ! »

Voilà, je crois la vraie scène ; les comiques du vieux répertoire ne l'auraient pas, ce me semble, faite autrement. Chose singulière, les auteurs n'ont pris ni le premier parti, ni le second. Est-ce l'influence russe ? C'est sans doute l'influence russe. On ne sait pas jusqu'où peut aller l'influence russe. Elle peut transformer jusqu'au Palais-Royal. Toujours est-il qu'ici s'introduit la théorie de l'expiation. On ne s'attendait guère à Dostoïewski dans cette affaire. Ce n'est pas de cette façon que le Palais-Royal a accoutumé d'être un théâtre libre. Enfin les deux criminels veulent expier. Ils partiront, ils partiront tous deux ; ce sera leur châtiment. Ils s'établiront en province, dans une petite ville, au fond d'un faubourg. Ils y vivront face à face avec leur crime entre eux deux. Et — oh ! comble de misère ! — ça finira même par n'être pas désagréable.

Ce n'est pas bête du tout, cela, certes non, ce n'est pas bête. Mais c'est faux. Ce sont des auteurs qui s'amusent, qui s'amusent très spirituellement ; ce ne sont pas des personnages qui disent ce qu'ils doivent dire. Le public, dont c'est précisément le sens propre d'avoir l'intuition de ce que des personnages, dans telle situation, doivent et ne doivent pas se dire, le public avait l'air gêné. Il sentait que les auteurs battaient les buissons. Une jolie scène, le retour du mari, qui ne comprend rien aux têtes renversées et aux mines piteuses de sa femme et de son pupille, l'a amusé sans le tirer d'inquiétude.

Mais voilà qu'au moment de partir, car ils le font comme ils l'ont dit, Théodule et Sylvanie s'arrêtent et se font, enfin, les reproches qu'il était naturel qu'ils se fissent d'abord. « Vous pouviez bien allumer un rat de cave !

— Vous pouviez bien parler, dire un mot.

— Mais j'ai parlé ; j'ai parlé bas, mais j'ai parlé !
— Comment donc ?
— Oui ! je vous ai demandé un verre d'eau !
— Jamais de la vie !
— Mais si !
— Mais non !
— Mais si ! Un verre d'eau avec de la fleur d'oranger. Vous avez cherché la fleur d'oranger pendant cinq minutes. Il n'y avait que du vinaigre.

Pas le moins du monde. Mais alors ! *Mais alors !* Ce n'est pas moi ! *Ce n'est pas moi !*... Ah ! femme coupable, dépravée et accusatrice. Vous me prétendez complice de vos déplacements nocturnes... »

Etc., etc. Vérité dans le dialogue, revirement inattendu et suffisamment naturel, voilà le public à son affaire. Il est enchanté.

« Mais si ce n'est pas vous, Théodule, qui est-ce donc ? » Et voilà *Œdipe-Roi* qui recommence ; et, sur ce second « qui est-ce donc ? », la toile tombe.

Et vous sentez bien maintenant pourquoi il y a eu longueurs et buissons battus pendant ce second acte. C'est qu'il s'agissait de faire attendre le second *qui est-ce donc ?* jusqu'à la fin du second acte, et de faire tomber le rideau sur ce point d'interrogation. Et il est admirablement coupé, ce second acte. Il tombe très bien, sur une incertitude, sur tout remis en question, comme il convient ; mais pour se ménager cette bonne chute de rideau, les auteurs ont laissé un trou au milieu de l'acte et l'ont bouché avec de l'esprit, ce qui est insuffisant.

Le troisième acte est un petit chef-d'œuvre. Plus obstinément que jamais, Mme Montesson interroge le sphinx. Décidément qui est-ce donc? Je ne sais quel indice montre que M. Paul a découché. Serait-ce lui? Il semble bien. On l'interroge. Il parle d'une femme qu'il ne veut pas compromettre, d'une femme mariée... C'est lui. « Et de deux! » s'écrie Sylvanie. Mais certains mots qui lui échappent indiquent qu'il s'agit de Mme Poupardin. « Oh! si c'est Mme Poupardin : continuez, jeune homme, continuez! » — Mais qui est-ce donc?

Une révélation du concierge apprend que M. Poupardin est entré hier, très tard, dans la maison. « Dites-donc, M. Poupardin, qu'êtes-vous venu faire, hier, ici? » Il se trouble, ne veut pas avouer sa coupable investigation au laboratoire. Serait-ce lui? Et de trois! Oh! comble de l'horreur! Avoir eu affaire à ce fantoche! Aller expier dans la petite ville de province avec cette ganache! Il y a des fatalités bien rudes dans la vie!

Mais enfin, Poupardin, qui vous a poussé?

— La jalousie.

— Le misérable!

— Avec un peu de curiosité.

— Dites donc! vous!

— Oui, surtout la curiosité, une toute petite innocente curiosité.

— Est-il cynique, cet animal-là !

— Du reste, j'en ai été si puni. Ce que ça sentait mauvais ! J'ai dû empester le ministère.

— Mais de quoi parlez-vous donc ?

— Du parfum ! je vous dis que je suis venu au laboratoire analyser le parfum ! »

Allons ! ce n'est pas lui ! Mais qui est-ce donc ?

C'était le mari, bien entendu. Il avait été jusqu'à la gare de Versailles. Là il avait appris que la séance de nuit n'aurait pas lieu. Il avait été souper avec ses amis de la science et avait chargé un camarade partant pour Versailles, d'envoyer de Versailles à Sylvanie un télégramme justificatif signé Montesson. Et vers deux heures du matin, un peu gai de champagne, il avait, première faute de sa vie, cru faire un tour à la chambre d'Adèle, et c'était avec sa femme que...

« Alors ! c'était vous !... Eh ! bien... non ! ce n'est pas possible ! Ce n'est pas dans vos moyens, mon ami.

— Ah ! ma chère amie, après le champagne ! »

Voilà cette comédie, très bien disposée, très ingénieuse, d'une très grande habileté dramatique, tout à fait aménagée et ménagée, ce qui devient rare, d'après les procédés de l'ancienne comédie-vaudeville française. Un premier acte de préparations compliquées, multipliées, savamment et un peu laborieusement agencées, un troisième acte où tout ce que le premier avait préparé éclate, se développe et produit tout son effet avec une progression qui ne laisse pas d'être savante. Au second acte, un certain vide spirituellement mais insuffisamment dissimulé. De l'esprit et des mots piquants partout.

Ce n'est pas à cette pièce là qu'on reprochera, sauf à un seul moment, d'aller à l'aventure et de donner dans le hasard. Il y a plutôt un peu de l'excès contraire. Le mécanisme en est un peu trop compliqué, et je l'ai simplifié beaucoup en la racontant, et il m'a fallu du temps pour la raconter. Les ressorts en sont trop nombreux. Elle demande pour la suivre, quelquefois, un peu de l'attention soutenue et austère du joueur d'échecs, qui ne doit pas perdre de vue un seul incident de la marche des pièces depuis le commencement de la partie. C'est ce qui m'a fait craindre un peu pour elle. C'est surveillé dans l'exécution. Il y a du fini là-dedans, ce qui n'est pas commun aujourd'hui. Les auteurs goûteront peu ce compliment, mais je le fais parce qu'il rend très bien mon idée : c'est une pièce très consciencieuse. Pour mon compte, j'y ai pris un très vif plaisir, et le public, après un peu d'hésitation, a paru être de mon avis encore plus que moi. Il semble avoir eu surtout une surprise joyeuse, celle de trouver enfin un troisième acte, dans une pièce en trois actes, qui fût le plus heureux des trois. C'est essentiel, et depuis quelque temps, nos auteurs l'avaient trop oublié. Du reste, c'est la marque certaine qu'une pièce est bien conçue et bien conduite. Le *Parfum* a tout à fait ce caractère.

Il a été joué brillamment. Il faut prendre son parti

avec Madame Chaumont. Oui, elle est souverainement agaçante. Oui, sa manière, ses mines, sa voix aigrelette et fausse, tout en elle en fait quelque chose d'intéressant à force d'être anormal, le contraire, la négation, l'opposé, l'antipode, du naturel. Mais vous savez bien qu'avec cela, elle a toujours deux ou trois moments où elle est exquise. Un je ne sais quoi de capiteux et un montant, un haut goût bizarre, qui surexcite, tout au moins, qui dépayse, un goût de poivre, un parfum d'œillet. Pendant trois actes, je sais bien que c'est trop; mais, cinq ou six fois, au cours de ces trois actes, on est réveillé, secoué, électrisé dans le vrai sens du mot; on sent les petits crépitements de l'étincelle électrique qui mettent dans nos nerfs leur saccade étrangement chatouillante. C'est une sensation rare. De cela seule qu'elle est rare il suit qu'elle a son intérêt. Il y a peu d'acteurs qui nous donnent la sensation rare.

M. Daubray dans le rôle de Théodule, qui n'est pas assez fin et sournois pour lui, a été très agréable encore. M. Galvin nous a donné un Montesson très béat et solennel, et M. Milher une silhouette amusante de ganache à récipients. Le *Parfum* est une pièce qui aura un succès très considérable, et surtout dont on se souviendra. Elle est ce que ses auteurs ont écrit de plus solide.

XXX

Théatre-Libre : *La Chance de Françoise,* comédie en un acte, de M. Georges de Porto-Riche ; *la Mort du duc d'Anguien,* drame en trois tableaux, de M. Henrique ; *le Cor fleuri,* comédie féerique en vers, de M. Ephraïm Mikhaël. — Vaudeville : *la Sécurité des familles* vaudeville en trois actes de M. Albin Valabrègue.

3 décembre 1888.

Tout ce que vous voudrez ; mais en tout cas on ne reprochera pas au Théâtre-Libre d'être monocorde. Trois pièces : trois genres, trois écoles, trois règnes de la nature ; une comédie genre Musset, une fantaisie genre Banville et un drame manière 1610. Il y en a pour tous les goûts. Le Théâtre-Libre est la tribune libre du théâtre. Personne plus que moi ne l'en félicite. On l'accuse d'être accaparé par une école très fermée, très impérieuse et très intolérante, je veux dire tout simplement très convaincue. J'ai moi-même un peu cru, parfois, qu'il n'en était ainsi. Je me plais à voir qu'il n'en est rien. Je m'en applaudis, je l'en applaudis, ou, bref, j'applaudis. Que le Théâtre-Libre se persuade bien que le vrai théâtre libre est le théâtre libéral. Il est fait pour pousser des pointes et des reconnaissances en tous sens, comme un franc-tireur qu'il est. C'est un éclaireur. Il doit faire tous les essais et toutes les tentatives, ne refuser aucun concours sérieux et prendre des munitions de toutes mains. C'est ce qu'il a fait lundi dernier. Très bien !

Il débutait par une comédie finement satirique de M. Porto-Riche, qui est pleine de talent, et qui, encore que très applaudie, n'a pas eu le succès éclatant qu'elle devait avoir et qu'elle aura sur un autre théâtre (1).

Plusieurs raisons. La première et la plus grave, quoique toute matérielle, c'est que M. Antoine, qu'on me dit pourtant qui est un directeur qui ne plaisante pas, ne peut arriver à imposer à ses acteurs l'exactitude. Pour un public de première représentation l'exactitude est un énorme élément de succès.

Le Vaudeville annonce la *Sécurité des familles* pour neuf heures et demie. Nous, qui sommes gens un peu occupés, et qui n'aimons pas à perdre le temps, nous arrivons à neuf heures vingt-cinq, nous cherchons notre place, nous nous asseyons, neuf heures trente sonnent au beffroi de l'Opéra, et la toile se lève. A la bonne heure ! voilà un théâtre ! Nous sommes admirablement disposés. Le Théâtre-Libre annonce la *Chance de Françoise* pour « huit heures et quart précises. » Nous arrivons à huit heures douze, et nous restons là, jusqu'à neuf heures moins

---

(1) Elle l'a en effet, depuis, au Gymnase.

cinq, à croquer l'infâme marmot, n'ayant pour distraction que de jouer l'air des *Lampions* avec nos cannes. Nous sommes énervés. Il faudrait que la pièce fût un chef-d'œuvre pour que nous y prissions un plaisir sans mélange. C'est toujours un peu désobligeant « d'essuyer la céruse » (locution de théâtre pour dire essuyer les plâtres); mais c'est très dangereux d'essuyer la mauvaise humeur du public.

Et, malgré tout, la *Chance de Françoise* a réussi, parce qu'il y a deux scènes de premier ordre, qui feraient honneur à Musset, qui sont d'une finesse extrême d'observation et pleines d'un esprit vif, chatouillant et original. Le reste, nous en parlerons; mais, pour ces deux scènes-là, la *Chance de Françoise* vaut qu'on la connaisse. Ce sont les deux premières. Les voici donc, tout de go :

M. Marcel Desroches est un joli homme à bonnes fortunes. « *L'Homme à bonnes fortune marié* », ainsi se serait intitulée la *Chance de Françoise* au commencement du dix-huitième siècle. Il s'agit de nous montrer l'homme à bonnes fortunes en face de son présent, et en face de son passé, en face de sa chère petite femme et en face de ses anciennes maîtresses. Voilà le sujet. Il est très joli. Il est très joliment exécuté.

Ce Marcel est adoré, bien entendu. Tous les mauvais sujets mariés le sont, je dis adorés. Les hommes mariés le savent si bien que ceux mêmes qui n'ont jamais été que de simples coquebins, comme vous et moi, se donnent aux yeux de leurs femmes de petits airs vainqueurs de Lauzun de la décadence, qui sont à mourir de rire, et à pleurer de pitié. C'est encore un sujet de comédie. Ce n'est pas celui de M. Porto-Riche. Son Marcel a vraiment été très adoré. Il en a gardé cet air spécial que vous connaissez, cette « tête à gifles », cette mine de fatuité indélébile qui fait lever les épaules appartenant à des femmes d'esprit, mais qui entretient indéfiniment l'ardeur craintive, soumise et tremblante d'admiration des petites bourgeoises. — Il en a gardé aussi ce fond de cruauté, de brutalité, que les succès féminins développent infailliblement chez les hommes. Il aime sa femme ; et il passe sa vie à faire des allusions incessantes à ses belles aventures. Il rentre tard ; il ne rentre pas. Je ne serais pas étonné qu'il découchât pour rien, pour le plaisir, pour l'art de faire souffrir, et pour son prestige, et pour le raffermissement de son empire.

Sa petite femme ne le gronde pas ; elle se plaint timidement. « Je ne te rends pas heureuse ? » dit-il, moitié remords, moitié fatuité, et avec une secrète espérance et un intime désir qu'elle réponde : « Non ! » Elle répond (et c'est charmant) : « Je ne me suis pas mariée pour être heureuse ; mais pour t'avoir. » Il est ravi, et un peu vexé. — Ce n'est pas précisément vulgaire, cela. Il s'en faut de quelque chose.

Puis il la rassure ; et le biais qu'il prend pour la réconforter, sans cesser de flatter sa propre vanité, et en ne la caressant que davantage, est très heureux, d'une bien jolie invention psychologique : « Vois-tu, Françoise, je suis toujours le même, toujours idolâtré. N'y a que moi ! N'y a que moi ! Seulement, *tu as de la chance !* Tu as de la chance, voilà tout. J'arrive, je suis vu, je triomphe. Naturellement n'est-ce pas ? Seulement, je ne triomphe que moralement. Oh ! très moralement ! Les femmes ne tombent qu'à mes pieds. Au moment où elles vont tomber dans mes bras, il y a toujours quelque chose, un accident, une circonstance, Bossuet disait un cheveu. De triomphe matériel, jamais ! Je suis le Don Juan platonique, sans le vouloir, du dix-neuvième siècle. Et toutes les fois que cela m'arrive, je dis : Bon ! c'est la chance de Françoise !

— Ah ! que je suis heureuse ! répond l'aimable petite bécassine.

Il y a plus heureux qu'elle ; c'est ce grand coq de bruyères. Il faut voir comme il se rengorge !

Tout cela est excellent d'observation : et c'est touché d'une main très légère (j'ai grossi un peu tout à l'heure) et très adroite. C'est de l'excellente comédie.

La scène de contre-partie n'est pas moins bonne. Nous allons voir maintenant Marcel en présence de son passé. Une « ancienne » vient le voir, la femme de son meilleur ami d'enfance, comme il sied. Elle est froide, l'ancienne ; elle est froide comme l'histoire ancienne, comme un tableau de David.

« Je viens... ce n'est pas pour ce que vous croyez. Oh ! c'est bien passé. J'aime mon mari... A propos, il veut vous tuer, mon mari. Il a trouvé des lettres... Il sait tout, comme un mélodrame. Il viendra vous tuer tout à l'heure... Je l'aime... Je ne vous aime pas...

— Pas possible !

— Si mon ami ! Ne m'embrassez pas. Ça m'est égal ; mais c'est inutile... Et vous me décoiffez. Comme vous êtes devenu gauche, mon cher ! »

— Dites donc ! j'étais le premier, après le mari, qui ne compte pas. Il doit y avoir un second.

— Non !

— Si ! si ! Et vous l'oublierez le second, je vous en réponds ! Ah ! mais ! Quand vous voit-on chez vous ?

— Jamais ! Je pars ce soir pour Londres.

— Avec le second ?

— C'est probable.

Elle part. Marcel prend son chapeau et court après.
— Un instant de remords. Cette pauvre Françoise ! « Ah bah ! la chance de Françoise ! J'échouerai peut-être ! »

Ce *j'échouerai peut-être* est admirable !

Voilà la pièce, la vraie pièce. La vraie punition du don Juan marié, c'est de n'être plus don Juan, de s'en rendre compte, de le reconnaître avec dépit, et le vrai dénouement, c'est qu'il revienne auprès de sa femme, l'oreille basse, et ne la quitte plus. La scène attendue, c'est Marcel turlupiné par l'ancienne et décidément repoussé avec perte. Mais cette scène, nous l'avons eue tout à l'heure, à bien peu près. Elle ne pourrait que se renouveler. M. de Porto-Riche a imaginé autre chose : un vrai danger couru par Marcel, et dont Françoise le tire sauf. Le mari de l'ancienne arrive tout féroce et voulant tout écarteler ; et par ses larmes, par ses supplications, par son charme honnête, Françoise le désarme.

Cela n'est pas très adroit (encore que très *vrai*), parce que cela va contre les secrets désirs du public. Le public voudrait que le Don Juan devînt un peu Don Guritan, qu'il reçût un bon coup d'épée dans sa belle poitrine. Françoise le soignerait, le sauverait et le conquerrait par son dévouement. Aussi la scène de Françoise et du mari porte peu. Nous voudrions que Françoise échouât.

Il serait naturel, aussi, que le mari écarteleur ne fût pas désarmé par les larmes de Françoise. Au contraire : « Ah ! cet animal-là est aimé à ce point de toutes les femmes ! De la mienne d'abord, de celle-là ensuite ! Attends ! attends ! Tu vas voir ! Tu vas connaître mon petit coupé dégagé ! » — Serait-ce pas vraisemblable ?

N'importe, ou peu importe ! Les deux grandes premières scènes sont supérieures et sont toute une comédie. Elles mettent M. de Porto-Riche hors de pair. Elles nous sont une preuve que nous pouvons compter sur lui, que le vrai théâtre peut compter sur lui. On va jouer la *Chance de Françoise* au Gymnase, où est sa vraie place. C'est une pièce qu'il faut avoir vue.

On peut voir aussi la *Mort du duc d'Anguien*.

C'est un essai de « théâtre naturaliste » historique. On sait ce qu'est le théâtre naturaliste proprement dit, on sait ce qu'il prétend être. Pas de composition, pas d'intrigue, pas de péripéties, pas d'invention. Une « tranche de réalité » mise sur la scène. Quand il s'agit de personnages contemporains, c'est tout simplement un roman naturaliste écrit en dialogue. Mais s'il s'agit d'un évènement historique, qu'est-ce que ce pourra bien être ? Voici.

« Le 14 mars 104, Caulincourt porta à Strasbourg un pli cacheté qu'il remit, de la part du premier Consul, au général Ordener. Le 15 mars, 300 dragons français pénétrèrent, en pleine paix, sur le territoire du duc de Bade, arrivèrent à Ettenheim, où résidait le duc d'Anguien, l'enlevèrent et le ramenèrent à Vincennes. Jugé sommairement par une commission militaire présidée par le général Hullin, le duc se défendit noblement et fut exécuté sur-le-champ (20 mars) dans un fossé du château. »

— C'est le dictionnaire de Bouillet que vous me récitez là !

— Certainement ; et c'est le plus bel éloge que je puisse faire, en pure doctrine naturaliste, du drame de M. Hennique. La réalité, rien que la réalité, le document, et rien que le document, pas d'invention, pas de composition, pas d'imagination, aucun exercice des facultés intellectuelles, voilà le vrai naturalisme ; et, par conséquent, un drame historique naturaliste, c'est une coupure du dictionnaire de Bouillet. Le théâtre, ce n'est pas le vraisemblable, c'est le vrai. Ce qui s'est passé, rien que ce qui s'est passé, voilà ce que nous devons au public. Nous le trahirions si nous inventions quelque chose. Nous l'intéresserions, nous l'amuserions, nous le toucherions, comme Shakespeare ; ce n'est pas malin ; mais nous le trahirions ; et c'est cela que nous ne ferons jamais. Le théâtre n'est pas un jeu. L'art n'est pas un jeu. C'est un cours de vérité ; et, quand il est historique, c'est un cours d'histoire.

Un exemple. Pendant tout l'interrogatoire du duc d'Anguien, le duc parle des émigrés, du premier Consul qu'il admire, du prince de Condé qu'il vénère, de Cadoudal qu'il condamne. Tout cela est historique, tout cela est documentaire. C'est ce que nous vous devons. Vous, public, nous vous voyons bien venir. Vous attendez, vous provoquez, vous exigez par votre attitude une protestation du duc d'Anguien. Vous voulez qu'il dise une bonne fois, et plutôt deux fois qu'une : « Je ne vous répondrai pas ! J'ai été arrêté contre tout droit des gens. Vous n'êtes pas des juges. Vous n'êtes pas un tribunal.. Vous êtes des assassins. Vous êtes une bande. Je suis tombé entre vos mains. Soit ! Mais n'interrogez pas ! Assassinez ! » — Vous exigez cela, ô public *Ambigu*, vraisemblableux et romantique. Vous ne l'aurez pas. Vous ne l'aurez jamais, na ! Cela, c'est ce que le duc aurait dû dire. Ce n'est pas ce qu'il a dit.

— Pas possible !

— Ce n'est pas ce qu'il a dit. Ou il l'a peu dit. Il ne l'a dit qu'une fois. Ça ne tient qu'une ligne dans trente pages. Ça ne compte pas. Vous, public, dans ces trente pages, vous n'auriez fait attention qu'à cette ligne-là, et vous auriez dit : Voilà toute la scène ! Erreur de public suranné. Art de pompier sur le retour ! La vérité, rien que la vérité, toute la vérité. »

Mon Dieu ! C'est une habitude à prendre ou plutôt à reprendre. Savez-vous à quelle époque on faisait de l'art dramatique comme cela ? C'est dans les temps les plus reculés. Ce n'est pas, à la vérité, chez les anciens. Ah ! non, par exemple ! Mais c'est à l'aurore de la littérature dramatique française. Vers 1610, le bon Claude Billard avait-il l'idée de faire une tragédie sur la mort de Gaston de Foix ? Voici comment il exécutait sa petite affaire. — Premier acte : Gaston s'entretient avec lui-même de sa valeur et de sa gloire. — Deuxième acte : Fabrice Colonna et le cardinal de Médicis s'entretiennent de la valeur de Gaston. — Troisième acte : le roi de France confie au public qu'il croit pouvoir compter sur la valeur de Gaston ; la reine d'Espagne exprime certains pressentiments. — Quatrième acte : Gaston harangue ses troupes. — Cinquième acte : Gaston est vainqueur, et il est tué.

C'est un peu maigre. Ce n'est pas très compliqué. Ce n'est pas une tragédie « implexe. » Mais Claude Billard répond : « Puisqu'il n'y a pas autre chose dans l'histoire, pas autre chose ! » Il a raison. De même nos jeunes naturalistes. Seulement, il y a une différence.

Quant il s'agit de Claude Billard, personne ne doute que, s'il procède ainsi, ce ne soit par impuissance, tandis que, quand il s'agit de nos contemporains, tout le monde sait que c'est par vrai sentiment du grand art. Voilà précisément la différence. Il n'est que loyal de la marquer. Je la marque.

Le *Cor fleuri* terminait la représentation du Théâtre-Libre. C'est une fantaisie agréable. C'est l'histoire de la chute d'un ange, je veux dire d'une fée. « Venge-moi donc des dédains du berger Silvère, dit une fillette à la fée Oriane, sa marraine. — Je veux bien ; je vais prendre le corps d'une mortelle, et je vais le taquiner et le désespérer. Quand il sera suffisamment martyrisé, je reprendrai ma vie surnaturelle que j'ai toujours le droit de reprendre, tant que je n'ai pas fait ce que les bergères font souventes fois avec les bergers. »

Et l'épreuve a lieu ; et je n'ai pas besoin de vous dire que la fée Oriane ne reprend jamais sa vie surnaturelle. Voilà. C'est le *Baiser* de Banville retourné. M. Ephraïm Mikhaël nous a prouvé que l'envers en était presque aussi brillant que l'endroit. L'étoffe est bonne.

Le Vaudeville nous a donné trois actes très amusants de M. Valabrègue. Vous n'allez pas les trouver très amusants ici, je vous préviens. Le principal mérite en est dans l'invention très imprévue et très originale des détails drôlatiques, et c'est cela, comme on sait, qui disparaît un peu dans nos analyses. Mais qu'il soit bien entendu que nous nous sommes beaucoup amusés, et qu'il faut voir la *Sécurité des familles.*

La *Sécurité des familles,* c'est une agence de renseignements confidentiels et scabreux, comme l'immortelle maison Tricoche et Cacolet. M. Dazerolles s'y est abonné, pour être renseigné sur les faits, gestes et attitudes de Mme Dazerolles. Mme Dazerolles, c'est élémentaire, a été immédiatement prévenue de la chose, et s'est *contre-abonnée*, bien entendu, pour que les renseignements donnés à son mari soient précisément ceux qu'elle aura dictés elle-même à l'agence. Et M. Dazerolles est trompé autant qu'on peut l'être ici-bas, en pleine sécurité des familles.

Il a un ami, marié lui aussi à une jeune femme, et il vient le voir à Nanterre. La sécurité, toute spontanée, celle-là, de son ami Chambodard, le navre profondément et lui fait pitié.

— Tu es absurde, Chambodard. Regarde-toi. Il n'est pas possible qu'une tête comme la tienne ne soit pas arborescente. Le cousin de ta femme, Henri Laverdière, vient très souvent ici. Ton compte est bon. Ah! si, comme moi, tu étais abonné à la *Sécurité des familles!...*

— Au moins, répond le pauvre Chambodard, me faudrait-il un soupçon, un commencement de soupçon!

— Il te faut un soupçon! C'est bien simple. Ecris à Mme Chambodard une petite lettre anonyme, quelque chose comme ceci : « Prenez garde! Ecartez Laverdière. Votre mari se doute des choses. » Ecris cela.

Si la femme est pure, elle te montrera cette lettre bien gentiment. Si elle est coupable elle ne te dira rien du tout. Et tu t'abonneras à la *Sécurité des familles*.

— D'accord !

Ainsi dit, ainsi fait. La lettre anonyme est rédigée, et Dazerolles l'épingle dans la tapisserie de Mme Chambodard. Mais, tout juste, cette tapisserie, sans la déplier, Mme Chambodard la donne à Mme Dazerolles, qui la lui a demandée pour un fauteuil. Et c'est Mme Dazerolles qui la déplie, qui trouve le billet, qui le lit, et qui s'écrie : « Avertissement discret de mon amie, Mme Chambodard ! » Car c'est elle, la Dazerolles, qui est du dernier mieux avec Laverdière et qui ne vient à Nanterre, le plus souvent sans son mari, que pour ce coquin de Laverdière.

Il en résulte, d'une part, que Laverdière et Mme Dazerolles croient qu'il faut rompre ; d'autre part, que Mme Chambodard, qui n'a pas lu le billet, ne disant rien à son mari, Chambodard croit qu'il en tient ; et logiquement, au second acte, Laverdière et Mme Dazerolles arrivent à la *Sécurité des familles* pour se désabonner, et M. Chambodard y accourt pour prendre un abonnement.

Ce point de départ est tout à fait joli et ingénieusement présenté. Que va-t-on en tirer ? Ceci : le directeur de l'agence antimatrimoniale demande à M. Chambodard :

— Que voulez-vous ?

— Divorcer.

— Divorcer ? Très bien ! Vous êtes un homme du monde, un galant homme, nous allons vous fournir le divorce du faubourg Saint-Germain, le divorce par flagrant délit *du mari*, je dis bien par flagrant délit *du mari*. Suivez mon raisonnement. Vous ne voulez pas faire constater l'adultère de votre femme, n'est-ce pas ? Eh bien ! vous faites constater *le vôtre*. Vous allez en partie fine, en fausse partie fine, à Courbevoie...

— A Courbevoie ? c'est invraisemblable !

— Monsieur, c'est là qu'est notre succursale. Nous vous fournissons une doublure...

— Monsieur !

— Une figurante. Je tiens compte de votre rectification. Vous vous établissez avec elle dans un cabinet particulier de restaurant. Au moment supposé comme psychologique, nous arrivons, avec votre femme, et M. le commissaire. Un flagrant délit...

— Mais...

— Relatif, tout relatif, est constaté, et le tour est joué.

— Soit !

M. Chambodard se résigne. L'auteur s'arrange, assez adroitement, je dis assez adroitement seulement, pour que tout ce qui est ménagé pour le divorce de M. Chambodard, Mme Dazerolles s'imagine qu'il est imaginé pour le sien ; et tout le monde se retrouve au troisième acte au restaurant du Grand-Cerf, à Courbevoie... Buste de M. Naquet sur le comptoir.

On y trouve M. Chambodard piteusement attablé en face d'une horizontale de petite marque et buvant une tasse de tilleul d'un air navré, pendant que l'horizontale avale du champagne avec mélancolie. Pour un flagrant délit joyeux, c'est un flagrant délit funèbre. C'est égal, c'est un flagrant délit, un flagrant délit glacial, mais c'est la langue française qui a tort ; ce n'est pas moins un flagrant délit.

Qui est étonné, cependant ? C'est Mme Chambodard. C'est Mme Dazerolles ? — Comment ! s'écrie la vertueuse Mme Chambodard. On m'amène ici pour constater le flagrant délit de M. Dazerolles, et c'est mon mari que je trouve buvant du tilleul !

— Comment ! s'écrie la coupable Mme Dazerolles, on m'amène ici pour pincer mon mari, et c'est M. Chambodard que je trouve sablant sa tisane ?

Elle en dit trop, Mme Dazerolles. A un mot qui lui échappe dans tout ce trouble, M. Chambodard voit clairement que c'est elle qui est la seule coupable. Et à ce même mot M. Dazerolles dresse l'oreille : « Comment donc ! C'est ma femme qui s'accuse ! » Mais il réfléchit, et, sa bonne vanité de bourgeois de Labiche lui venant en aide : « Je comprends ! Sublime dévouement ! Oh ! sainte femme ! Elle s'accuse pour sauver son amie ! Pauvre Chambodard ! C'est lui qui est rassuré ! Il était né pour cela. Dans mes bras, ma femme ! ..... Sois heureux, Chambodard. Vis dans une douce confiance, Chambodard. »

La pièce est joliment conduite, comme on voit. Elle

est surtout pleine de jolis détails. L'installation et les accessoires de l'agence *La Sécurité,* au second acte sont autant de trouvailles bouffonnes du plus haut goût.

Les propos du directeur de l'agence sont d'une fantaisie bien burlesque. Il y a, çà et là, comme toujours chez M. Valabrègue, des notes de chroniqueur, et non d'homme de théâtre, qui sentent un peu le plaqué ; mais ils sont souvent très jolis. La *Sécurité des familles* est un franc succès, et fournira une fort belle carrière.

XXXI

GYMNASE: *Jalousie,* drame en quatre actes,
de M. Auguste Vacquerie.

10 Décembre 1888.

... Aussi bien, un de nos plus fins critiques déclarait l'autre jour que la critique n'était que de l'autobiographie, et qu'un critique qui explique l'œuvre des autres n'était qu'un homme qui raconte ses propres « états d'âme. » Je vais raconter mes états d'âme au cours de la représentation de *Jalousie.* Loin de moi une vaine et frivole érudition. Dieu me préserve de remonter jusqu'en 1577 et de vous narrer l'histoire des comédiens italiens, les *Gelosi,* pour vous expliquer l'origine de la *Jalousie* de M. Vacquerie. Suffit que la jalousie, soit un sujet tout indiqué pour la comédie, le vaudeville, la tragi-comédie, la tragi-tragédie, la tragédie, le drame et le mélodrame, puisque de toutes les choses sérieuses elle est la plus bouffonne et de toutes les choses bouffonnes la plus sérieuse, comme on peut le dire à peu près de tous les sentiments où l'amour, ainsi que l'amour-propre, ont une part.

Et donc je vais me décrire moi-même minutieusement et en « psychologue aigu », non sans une complaisance attendrie et amoureuse, ainsi qu'en usent les plus illustres de nos psychologues aigus et contemporains.

On me présente d'abord un monsieur et une dame qui sont dans une situation particulièrement fausse et désagréable l'un à l'égard de l'autre, c'est à savoir M. Philippe et Mme Céline. M. Philippe a autrefois aimé Céline, « et, ce dit-on, il en était aimé. » Mais pendant un voyage de Philippe au Tonkin, Céline a épousé Prosper, comme il arrive, et vous imaginez assez, vous qui connaissez le cœur des femmes, combien Céline en veut à Philippe de ce qu'elle a épousé Prosper. Les femmes ne pardonnent jamais les torts qu'elles ont, et reprochent toujours à leurs amis les fautes qu'elles commettent. Donc Céline enragée contre Philippe, n'oubliez pas cela.

Et moi? Moi, je trouve cela très bien; un peu alambiqué peut-être dans la forme, et même dans l'expression, d'autant que Mlle Rosa Bruck, qui nous joue Céline, se tortille, pour exprimer ces choses, comme un ver qui aurait avalé un serpent; mais enfin voilà une première forme de la jalousie qui ne me déplaît pas. Elle est subtile, âcre, et naturelle. Je songe à toutes les femmes qui, à cette heure, ne peuvent pas arriver à me pardonner leur mari. Il doit y en avoir un bien grand nombre. Je suis très flatté dans ma stalle. Je suis très bien.

Sur ce arrive madame Jorgan et je ne tarde pas à m'apercevoir, M. Gérard grimpant à sa fenêtre pendant qu'elle descend par l'escalier, et elle remontant par l'escalier pendant que Gérard descend de la fenêtre, qu'elle et Gérard sont amoureux l'un de l'autre « en perspective », comme dit Beaumarchais. La gymnastique, la natation, sans parler d'autres exercice du corps, ont toujours été, depuis Héro et Léandre, jusqu'à la Nouvelle Héloïse, des formes de l'amour.

Cet amour gymnique et adultère me revient assez Je continue à être bien.

Je le suis encore plus en apprenant que cet amour sera aussi pur que gymnique et aussi chaste qu'adultère. J'aime les amours chastes, parce que j'aime les choses qui durent longtemps. Comme Sully-Prudhomme : « Je rêve d'amours qui demeurent... toujours ! » Or, les amours qui n'aboutissent point sont les seules qui n'ont aucune raison de rompre. L'amour est le seul pauvre diable qu'il faille croire quand il vous dit qu'il vit de privations.

Mais, platonique ou autre, l'amour éprouvé par une femme mariée pour M. Marais ennuie toujours un peu le mari. M. Jorgan rôde autour des amoureux pendant qu'ils pétrarquisent. M. Jorgan est un rôdeur. Il rôdera pendant toute la pièce. C'est un nomade du mariage. Il surprend un baiser à la Pétrarque, mais un baiser, enfin, que M. Marais cueille sur la joue fatale de Mme Malveau, et il prononce la sentence funeste : « Je me vengerai ! oui ! je me vengerai ! »

Voilà un jaloux. Un jaloux et une jalouse ; voilà ce que je constate dans ce premier acte, et je me dis : « Il y a quelque chose à faire avec cela. » On me dit dans les couloirs : « Voilà une belle exposition. » Je dis : « Non, pas précisément ; parce qu'elle n'est pas complète. Pour qu'elle le fût, il faudrait que je connusse le caractère de M. Jorgan. Or, j'en ignore. Je sais seulement qu'il est jaloux. Je sais qu'il n'aime pas qu'on embrasse sa femme. Cela le confond plus qu'il ne le distingue. Cela en fait un être assez semblable à vous, je suppose, et à moi, j'en suis sûr. Cela ne me le fait pas connaître. Or, dans une pièce qui n'a que quatre actes, l'exposition devrait bien tenir tout entière dans le premier. Mais peu importe. Un supplément d'exposition au commencement du second acte n'est pas pour me faire crier haro. Nous allons voir. »

Ce supplément nous arrive en effet aux premières scènes de l'acte II. M. Jorgan se révèle à nous, en monologue, ce qui tient à ce que M. Vacquerie est un farouche ennemi des procédés de la tragédie classique. M. Jorgan, en son monologue, nous confie qu'il ne veut ni d'un duel : merci ! pour recevoir un mauvais coup ! (il a bien raison du reste) — ni d'un divorce : pour jeter sa femme au bras de son amant ! serviteur ! (il a pleinement raison encore).

Il a bien meilleur dans son sac. Il va punir l'amant

par la jalousie. Ces tortures atroces qu'il éprouve, il va les faire éprouver à Gérard. Il sera, lui, jaloux de Gérard, mais il s'arrangera de manière que Gérard soit jaloux de Philippe, et ce sera sa vengeance, et il jouira délicieusement de faire souffrir son ennemi de toutes les souffrances dont il est déchiré lui-même.

Jolie, cette idée dramatique! Ah! je le crois bien, qu'elle est jolie! Voyez-vous cet homme infligeant le supplice qu'il subit à celui qui le fait subir; jouissant, par conséquent, de ses propres tourments en les retournant sur un autre; mieux que cela, mesurant juste, exactement, le supplice à l'offense, et connaissant, pas à pas, moment par moment, la grandeur des peines qu'il cause par celles qu'il ressent. C'est la plus délicieuse forme de vengeance qui se puisse concevoir. C'est absolument satanique. Le bonheur de Satan, c'est d'être le distributeur avisé et judicieux des supplices qu'il endure et d'estimer, à ce qu'il souffre, jusqu'à quel point il fait souffrir.

Voilà l'idée du génie. C'est tout simplement mettre Othello et Iago dans un seul homme, tout simplement. Jorgan, côté Iago, déchirera subtilement et délicatement Gérard; Jorgan, côté Othello, souffrira comme un diable, qu'il est, puisqu'il restera Iago, et plus il souffrira othelliquemment, plus, iageusement et rageusement, il fera souffrir Gérard, et ainsi de suite; et vous voyez bien que c'est intéressant au possible.

Moi, dans ma stalle, je suis enchanté; et je me dis: « Comme c'est facile! (car les critiques croient toujours que c'est très facile). L'amour étant naturellement soupçonneux, mon Jorgan, comme Iago, n'aura qu'à se tenir à l'affût, qu'à guetter et qu'à interpréter. Les moindres petites circonstance, parfaitement innocentes, il se bornera à les saisir au vol et puis à les présenter aux yeux de Girard comme des indices, des présomptions, des preuves, enfin, de l'amour de Mme Jorgan pour Philippe. Il n'a pas autre chose à faire. C'est indiqué, et c'est relativement commode. Ce ne serait pas la peine d'avoir lu Shakespeare... »

Mais ici j'ai une déception qui se transforme assez vite en une inquiétude. Ce rôle de guetteur et d'interprète, je m'aperçois que ce n'est pas celui-là le moins du monde que prend mon Jorgan. Au lieu d'attendre les circonstances, qui ne peuvent manquer de se produire, il s'avise de les faire naître. Il fait une machination. Exploiter, d'une part, la jalousie de Céline en lui persuadant que Philippe aime Mme Jorgan et en est aimé; d'autre part, arranger tout un *scenario*, faire jouer à Philippe et à Mme Jorgan toute une comédie où Gérard se laissera prendre, voilà ce qu'il imagine.

Et moi je me dis : « Diable! ceci est, ma foi, en même temps plus vulgaire et plus difficile. Il faudra que Jorgan soit bien fort pour amener tous ces gens-là à faire ce qu'ils n'ont pas intérêt à faire et ce qu'ils n'ont pas envie de faire, pour l'amour de lui, qu'ils n'aiment pas. Pour le rôle qu'il attribue à Céline, passe encore. Céline est jalouse ; on lui fera faire des bêtises assez facilement. Ici Jorgan est Iago, simplement Iago. Mais Philippe qui n'aime pas Mme Jorgan, et Mme Jorgan qui n'aime pas Philippe, comment Jorgan les amènera-t-il à paraître s'aimer, et non seulement s'aimer, mais être amants ? — Ce n'est pas impossible. A nous les trames, les fils savamment embrouillés, les complications d'incidents et de coïncidences. A nous *Dora !* Mais pour faire *Dora*, il faut la rouerie de Sardou, et je crois bien que M. Vacquerie a un genre de talent qui n'est pas celui de Sardou. Je suis inquiet ! »

J'avais raison. M. Jorgan allume Céline assez aisément. et Céline dépose un premier soupçon dans le cœur de Gérard assez facilement ; voilà qui est bien. Mais pour Philippe et Mme Jorgan, qu'invente le mari satanique ? Une machine assez puérile. On est à la campagne, à Asnières, je suppose : « Philippe, reconduisez donc ma femme à Paris, s'il vous plaît, dans ma voiture. Il est une heure du matin. Ça me fera plaisir. »

— Si vous voulez, répond Philippe, mais c'est bien un peu drôle.

— J'y tiens !

— Vous êtes charmant ! Un peu bizarre, il est vrai, mais charmant. Je la reconduirai. Entre nous, ça m'ennuie ; parce que je ne pourrai pas fumer mon cigare. Mais votre idée est si étrange que pour la curiosité du fait...

Et à Mme Jorgan :

— Marcelle, retournez à Paris avec Philippe !
— Mais ça n'a pas le sens commun !
— Misérable ! vous me trompez !
— Ça n'a aucun rapport !...
— Si bien ! Car, quand je vous dis, moi le mari, de faire une inconvenance, si vous vous y refusez, c'est que vous craignez de déplaire à quelqu'un qui a plus de droits sur vous que le mari ! »

Et Marcelle est attérée. Il n'y a pas de quoi. Elle peut répondre obstinément qu'elle est, sans le moindre amant, parfaitement juge de sa dignité, et parfaitement libre de ne pas se promener entre Asnières et Paris, à une heure du matin, avec un Philippe. Et si elle le répond obstinément, où en sera M. Jorgan ? A ne rien savoir, la résistance de sa femme s'expliquant très suffisamment par la présence dans sa cervelle d'un grain de sens commun, joint à une once d'indépendance. Elle est une femme à qui on n'impose pas le premier caprice venu, et voilà tout. Je soupçonnerais même beaucoup plus une femme qui céderait à une fantaisie incongrue de ma part; n'y ayant femme si souple, aux mains du mari, que celle qui a quelque chose à se reprocher.

Tant y a que Mme Jorgan part avec Philippe, que Gérard les voit partir et que la jalousie aux doigts crochus saisit son âme.

Ceci déjà n'est pas très adroit, et je suis sensiblement refroidi. Mais ce n'est pas tout. Ce n'est que la moitié de notre course, comme parle Bossuet. Pour Jorgan, paraît-il, il ne suffit pas d'infliger à Philippe les tortures de la jalousie, il s'agit de le faire tuer. — Mais c'est un second drame ! Oui. Il faut maintenant que ce pauvre Jorgan, qui a bien des affaires, après avoir empêché Philippe de fumer son cigare et l'avoir transformé en pseudo-amant, le transforme en *bravo*. — Il faudra que Philippe y mette de la complaisance. — Eh ! oui ! Et c'est précisément le vice énorme de ce drame. C'est que le mari étant machinateur, et machinateur maladroit, il faut que les marionnettes humaines dont il tient les fils compensent sa maladresse invraisemblable par une complaisance qui ne l'est pas moins. Il faut que Mme Jorgan... vous savez ce qu'elle a fait sans la moindre apparence de raison ; il faut que Philippe en veuille à Gérard et lui en veuille d'aimer Mme Jorgan, que lui, Philippe, n'aime point ; il faut que Gérard croie fermement que Philippe est l'amant de Mme Jorgan, et qu'il n'ait jamais d'explication avec lui, alors qu'il doit, tout le temps, brûler jusqu'aux entrailles d'en avoir une. Tout cela fourmille de difficultés qui ne peuvent pas être vaincues, puisqu'elles tiennent à la nature même des choses, et qui ne pourraient être tournées que par une adresse extrême de stratégiste dramatique, que M. Vacquerie n'a point, et que je le félicite presque de ne pas avoir.

Aussi la scène finale, la rencontre de Philippe et de Gérard sous le balcon de Mme Jorgan, est-elle amenée par des moyens dont la gaucherie saute aux yeux. Une lettre anonyme avertit Philippe que Gérard a, ce soir, une entrevue avec Mme Jorgan. Moi, lisant cette lettre, je dirais, selon mon humeur du moment, *puisque je n'aime pas Mme Jorgan.* « Ça m'est bien égal ! » ou « Bien du plaisir ! » ou : « Entre l'arbre et l'écorce... » — Philippe, lui, dit : « J'irai ! » Pourquoi? Parce qu'il se sent, dit-il, engagé dans une machination ténébreuse, dont, enfin, il veut savoir le mot. Est-ce une raison bien sérieuse? Non, c'est de la complaisance de sa part, évidemment, trop évidemment.

Et enfin, ils se rencontrent, Philippe et Gérard, dans la nuit, à la grille du chalet d'Asnières, tous deux furieux l'un contre l'autre. Gérard furieux, je comprends cela. Il croit Philippe son rival ; c'était invraisemblable jusqu'à ce moment-ci ; mais depuis trois minutes, du moment qu'il rencontre Philippe en pareil lieu, ce ne l'est plus. Mais Philippe furieux, voilà ce que je n'ai pas pu arriver encore à comprendre.

« Vous m'ennuyez, dit Philippe, — Pourquoi ? Aimez-vous, Mme Jorgan ? — Non ! mais vous m'attirez des tracas. Je reçois des lettres anonymes où il est question de vous. Donc je veux vous tuer. »

Il faut vraiment qu'ils en aient envie.

Toujours est-il qu'ils prennent chacun un pistolet (car M. Jorgan a laissé là, insidieusement, de petites munitions), s'ajustent par dessus la tête de Mme Jorgan qui veut les séparer, et font feu. Bras de Philippe cassé, le bras gauche : il le fait remarquer : c'est utile pour la suite. « Recommençons ! »

Mais Philippe aperçoit M. Jorgan qui rôde par là, le traître, comme il a rôdé à travers toute la pièce. Un trait de lumière ?

— Dites-donc, Gérard ? serait-ce point M. Jorgan qui nous a aguichés l'un contre l'autre, pendant quatre actes ?

— C'est probable répond Gérard.

— Nous ne nous en étions jamais doutés ! Sommes-nous bêtes ! (Eh ! oui !) L'explication que, naturellement, nous aurions dû avoir dix fois depuis trois jours, nous nous avisons de l'avoir maintenant, après un bras cassé. Enfin, mieux vaut tard que jamais, n'est-ce pas ?

— Sans doute, répond le bon Gérard.

— Et vous allez voir si je sais tirer, quand j'ai encore le bras droit.

Sur quoi Philippe ajuste M. Jorgan et l'étend raide mort sous les hautes futaies.

Il y avait longtemps que le public avait cessé de s'intéresser à cette histoire très compliquée, très obscure et infiniment difficile à suivre. Il avait plusieurs fois déclaré sa mauvaise humeur, en prenant un peu le premier prétexte venu, je le reconnais. Ainsi, pour abréger, l'auteur, quand il a besoin qu'un personnage sache quelque chose et ne sache pas tout, le fait écouter aux portes à partir d'un certain moment. Toutes les fois qu'un personnage irruait sur la scène en répétant les derniers mots des personnages qui venaient de la quitter, c'étaient des ricanements dans la salle. Le public avait tort et avait raison. Il avait tort d'attacher tant d'importance à une maladresse de détail qu'une habileté bien vulgaire suffirait à corriger. Mais je tiens que si la pièce eût été bien posée et si les personnages eussent été vrais, et eussent dit ce qu'ils devaient dire, le public eût laissé passer ces petites choses sans y prendre garde. Je l'ai bien vu dans *Roger la Honte,* tout dernièrement. Quelqu'un y fait une maladresse insigne, révèle à un autre ce qu'il serait très important qu'il ne révélât point. Mais cette révélation met celui qui la reçoit dans une situation si dramatique, si réellement et profondément dramatique, que le public souhaite que la révélation ait lieu, au prix même d'une invraisemblance passagère et rapide. Il se fait complice. Le public ne s'est pas fait complice de l'auteur, l'autre soir, au Gymnase, parce que, à partir du milieu du second acte, il s'est senti engagé dans une invraisemblance *de fond* qui ne permettait pas de fermer les yeux sur les invraisemblances et les gaucheries de détail, qui, au contraire, leur donnait, malheureusement, toute leur valeur.

Et moi (vous voyez que j'y reviens), ce que je reproche le plus à l'auteur, c'est l'idée de génie qu'il a eue, du moment qu'il n'en a pas tiré ce qu'elle contenait. Je lui en veux de son magnifique sujet oublié, perdu de vue, négligé, je ne sais, méprisé peut-être. Ah! mon cri de joie du commencement du second acte, si vite renfoncé dans ma poitrine, je ne puis pas m'empêcher d'en savoir gré à l'auteur, puisqu'il me l'a fait pousser : je ne puis m'empêcher d'en avoir un profond dépit contre lui, puisqu'il en a rendu mes regrets plus vifs et ma déception plus amère. Tel Dieu. S'il n'avait pas créé le monde, personne ne lui en voudrait. Du moins, vous m'accorderez que c'est probable. Il l'a créé, et c'est une chose qui fait qu'on se récrie d'admiration au premier regard. Et il y a laissé, on n'a jamais bien su pourquoi, beaucoup de mal ; et c'est de cela que les pessimistes lui en veulent. Leur colère est en raison même de la haute opinion que l'œuvre leur avait d'abord donné de l'auteur. Cette colère est donc encore un hommage.

XXXII

Odéon : *Germinie Lacerteux,* drame en dix actes,
de M. Edmond de Goncourt.

24 Décembre 1888.

Ce n'est pas que ce soit bon, cette *Germinie ;* c'est même mauvais, dans le sens généralement adopté du mot ; ce n'est pas que ce soit amusant ; c'est même ennuyeux ; mais c'est très flatteur.

Oui, c'est très flatteur. Jamais je n'ai vu un auteur compter autant sur l'intelligence de son public, et si profondément convaincu qu'il n'a rien à lui expliquer, à lui éclaircir, ni à lui apprendre, et qu'il devinera tout seul, toutes choses, et qu'il mettra lui-même la lumière dans la lanterne. Pour M. de Goncourt, je suis, moi, public, un psychologue de premier ordre, qui remonte la série, la file continue des phénomènes, et des effets et des causes. sur le moindre geste, sur le moindre pli physionomique, et, notamment, sur rien du tout. En conséquence de quoi M. de Goncourt ne me fait pas l'injure de me décrire ses personnages par le menu, ni de me les dessiner même sommairement, ni de me donner même une indication rapide et furtive sur ce qu'ils peuvent être. Ce serait bien dédaigneux pour moi. On ne me fera pas cette impolitesse. On est trop sûr de mon génie.

Merci, merci ; mais en vérité, monsieur l'auteur, vous êtes peut-être pas trop poli. Non, en vérité, vous en mettez trop.

Vous allez juger de ce système où la courtoisie poussée à l'excès, comme il arrive parfois — pas trop souvent — dans le monde, finit par être gênante.

Premier tableau : Une vieille demoiselle et sa bonne. La bonne va au bal. La vieille demoiselle lui dit : « Va au bal » et nous dit en *a parte :* « Elle est hystérique. » Jusqu'à présent, je n'ai pas à me plaindre, je suis renseigné, sommairement, et un peu brutalement même, mais je suis renseigné. Ce n'est pas moi qui me scandaliserai d'une telle précision dans l'information. « Qu'il décline son nom, et dise : je Mars ou bien Agamemnon. » De Germinie, on me dit : elle est hystérique. Très bien. Jusqu'à présent c'est clair.

Second tableau : Sur le talus des fortifications ; Germinie avec Jupillon, le beau Jupillon. (Un nom de vaudeville, symbolisme de Duvert et Lausanne ; je n'aime pas beaucoup cela ; mais passons.) Jupillon, pour vaincre certaines résistances de Germinie, fait semblant de vouloir devenir l'amant de cœur d'une fille entretenue. Cette perspective décide Germinie, qui lui dit : « Eh bien ! soit ! à cette nuit ! » Ce n'est pas trop ragoûtant ; mais c'est encore clair. Je me dis que je vais assister à la descente au ruisseau d'une servante parisienne. Que j'aimasse mieux assister à autre chose, c'est très probable. Que déjà je sois persuadé qu'une pièce fondée sur cette donnée n'aura aucun succès ni aristocratique, ni bourgeois, ni populaire, c'est évident. Mais le succès m'est chose indifférente, puisque je suis public de première, et, très égoïste, je me dis : « Je vais avoir un plaisir de raffiné, un plaisir d'homme qui casse son verre après avoir bu, un plaisir de *Théâtre libre*. Une représentation pour moi et pour quelques autres privilégiés ; puis rien. Je ne déteste pas cela. »

Troisième tableau : La *Boule noire*. La Boule Noire est un bal populaire. Jupillon s'y prélasse avec les habituées du lieu. Propos cyniques. Je m'ennuie, mais je comprends. Germinie arrive cherchant Jupillon. Elle réussit à l'emmener, très facilement. Cela m'intéresse. Je prends cela pour une indication. L'auteur veut m'indiquer que la vertu (relative bien entendu, relative) de Germinie a une certaine influence sur le Jupillon. Le drame sera peut-être Jupillon ramené relativement au bien par Germinie. Dire que je souhaite passionnément la réhabilitation partielle et relative de M. Jupillon serait excessif ! Mais enfin je puis bien me prêter à ce divertissement, relatif aussi, pendant deux heures. Voyons.

Quatrième tableau : Germinie achète sur ses économies un fond de ganterie à Jupillon, et demande en mariage, à madame sa mère, la fruitière. Elle est repoussée avec dédain. De plus elle est enceinte, ce qui redouble le refroidissement de Jupillon à son égard. Elle ne l'en aime que davantage. Soit! Je m'étais trompé. Jupillon n'est pas relativement un gredin; il l'est fondamentalement; et Germinie est une possédée, rien qu'une possédée. Le drame c'est le *Leone-Leoni* du faubourg et de la mansarde. Je veux bien; mais j'ai déjà passé par deux ou trois incertitudes, et je voudrais commencer à savoir à quoi m'en tenir.

Cinquième tableau : Chez la maîtresse de Germinie. La vieille demoiselle donne à dîner aux enfants du voisinage. Propos enfantins, qui ne sont pas très amusants; histoire de fées racontée par la vieille demoiselle aux petites filles. L'histoire est inintelligible et dure un quart d'heure. C'est un trait de réalisme. L'auteur veut nous faire entendre qu'il sait que les vieilles filles sont très bavardes. N'est-il pas vrai que les vieilles filles sont très bavardes? N'est-il pas vrai qu'elles sont ennuyeuses? N'est-il pas vrai qu'elles racontent des histoires à dormir debout? Dès lors qu'avez-vous à dire? J'ai à dire que je m'ennuie, ce qui est une raison bien piteuse; mais ce qui, tout de même, est une raison. J'ai à dire que je ne sais pas encore quel est le vrai caractère de Germinie, et qu'il s'en va temps peut-être de le savoir. J'ai à dire qu'un hors-d'œuvre est acceptable à la rigueur quand il est très joli par lui-même; mais que celui-ci n'a pas d'autre mérite que d'être un hors-d'œuvre, et que dès lors il ressemble bien à une cruauté inutile.

Cependant Jupillon survient et demande de l'argent à Germinie. Celle-ci n'a que quarante francs « pour la sage-femme. » Elle les lui donne. Advienne que pourra ! Possédée, elle est possédée. Soit ! le caractère de Germinie commence à présenter une certaine suite. Je puis encore me rattraper à quelque chose.

J'espère encore plus au sixième tableau. Germinie a eu un enfant et l'a perdu. Jupillon est « tombé au sort » et a demandé à Germinie de lui « acheter un homme. » Elle a emprunté, gratté, volé peut-être (ce n'est pas indiqué clairement) et elle apporte les deux mille cinq cents francs. « On vous les rendra ! »

— Non ! je sais bien que non ! C'est pour moi la misère éternelle. Mais je suis possédée. »

La scène est assez bonne en sa sobriété farouche. Et enfin, c'est clair. Le public était si enchanté d'y voir clair enfin qu'il a fait un très grand succès à ce bout de scène.

Septième tableau. Qui ? Quoi ? Quoi donc ? Tiens ! Mais ! Comment ! Pourquoi ? où suis-je ? Germinie « n'est plus » avec Jupillon. Elle « s'est mise » (il faut bien que je parle cette langue-là) avec Gaudruche, et elle s'enivre quotidiennement de liqueurs très fortes. Elle ! Germinie la possédée ! Germinie l'envoutée ! C'est bien étrange. Quelques incohérences que j'ai remarquées ici et là dans son caractère, je ne m'attendais pas à cette évolution. Qu'est-elle donc ? Une simple maniaque du libertinage ? Mais elle était jusqu'à présent une simple maniaque de Jupillon. Je recommence à douter de mon chemin.

Et Gaudruche lui propose de se mettre en ménage, d'habiter ensemble.

« Jamais ! »

— Ah ! ah ! à la bonne heure. Elle va dire : au fond je n'aime que Jupillon. Elle ouvre la bouche tragiquement, et crie en effet : « Au fond, je n'aime que Mademoiselle ! Je ne la quitterai jamais. »

Elle est la maniaque du service domestique. Cette Germinie foisonne d'inattendu. Elle est bien obscure. Elle est bien extraordinaire.

Si bien que Gautruche, qui, lui aussi, renonce à éclaircir, la quitte brusquement.

Sur quoi l'on entend la voix de Jupillon dans un cabaret. Germinie s'arrête : « Lui ! Lui ! Ah ! cet homme ! J'y suis attachée comme la bête à son piquet par sa corde. Il me tient. Il m'a. Je l'attends. Qu'il sorte, je tombe dans ses bras. » — Et Jupillon sort et Germinie lui crie à la figure : « Canaille ! rends-moi mon argent ! Canaille ! Canaille ! »

Il y a des moments dans la vie où l'on sent qu'on devient idiot. Je l'ai vivement senti à ce moment-là. Je me tâtais. Je me prenais la main droite avec la main gauche, et *vice-versa*. J'interrogeais mon pouls avec anxiété. Je criais comme Charles VI : « Ma raison, ma raison ! » J'étais misérable. Je devais l'être encore davantage.

Cette Germinie qui a quitté Jupillon pour Gaudruche, et qui se sent si dominée par Jupillon qu'elle l'appelle canaille à cause de l'argent, et qui, du reste, plus que Gautruche, Jupillon et l'argent, adore sa maîtresse, et qui disait tout à l'heure : « Si madame savait tout ça, je me tuerais »; cette Germinie appelle la population à grands cris, ameute le quartier, et devant les sergents de ville et les mitrons, clame du haut de sa tête : « Arrêtez-moi ! J'ai volé ! J'ai volé ! J'ai volé ! » On l'emmène. La toile tombe. Mon voisin s'écrie : « C'est très beau, cela ! » Je réponds : « Certes ! Seulement je n'y comprends rien du tout. »

Et l'auteur (permettez-moi cette prosopopée) me dit doucement : « Vous avez tort. J'ai trop compté sur votre intelligence. Vous ne voyez donc rien ! Cette Germinie, c'est la paysanne viciée par Paris. Paysanne, elle aime l'argent et sa bonne maîtresse. Viciée par Paris, elle aime Jupillon, le beau coiffeur. Débauchée par Jupillon elle aime le libertinage et l'absinthe. Et tous ces différents traits je les réunis et les ramasse violemment dans ce *septième tableau* qui est le point culminant de mon œuvre. Et cela fait des contrastes heurtés, je le sais bien, et je m'en flatte, mais logiques et vrais, et qui s'expliquent. Je n'ai nullement indiqué ces différents traits de la complexion de Germinie, je ne vous ai nullement renseigné, j'ai laissé votre information incomplète, et même nulle, si vous voulez. Mais c'est que je ne suis pas vieux jeu. Je suis moderne. Je n'explique rien, je ne prépare rien, je n'analyse rien. Je fais du théâtre « analytique ». Le théâtre analytique est le théâtre où rien n'est analysé. Et si je fais ainsi, c'est que j'ai la délicatesse, ou le tort, si vous y tenez, de vous croire intelligent. Je crois que, sans vous rien dire, dès que vous verrez Germinie, vous saurez bien vous dire vous-même : « Ça, c'est une paysanne viciée par Paris, qui aime » l'argent, sa maîtresse, Jupillon, le libertinage et » l'absinthe. » C'est complexe, mais si évident, si naturel, si éclatant à première vue, que cela sa sans se dire, et comme de soi. J'ai trop compté sur votre perspicacité. Voilà tout. »

Et je réponds : « Vous étiez aussi trop flatteur. Vous vous faites (avant la représentation) une trop haute idée de moi. Vous me mettez trop haut. Je suis un « gueux imbécile », comme il a été dit, et il faut y songer avant de prendre la plume pour n'avoir pas à le dire ou à le penser, après la bataille. Il faut bien croire que j'ai besoin qu'on m'explique tout, et de très près, que je n'apporte aucune collaboration à l'œuvre pendant la représentation, que je ne l'*aide* pas, que je suis tout passif. Le lendemain, je ne dis pas. Je me charge, le lendemain, de refaire une œuvre manquée, en y mettant les clartés qu'il y fallait, de telle sorte que mon lecteur la trouve parfaitement logique et suivie. — Je ne le ferai jamais, parce que ce serait tromper le public ; mais je suis capable de le faire. — Mais à la représentation, ni moi ni personne ne peut collaborer ainsi à l'œuvre qu'il subit.

Nous la subissons. Nous n'avions rien vu, rien, de la complexité du caractère de votre Germinie, parce que vous ne l'aviez pas analysée. Quand cette complexité, brusquement, s'est manifestée, nous avons été tout simplement ahuris, parce que la complexité non expliquée, c'est de l'incohérence, par tous pays. »

Huitième tableau : Germinie est à l'hôpital. Sa bonne maîtresse vient la consoler. Elles causent de différentes choses. Les créanciers de Germinie arrivent les uns après les autres, lentement. On sent que la pauvre fille va mourir dans le désespoir et l'effroi.

Neuvième tableau : Germinie est morte. — Eh bien ! c'est fini !

— Non. Et la vieille demoiselle ?

— Que me fait la vieille demoiselle ?

— Mais c'est important ! La vieille demoiselle a toujours cru que Germinie était une honnête fille. Après sa mort elle apprend tout, et...

— Voilà qui va encore arranger votre drame ! D'abord le spectateur va s'écrier, n'en doutez pas : « Mais ! c'est donc là le sujet ! Le sujet n'était donc pas l'enlisement de Germinie, mais la déception de Mlle de Varandeuil relativement à sa servante ! Et j'ai donc eu tort de m'intéresser jusqu'à présent aux aventures de Germinie ! J'ai été sur une fausse piste ! » A tort ou à raison, le public ne pardonne pas à l'auteur de l'avoir ou de sembler l'avoir trompé sur le sujet. De plus vous ne faites ici qu'attirer son attention sur l'invraisemblance capitale de votre ouvrage. Comment Mlle de Varandeuil ne s'est jamais doutée de rien ! Sa bonne fréquentait la *Boule Noire*, rentrait à six heures du matin, se grisait d'absinthe « comme la bourrique du diable » (c'est dans le texte), entretenait un coiffeur, ameutait le quartier devant le marchand de vins, se faisait mettre au poste ; et jamais ni Mlle de Varandeuil n'a senti l'air de vice que Germinie rapportait à la maison, ni la rumeur du quartier n'est montée jusqu'à Mlle de Varandeuil, ni le portier n'a dénoncé Germinie..., etc., etc !

Voilà tout ce que vous suggérez au public par cet épilogue, et vous portez à l'ouvrage le dernier coup. Le décor de neige du dernier tableau, et Mlle de Varandeuil pardonnant à sa pauvre bonne et priant sur son tombeau, ne pourront pas le sauver.

Il ne l'a pas été. Il a eu une chute beaucoup trop retentissante à mon gré, et que le public, un peu féroce, a beaucoup trop soulignée. Le public est excusable, pourtant. Il ne comprenait pas, et il s'ennuyait, et, à certains moments, soyez sûr qu'il a cru qu'on se moquait de lui. S'il a refusé d'entendre les contes de Mlle Varandeuil aux petits enfants, lui, qui aime toujours les vieilles bonnes demoiselles et les bons petits enfants, c'est qu'il a cru qu'on le jouait, qu'on prenait un malin plaisir à arrêter l'action, ou le semblant d'action, pour voir la figure qu'il ferait, pour l'agacer et le braver. Ce n'était point cela ; et M. de Goncourt a voulu simplement peindre un petit tableau d'intérieur ; mais il faut bien prendre garde à ce genre de susceptibilités.

Le public commence à savoir que certains artistes, dont quelques-uns ont du talent, ont un peu de mépris du public, éprouvent une maligne joie, et amère, mais enfin une joie, à le servir, non pas au-dessus de ses goûts, ce que justement il faut faire, et nous y aiderons toujours les auteurs, mais *contrairement* à ses goûts, pour le plaisir de se sentir, ou de se croire, supérieurs à lui. Le public commence à savoir cela, et il n'aime pas cela. Il est dans son droit. Il a cru que M. de Goncourt jouait ce jeu. Ce n'était pas vrai du tout. Mais il l'a cru, de temps en temps, comme aussi, il faut le dire, quand il comprenait, et se sentait sur terre solide, il a applaudi très vigoureusement, très *unanimement*, avec un entrain et un abandon qui lui font honneur.

Les acteurs de l'Odéon se sont tirés très honorablement de cette passe difficile. Il faut saluer très bas Mlle Réjane, qui, dans une pièce si dangereuse, dans un personnage si difficilement intelligible, et dans un rôle étranger et contraire à sa nature, a fait de véritables prodiges. Rien n'égale la puissance tragique, sobre, simple, ramassée, à gestes violents et courts, avec laquelle elle a rendu la fameuse (et vraiment belle) scène des deux mille francs apportés à Jupillon dans un pauvre sac de toile grise. L'absolue désespérance, le renoncement à tout, la vie acceptée désormais comme un supplice incessant et indéfini, l'écrasement sous un joug horrible et aimé encore, l'abandonnement à une force supérieure, fatale et inévitable, tout cela était dans sa physionomie, dans son allure, dans son geste, dans toute sa personne qui semblait comme battue, et comme usée. C'était admirable. Gavroche a dit le mot de l'affaire. Il a dit : « Rejane ! Ah ! Rejane ! *Elle est bien bonne !* »

Mᵐᵉ Crosnier, avec sa diction nette et ferme et son allure de bonne femme simple où l'on sent encore la race et la bonne maison, nous a donné un rôle bien compris et bien composé. M. Duményy, dans son affreux personnage d'Alphonse de faubourg, a montré de l'intelligence et un sentiment très juste de la mesure. Tous les autres rôles sont très convenablement tenus.

Et maintenant je crois que l'Odéon nous prépare un peu de Shakespeare. Respirons maintenant.

XXXIII

Renaissance. — *Isoline,* conte de fées en dix tableaux,
de M. Catulle Mendès, musique de Messager.

31 Décembre 1888.

Isoline est un conte bleu, rose, et cuisse de nymphe
(surtout cuisse de nymphe), qui ne se donne pas pour
mission de prouver quelque chose, ni d'apprendre
quelque chose, ni d'exposer quelque chose, ni de
raconter quelque chose. C'est un conte de fées, dit à
ce grand enfant qu'on appelle le public.

> Le monde est vieux, dit-on, je le crois ; cependant
> Il le faut amuser encor comme un enfant.

D'où il suit qu'*Isoline* ne se raconte pas.
La raconter c'est la trahir. Quel est le genre de critique applicable à un conte de fées ? Une critique tout élémentaire et enfantine, comme le genre lui-même, et qui consiste à dire : « Ze m'amuze » ou « Ze ne m'amuse pas. » Du conte bleu de la Renaissance, je n'ai à dire que ceci : « Ze ne me suis pas beaucoup amusé. » Et il y en a qui vous diront : « Ze m'amusais tout plein ; » et je n'ai absolument rien à leur dire. Je leur

fais risette. Ils sont bien gentils ; ils sont gentils comme des amours de s'être amusés tant que cela. Je voudrais bien avoir été à leur place. J'ai même fait tout ce que j'ai pu pour m'y mettre. Mais « pas moyen », comme dit Samary dans l'*Etincelle*. Pas moyen d'être pâle quand on est rouge, d'être enfant quand on est vieux et de s'amuser à *Isoline* quand on s'y ennuie un peu.

Faut-il que je vous raconte *Isoline* pour me justifier ?

Mais ce serait très indélicat ! Puisque ces bijoux ne s'analysent point ; puisqu'on ne rend pas compte d'un rêve ; puisqu'on ne raconte pas une perle ! Raconter *Isoline* c'est déjà lui en vouloir. Raconter *Isoline* c'est donner *Isoline* sans le style, le charme et le je ne sais quoi ; et puisqu'il n'y a dans *Isoline* que du style, du charme et surtout du je ne sais quoi ! Aucun de ceux — et ils sont très nombreux, il faut le proclamer — qui se sont amusés comme des chérubins à *Isoline* ne s'est avisé de raconter *Isoline*. Ils ont dit : *Isoline !* Oh ! » ou : « *Isoline !* Ah ! », et c'était le véritable compte-rendu d'*Isoline*, ou, si vous voulez, et cela revient au même, de la joie qu'ils avaient goûté à *Isoline*.

Et moi, je n'ai pas leur ressource. A « *Isoline !* Oh ! », je ne puis répondre par « *Isoline !* Peuh ! » On m'accuserait d'étranglement (ceux qui ne m'aiment pas), ou de crétinisme (ceux qui ont pour moi de la bienveillance). Et il faut en revenir à avouer que je dois raconter *Isoline*, mal gré, bon gré. Vous reconnaîtrez que je m'en suis défendu, que j'y ai résisté et que ce n'est pas du tout ma faute.

Un bosquet vague, un ciel bleu — Oh ! si bleu ! — et un bateau fleuri dans le fond du théâtre. C'est le *Départ pour Cythère* de Watteau. Joli, très joli décor. Là dedans, des chevaliers de la Table ronde, des seigneurs Henri III, des abbés du dix-huitième siècle, ce qui fait que le public se demande où il est. Je le lui dirai tout à l'heure, ce qui est ma très grande faute, et l'auteur aussi, ce qui est la sienne.

Une jeune princesse vert pomme, qui est à croquer, sort d'un buisson. Eros (en français l'amour, et maintenant vous savez tous ce que c'est) Eros s'avance avec son carquois inéluctable, et dit à la princesse :

« Tu vois ce bateau. Je le monte. Car je suis l'amour, et je n'ai jamais fait autre chose. Je le monte, avec l'aimable équipage que tu vois à mes flancs. Viens-tu avec nous ? Nous allons à Cythère ; et vous savez parfaitement, princesse, ce que cela signifie.

— Je m'en doute ; mais on n'y va pas toute seule, à l'ordinaire.

— Choisissez, princesse, choisissez. Nous avons un solde considérable et bien avantageux...

— Ceux-ci, jamais ! Ils sont d'occasion. Ah ! si c'était seulement ce chasseur qui descend de cette montagne bleue...

— Eh bien ! ce sera lui. Voyez-vous pas qu'il est à vos pieds ?

— En route alors ! Et vogue la nacelle... »

La toile du bateau se gonfle, et celle du théâtre tombe.

Elle se relève. La reine Amalazonthe cause avec son jeune page, qu'elle nourrit de « confitures de roses et de perles », et qui joue au bilboquet.

« Croirais-tu, page, que la princesse *Isoline* songe à se marier ?

— Reine, majesté, astre, vous m'avez cueilli dans le calice d'un lis et vous m'avez lié à vous par des fils de la vierge, des tiges de volubilis, des cheveux d'archange et les liens de la reconnaissance, pour que je jouasse du bilboquet comme fait Uranus de ses cinquante-huit satellites et la du Barry de Choiseul et Praslin ; pour que je portasse la queue royale de votre robe majestueuse ainsi qu'Orion, le chasseur céleste, fait le manteau de perles de la voie lactée, et Glaucus l'écume harmonieuse des ondes pareilles à des crevés de satin ; pour que je me promenasse au clair de la lune en plein jour, ainsi que c'est la noble coutume de tous les poètes ; pour que je dénichasse des rhythmes ailés dans le creux voluptueux des nids enamourés et soyeux ; pour que je m'endormisse sur les bancs gazonnés que font, sous les nefs enfeuillagées de cathédrales silvestres, les épaules puissantes et douces de Cybèle prostrée sous le manteau des mousses et des lichens cryptogamiques ; vous m'avez fait votre page pour cela, et il n'y a rien de plus clair, et après le *Goncourisme* un peu de *Gongorisme* n'est pas, j'en jure par Satan Trismégiste, pour faire aucun mal ; mais vous ne m'avez pas pris pour écouter l'histoire de la princesse Isoline, et je prétends ne pas l'écouter. Ouf ! »

— Je vais donc te la raconter, page facétieux. La princesse Isoline rêve amour et mariage. Mais si Obéron la protège, Titania a déclaré que, dans le cas où elle se marierait, le jour des noces, et au moment du premier baiser, elle deviendrait garçon. Ce n'est pas drôle. J'ai dit. »

Et maintenant comprenez-vous ? *Le premier tableau n'était qu'un rêve.* « Ah ! ce n'était qu'un rêve ! » Oui, mais il faut arriver jusqu'à la fin du second tableau pour le savoir, et j'ai même entendu, à la sortie, d'honnêtes et charmantes bourgeoises demander à leur compagnon : « C'est très joli, mais que signifiait donc le premier tableau ? » Avec plus de bonhomie, et en mettant tout simplement d'abord le second tableau, qui explique de quoi il s'agit, et ensuite le premier qui « symbolise » *les rêves* d'Isoline, on aurait satisfait bourgeoisement les petites bourgeoises qui aiment à comprendre. Nous, qui sommes au fait, continuons.

La princesse Isoline qui, par certains indices, a clairement manifesté qu'elle a eu un joli rêve, et qu'elle a fait un voyage à Cythère sur les ailes cotonneuses de Morphée, est enfermée dans une salle basse où on la laisse à ses réflexions. Et ici commence la lutte gigantesque de Titania et d'Obéron.

La princesse ouvre un livre. Vous entendez bien que c'est un livre de féerie ou de « conte de Perrault », un livre qui monte jusqu'au plafond et à travers lequel miss Ella passerait avec son cheval en crevant le feuillet. La princesse, donc, ouvre ce livre et lit un titre effrayant : « *La vérité sur le mariage.* » Elle tourne le feuillet, comme vous vous y attendez, et c'est un tableau vivant qui paraît. On voit un mari qui bat sa femme avec placidité. Le livre est une suggestion de cette malicieuse Titania.

« C'est comme cela le mariage ! » se dit Isoline ; et tout de suite, comme toute jeune fille doit le dire : « Oh ! il doit y avoir d'autres feuillets ! » et elle tourne encore. Second tableau : une idylle, deux amants congrument enlacés selon les us, ès fleurs. C'est une suggestion d'Obéron. « A la bonne heure ! » dit Isoline.

L'idée du livre est très ingénieuse et jolie, mais elle a été bien mal exécutée. Je ne sais par quel effet de perspective les personnages des tableaux vivants paraissent d'assez vilains nabots.

A la suite de ces « réflexions », Isoline voit surgir le chasseur de son rêve, précisément lui, et par je ne sais quel enchantement soit d'Obéron, soit de Titania, le palais s'écroule, et Isolin enlève Isoline sur les ailes blanches d'une tarasque palpitante.

A partir de ce moment le déroulement des aventures et des tableaux m'a paru — je ne parle que pour moi — m'a paru assez fastidieux. Isolin et Isoline arrivent dans le « pays sans miroirs », (vous savez, ce pays d'une des *fables* de Fénélon où la vieille reine, trop laide, a fait casser tous les conseillers des grâces), et Titania déguisée en vieille sorcière apprend à Isoline qu'elle est devenue laide à faire peur. Isoline le croit, ne peut se convaincre du contraire puisqu'elle n'a pas de miroir, et fond en larmes.

— Si vous deveniez laide, dis-je à ma voisine... ?
— Oui, il me semble que je le sentirais !

Moins perspicace, Isoline s'en rapporte à la vieille, et ne voulant pas imposer à Isolin une épouse si disgraciée, lui déclare qu'elle l'abandonne.

« — Mais regarde-toi donc dans ses yeux ! » dit ma voisine. Très pratique, ma voisine de la Renaissance.

Isolin désespéré veut se tuer, tire son poignard. Mais ce poignard est une large lame d'acier. C'est un miroir ! Isoline s'y voit. « Je suis jolie ! » O bonheur !

Je ne sais pas trop pourquoi cette fantaisie à peu porté. Elle est peut-être un peu tirée (et tirée de longueur aussi) ; le style précieux et contourné l'a peut-être refroidie. Mais l'effet en a été faible.

La fin du poème, décidément, ne s'analyse pas. Séparés par l'armée de la reine, les deux amants cherchent à se rejoindre. Une forêt, où Isolin est arrêté par les ondines et les farfadets, ce qui fait un ballet ; un tableau où Isolin fait tomber à ses pieds la reine devenue amazone ; tout cela sans invention et sans piquant. Enfin le dénouement.

Le dénouement ingénieux, subtil et inattendu,

vous l'avez prévu depuis le commencement : puisqu'Isoline doit devenir garçon en se mariant, Obéron, au moment psychologique, fera d'Isolin une fille. Et voilà. Voilà, et, sans insister davantage sur le dénouement d'un conte de fées, je ferai remarquer cependant que ce dénouement, qui va tout seul dans le récit, a ses petites difficultés à la scène. Il faut, pour qu'il ne soit pas déplaisant, d'abord que les deux rôles d'Isolin et d'Isoline soient jouées par deux femmes, cela va sans dire, mais ensuite que des deux femmes *aucune des deux* n'ait rien de trop viril dans la personne. Car, dans ce cas, habitués que nous sommes à voir l'actrice jouant Isolin très bien sous l'habit cavalier, quand nous la voyons en habits de femme, nous plaignons l'Isoline de tout à l'heure d'être devenue garçon pour avoir une petite femme si solide d'attaches et si masculine de prestance. — Et si l'on donne le rôle d'Isolin à une actrice menue et frêle et bien faite pour devenir femme à la fin de la pièce, elle nous plaira peu pendant neuf tableaux sur dix dans le costume de cavalier. Il y a là un petit obstacle qui n'a peut-être pas été surmonté mercredi dernier à la Renaissance.

Et vous me demanderez s'il faut aller voir *Isoline*. Et il m'arrive ce qui nous arrive trop souvent quand nous rendons compte d'une petite pièce lyrique. L'analyse du poème prend quelques pages et nous ne pouvons dire ce que nous pensons de la musique qu'en quelques lignes ; et si le poème est faible et la musique bonne, la musique pâtit de l'appréciation défavorable, forcément détaillée, que nous avons faite du livret. C'est le cas aujourd'hui. *Isoline* n'est que passable comme livret ; mais comme musique, il faut l'entendre. Cette partition est très distinguée.

Un peu trop prétentieuse et *grand opéra* au premier tableau, mais élégante, fine, caressante et *spirituelle* presque partout ailleurs. Il y a là des petits joyaux. La musique du ballet, au huitième tableau, est délicate et gracieuse à souhait. La romance (toutes les romances du reste), du septième tableau « *Charme, rêve, image,* » est un morceau d'une largeur et d'une franchise très remarquables. Les couplets du cinquième tableau « *Je suis jolie !* » si admirablement dits par Mlle Aussourd, sont d'un mouvement impétueux, brillant et superbe. C'est une œuvre où l'on sent — à ce qu'il m'a semblé — un certain mélange d'inspirations un peu diverses, mais qui place M. Messager à un rang très élevé, et fait de lui une de nos plus chères et de nos plus grandes espérances.

L'interprétation a été bonne. M. Morlet chante un peu en précieux, s'inspirant plus du poème que de la musique ; mais sa voix est bien jolie et sa diction bien sûre. Mlle Aussourd a remporté un triomphe. Sa voix, qui paraît s'étoffer, déjà, et s'élargir, est d'un timbre excellent, et sa méthode est d'une science et d'une certitude qui révèlent suffisamment une excellente, une parfaite éducation musicale. « Voyez-vous, disait mon voisin, il n'y a encore que le Conservatoire ! »

Mlle Aussourd lui a donné raison une bonne douzaine de fois mercredi soir. Elle continuera deux douzaines d'années, pour notre plaisir et pour sa gloire.

Il faut donc aller voir *Isoline*. On peut s'en moquer un peu, si l'on veut, mais il faut la voir. Il faut surtout l'entendre. Il faut entendre, et voir aussi, certes Mlle Aussourd. Enfin il faut voir *Isoline*.

Sur quoi, chers lecteurs, il ne me reste plus qu'à vous souhaiter, pour l'année dont la première est fixée irrévocablement à demain.

Salus, honor et argentum,
Atque bonum theatrum.